MINNAN

XIANGTU

MINSU

闽南文化丛书

总主编 陈支平 徐 泓

闽南乡土民俗

主 编 石奕龙 余光弘

海峡出版发行集团

福建人民出版社

图书在版编目（CIP）数据

闽南乡土民俗 / 石奕龙，余光弘主编. -- 2 版. -- 福州 ：福建人民出版社，2023.9
（闽南文化丛书）
ISBN 978-7-211-08370-1

Ⅰ.①闽… Ⅱ.①石… ②余… Ⅲ.①风俗习惯－研究－福建 Ⅳ.①K892.457

中国版本图书馆 CIP 数据核字（2020）第 007195 号

（闽南文化丛书）

闽南乡土民俗
MINNAN XIANGTU MINSU

作　　者：石奕龙　余光弘　主编
责任编辑：郑翠云
责任校对：陈　璟
出版发行：福建人民出版社　　　　　　电　　话：0591-87533169（发行部）
网　　址：http://www.fjpph.com　　　电子邮箱：211@fjpph.com
地　　址：福州市东水路 76 号　　　　邮政编码：350001
印　　刷：上海盛通时代印刷有限公司
地　　址：上海市金山区广业路 568 号　电　　话：021-37910000
开　　本：700 毫米×1000 毫米　1/16
印　　张：17.5
字　　数：224 千字
版　　次：2023 年 9 月第 2 版　　　　2023 年 9 月第 1 次印刷
书　　号：ISBN 978-7-211-08370-1
定　　价：52.00 元

增订版说明

《闽南文化丛书》自出版以来，受到社会各界的普遍肯定；初版之书，也早就销售一空。许多读者通过不同的渠道，向我和其他作者，向出版社，征询购书途径，以及何时可以购得的问题，我们都愧无以应。

我认为，《闽南文化丛书》得到广大读者的接受和肯定，根本的原因，在于闽南历史文化自身无可替代的精神魅力。我们在丛书中多次指出：闽南文化是中华文化的一个重要组成部分，同时又是中华文化中的一个极具鲜明特色的地域文化。中华文化的核心价值促进了闽南文化的茁壮成长，而深具地域特色的闽南文化又使得中华文化显得更加丰富多彩。闽南文化是一种辐射型的区域文化，闽南文化既是地域性的，又带有一定的世界性。深具东南海洋地域特色的闽南文化，以其前瞻开放的世界性格局，在中华文化的对外传播乃至世界文明的发展史上，留下了不可磨灭的足迹。

当今世界，国际化的潮流滚滚向前。我们国家正顺应着这一世界潮流，大力推进"一带一路"建设的宏图。而作为中国海上丝绸之路核心区的福建特别是闽南区域，理应在国家推进"一带一路"建设的宏图中奋勇当先，追寻先祖们的足迹，不断开拓，不断创新。正因为如此，继承和弘扬闽南历史文化，同样也是我们今天工作事业中所不可忽视的一个重要组成部分。

从我们自身来说，虽然《闽南文化丛书》的问世受到社会各界的普遍肯定，深感欣慰，但是总是感到丛书还是存在不少有待修改提高的地方。出版社方面，也希望我们能够对丛书进行修订，以便重新印行出版。不过碍于种种的原因，或是各自的工作太忙，无法分身；或是年事已高，心有余而力不足，竟然一拖再拖，数年的时间，一晃而过。自 2016 年下半年时，我们终于下定决心，组织人员，原先各分册作者可以自己修订者，自行修订；原先作者无法修订者，另请其他人员修订增补。到了 2017 年 3 月，全部修订最终完成。

在这次修订中，由原先作者自行修订的分册有：《闽南宗族社会》、《闽南乡土民俗》、《闽南书院与教育》、《闽南民间信仰》、《闽南文学》。

其余分册，另请人员以增补章节的方式进行修订，各分册参加增补章节的人员及其增补章节分别是：

杨伟忠撰写《闽南方言》第四章《闽南方言的读书音与读书传统》；

庄琳璘撰写《闽南音乐与工艺美术》第七章《泉港北管》；

方圣华撰写《闽南戏剧》第二章《闽南戏曲主要剧种》；

林东杰撰写《闽南理学的源流与发展》第十二章《闽南理学家群体的多重面相》；

张清忠撰写《闽南建筑》第八章《金门的闽南传统建筑》。

此次修订，虽然增补了一些新的内容，但是我们内心还是感到离全面系统而又精致地表述闽南文化的方方面面，依然还有不少差距。这种缺憾，既是难以避免的，同时也为我们今后的研究工作留下了空间。我们希望与热爱闽南历史文化的社会各界同好们，共同努力，把继承和弘扬闽南历史文化的时代使命，担当起来，不断前进。

陈支平　徐　泓
2022 年 3 月 20 日
于厦门大学国学研究院

第一版总序

在社会各界的关心支持下，《闽南文化丛书》终于与读者见面了。我们之所以组织撰写这套丛书，主要基于以下的三点学术思考。

一，闽南文化是中华文化的一个重要组成部分，同时又是中华文化中的一个极具鲜明特色的地域文化。闽南文化的形成及发展，是漫长的历史演变与文化磨合以及东南沿海地带独特的地理环境等多种因素逐渐造就的。中华文化的核心价值培育了闽南文化，而深具地域特色的闽南文化又使得中华文化更加丰富多彩。当今，区域文化研究已经成为一个世界性的学术热点，从中华文化整体性的角度来考察区域文化，闽南文化的研究理应引起学术界的高度重视。

二，闽南文化是一种二元结构的文化结合体。这种二元文化结合体既向往、追寻中华核心主流文化，又在某种程度上顽固地保持边陲文化的变异形态；既依归中华民族大一统政治文化体制并积极为之做出贡献，又不时地超越传统与现实的规范与约束；既有步人之后的自卑心理，又有强烈的自我表现和自我欣赏的意识；既力图在边陲区域传承和固守中华文化早期的核心价值观念，却又在潜移默化之中造就了诸如乡族组织、帮派仁义式的社会结构。这种二元结构的文化结合体，可以把许多看似相互矛盾、相互排斥的人文因素，有机地磨合和交错在一起。也许正是这种二元文化结合体，在一定程度上滋生了闽南区域文化及其社会经济的持续生命力，从而使得闽南社会及其文化影响区域能够在坚守中华文化核心价值的同时，有所发扬，有所开拓。对闽南二元结构文化结合体的研究，应该有助于我们从宏观上审视中华文化演化史。

三，闽南文化是一种辐射型的区域文化。从地理概念上说，所谓闽南区域，指的是现在福建南部包括泉州、厦门、漳州所属的各个县市。然而从文化的角度说，闽南文化的概念远远超出了以上的区域。由于面临大海的自然特征与文化特征，闽南文化在长期的传承演变历程中，不断地向东南的海洋地带传播。不用说台湾以及浙江温州沿海、广东南部沿海、海南沿海，深深受到闽南文化的影响，形成了带有变异型的闽南方言社会与乡族社会，即使是在东南亚地区以及海外的许多地区，闽南文化的影响都是不可忽视的社会现实。因此，闽南文化既是地域性的，同时又是带有一定的世界性的。在当今世界一体化的趋势之下，研究闽南文化尤其深具意义。

闽南文化的内涵是极为丰富深刻的，其表现形式是多姿多彩的。为了把闽南文化的整体概貌比较完整地呈现给读者，我们把这套丛书分成十四个专题，独立成书。这十四本书，既是对闽南文化不同组成部分的深入剖析，同时又相互联系、有机地组成宏观的整体。我们希望通过这套丛书的出版，一方面有助于系统深入地推进闽南文化研究，另一方面则促进人们全面地了解和眷念闽南文化乃至中华文化，让我们的家园文化之情，心心相印。

最后，我们要再次对众多关心和支持本套丛书的写作和出版的社会各界人士，深致衷心的谢意！

陈支平　徐　泓

2007 年 10 月

目　录

前　　言

　　民俗可以说是某一族群特定的行为方式及其相关的一些物质东西，它们都是在历史的过程中，不断地在自我的社会生活的历时延续中积淀、传承下来的惯习与器物。在民间有着"十里不同风，五里不同俗"的俗谚，其含义是：中国的每一个地方，都有着自己特定的地方风俗。换言之，这句俗语强调的是各地有自己的地方特殊性。即便是同一民族如汉族的不同地方族群，虽然在文化的深层结构或大传统上有着共性，但其地方的特殊性或小传统也经常会在表层结构，即在民俗方面显现出一些差异来，而这些差异同该族群或该地方的历史进程中的某些事件或对地方环境的适应等诸多的偶发事件有关。不过，我们也应该认识到，这句俗语所表达的意思，并非是完全的不同，而是在共性基础上的差异。

　　以上述的观念来看闽南人的乡土民俗，有两个问题必须首先解释一下。其一是闽南文化的概念问题，其二是本书所要表述的民俗内容的问题。

　　闽南乡土民俗是"闽南文化"的一个组成部分。"闽南文化"实际应为"闽南人文化"的缩写，包括了闽南人的生活方式的方方面面。不过，"闽南文化"这一概念常常会引起某些理解上的歧义，这是因为从字面上看，这一概念本身就存在着两种含义。其一，它具有某个地方人群的文化的含义。当人们提到"闽南文化"这个名词或概念时，很容易联想到，这是指居住在福建南部的那个族群（或人群或民系）的文化，因为"闽"是福建的代称，"闽南"即福建南部，因此"闽南文化"就容易让人理解为"福建南部人的文化"这样的一层含意。其二，"闽南人"除了上述从地域角度看，有"福建南部人"的含义外，另一种含义则为"讲闽南方言的人群（或族群或民系）"，从这一角度看，"闽南文化"即为"闽南人的文化"或"闽南人文化"。而这样理解"闽南文化"这一概念时，其所涵盖的地域范围就大了许多，因为讲闽南方言的人，不仅聚居在福建南部的泉州、漳州、厦门等地方，还聚居在福建东部的霞浦、福鼎等地，浙江南部的平阳、洞头、苍南等县，广东东部沿海地区的潮汕、海丰、陆丰地方，甚至海南岛的一些地方。此外，台湾讲闽南方言的台湾人也是闽南人之一。海外也有不少讲闽南方言（他们称之为"福建话"）的华侨与华裔。因此，以"讲闽南方言的族群"来界定闽南人时，闽南人就包括了超出福建南部这样一个地域范围的所有讲闽南方言的人们。但是，由于"闽南"这一概念同时具有"福建南部"的意思，即便我们把闽南人界定为讲闽南方言的人群，这种定义也容易被"闽南"这个地域概念所包含的意义所误导，从而产生一些不必要的误解。所以，在这里首先想特别说明的是，本书所涉及的乡土民俗是闽南人这个族群或民系的乡土民俗，而不专指福建南部的乡土民俗。

当然，要彻底避免这样的误会与误解，也是有可能的，不过，这需要换一个概念思维。实际上，讲闽南方言的人，过去自称时，所使用的并非"闽南人"这种称谓，也并非现在有些人所说的"河洛人"，而是用"下南人"这一概念来界定自己。其意义是强调闽南人这一民系来自中原，是从中原"下南"到中国南方的福建闽南，在这里成为闽南籍的人们而形成民系后，又迁往福建东部、广东、海南、台湾，甚至海外的。所以，如果用"下南人"来界定讲闽南方言的人群，把它作为这一族群或民系的代词，也许就不会出现上述所说的误会与误解。

由于本书所指的闽南人是指"讲闽南方言的族群、人群或民系"，因此，本书中提到的闽南人所涵盖的地域人群范围是广泛的，它包括福建南部的泉州人、漳州人、厦门人，福建东部的"闽南人"，浙江南部的"闽南人"、广东的潮汕、海丰、陆丰的"闽南人"，海南岛的"闽南人"，台湾的"闽南人"，以及海外的"闽南人"。

正因为闽南人是讲闽南方言的族群或人群，因此在陈述他们的乡土民俗时就出现了一些相关问题，如果要比较完整地表述所有闽南人的民俗，限于本书的篇幅，是不可能的，这是第一。第二，本书是《闽南文化丛书》中的一本，有许多原本属于《闽南乡土民俗》这本书应表述的内容，已有专书去表达，如宗族、建筑、民间信仰、民间戏曲与音乐、民间工艺美术等，所以，本书只涉及生产、生活、岁时节日、人生礼俗、艺阵这几个方面。第三，"十里不同风，五里不同俗"这句俗语所表达的含义，在闽南人这样的族群（或民系、人群）中同样也是存在的，换言之，福建南部的闽南人如果以县市为单位来区分的话，就有惠安人、晋江人、石狮人、泉州人、南安人、安溪人、永春人、德化人、大田人、同安人、厦门人、金门人、漳州人、龙海人、华安人、南靖人、平和人、漳浦人、东山人、云霄人、诏安人、漳平人、龙岩人等。台湾的闽南人也如此，以地区划分，至少也可以分为台北人、台中人、台南人、澎湖人，以县市划分则更多，如可以分为屏东人、高雄人、台南人、云林人、彰化人、台中人、苗栗人、新竹人、桃园人、台北人、基隆人、南投人、宜兰人、花莲人、台东人、澎湖人等。他们各自有各自生活的地域范围，他们所讲的闽南方言（下南话）的土语或口音、腔调也都有一点差异，这表明他们各自的民俗也自然存在着某些差异。但正如上面所提到的，这种差异也同样表现为在闽南人共性的基础上的差异，如同样是婚礼中以吃圆子的形式替代喝合卺酒，有的地方称此为"吃结房丸"，有的地方称"吃相见圆"，有的地方称"食新娘圆"等。所以，本书尽量陈述笔者所选择出来的闽南人某些民俗门类中共性的东西，并尽量把闽南人不同地方的做派与差异表述出来。

总之，笼统地描述所选择出来的民俗门类的表现，并尽量体现闽南人共性基础上的差异，以及略有一些过去与现在的比较等，也许就是本书最大的特点了。

第一章

岁时节日习俗

人们的社会生活都是以年度为单位循环进行的，在一年当中，有许多岁时节日习俗，这些习俗都可以看作是某个地方族群的特定行为与惯习，它们有在地方适应中形成的一些地方特色，同时也与其他地方的惯习与行为有着许多共性，尽管每个地方小传统的表层结构或表现有着一些差异，但他们却有着共同的大传统，共同的深层结构与象征体系。

第一节　春节

春节是民间最隆重又热闹的传统佳节之一。闽南大部分地方在农历腊月十六日做完"尾牙"以后就开始"入年假"，开始置办年货、用石磨磨米（水磨粉，然后用石头压在米袋上挤出水）或用米碓舂米粉蒸甜粿（年糕）、做发粿、碗糕粿、咸粿（菜头粿、芋粿、番薯粿、金瓜粿等）、麻糍（糍粑）、菜包、粽子、"龟粿"（红龟、鼠壳龟等）、"油葱粿"、"签粿"、"番麦粿"、"豆包仔粿"、菜丸子等。昔时，在入年假之后，也要买布料，请裁缝来家中为家里的所有人都做一身新衣，现在则改为在办年货时，为家中的每个人都置办一身新衣。有的地方则在十二月廿三日、廿四日"送神"后才开始忙碌。年内家中有人过世的人家，自家不得蒸甜粿，只做发粿等，并把它送给亲友，亲友则回赠甜粿。有的地方连发粿都不做，全由亲朋赠送，丧家则以糖果等甜点回送，此俗称"送年"。而正常的"送年"则是互相赠送各种礼品。有的地方如同安做些内包花生酥糖或地瓜泥、韭菜肉蓉的油炸食品，如炸枣、韭菜盒、"炸壳"（"炸嗑"，一种油炸的、内包白糖花生酥的饺子形食品，俗称"柴梳包"）等，不在春节前蒸甜粿，而是到正月初九"天公生日"时才蒸甜粿，而且每年要比往年略大些，以表示年年高。但有的地方，如漳州市一带则"廿四炊甜粿，廿六包'豆包仔粿'，廿八炊咸粿"。居住在漳州溪谷地带土围楼中的宗族，轮到该年负责公共事务的轮值房头则更加忙碌：除了基本事务外，他们还要派人到漳州市区采购水仙花、香橼、佛手、金橘等摆设和祭神的供品。水仙花要计算花期后雕刻，让它们能在大年初一正好绽开。而过去在大田山区，"廿四扫尘，廿五杀猪豚，廿六做豆腐，廿七讨钱，廿八舂粿，廿九过年"。

由于闽台两地的闽南人都认为年底所"炊"（即"蒸"）的黑糖（红糖）"甜粿"与"发粿"的成功与否有预示新一年运气的功能，所以主妇在"炊粿"时有许多禁忌，如忌讳有人在灶边多嘴多舌，也忌生人、孕妇、产妇、服丧者等不洁之人靠近，同时也不许小孩子在灶间玩耍、嬉闹，怕他们讲出不吉利的话，影响所谓的"家运"。

农历腊月廿三日与廿四日，闽台各地的闽南人都要举行传统的"送神"仪式，即便是在今天，乡下的人们多有此仪式，城市中有些人则不举行。在闽南人居住的地区流行着一句俗话，其曰"送神晚，接神早"，因此，闽南人一般是在下午或黄昏时送神，人们在厅堂中或厨房门口摆下供桌与供品，有的也在厨房的灶君公（灶王爷）神位前，供以甜食与较黏糊的祭品，焚三炷香祈祷，并烧"纸马"等送各路神灵和灶君公回天庭述职。民间传说，用甜食和黏嘴的东西供灶君公，主要是想贿赂灶君公，使他"上天言好事"，不向玉皇大帝说人间的坏话。但在有些地方则认为送神应该早点较好，如在金门就流行着"早送神占好位"的俗语，他们一般在廿三日上午送神。先在厅堂中所供奉的神像（一般为观音、福德正神、司命灶君，与同安人完全一样）前摆上供品祭祀，然后，到厅堂口烧金纸与"神马"等，送神灵上天述职。泉州一带的闽南人也是腊月廿三日送神，不过，他们先要带着三牲、果盒、香烛、金纸等到村庙中"辞年"，在那里为村中的境主神灵送行，然后，再回家中举行各家的送神仪式。厦门地区也一样，有的村庙要在送神日子里举行为村神"辞年"的仪式，由该庙的"三坛头"或"童乩"举行"收兵"仪式，将年头放出去镇守在村落四界的五营兵马撤回，犒劳他们并送他们回天庭述职、过年。各家也是到庙中"辞年"后，才回家举行送家神上天的仪式。闽南人还有一句俗语叫"送神风，接神雨"，其意思是送神时起风为佳，此预示神明上天"一路顺风"；接神时下雨也是好事，这可以预示这一年将风调雨顺。

在闽南多流行有"腊月二十四，清囤扫厝宅"的俗语，也就是说，在腊月廿四日送神后，大多数地方的闽南人才开始"清囤"（清洁囤积的灰尘）、"扫尘"，打扫家中的内外卫生。因为，闽南人认为送神上天述职后，驻守在人间各处的神灵都已离开凡间，这时翻箱倒柜地打扫，就不会"冲犯"到神灵。有小部分地方的闽南人则在腊月十六日做过"尾牙"后就可以开始"清囤"、"扫尘"。清囤时，先要做一把上加有"春花"（用金纸和红纸、绿纸做成的带叶的纸花，有的地方称"春枝"）、绿枝并贴有红纸圈的"扫尘帚"或"拂尘"，再用此"清囤"，进行里里外外的大扫除和清洗，因为人们认为这时"大拼厝才会富"。他们到溪边或用自来水清洗桌椅等家具和被褥、蚊帐等，用"扫尘帚"清除蜘蛛丝和高处的灰尘，也把家中供奉的神像、祖先牌位、香炉、神龛等擦拭干净，把家中内内外外打扫得干干净净，焕然一新。如家中有孕妇的人家，则要在腊月十五前清扫。

昔时，腊月廿五日"俗谓天神下降"，闽南人也需要"设香案于神前"祭拜。① 实际上，这是因为廿三、廿四日送神后，驻扎在家中的家神暂时回天庭，驻扎在民间的神灵不在家，所以"天公"（玉皇大帝）派天神于这时下凡来"鉴察善恶"，② 填补送神后人间无神灵驻守的空档，因此每家每户都要设香案，焚香膜拜，迎接天神。

清扫厝内厝外后，就开始准备春联了。写春联有时要忙好几天，因为，每家每户的大门、厨房、饭堂、卧室、浴室、谷仓、灶头、猪舍、牛舍、鸡棚、鸭栏、柴草间等，有的地方连窗户上，都要除旧换新，贴上新联和俗称"角仔"、"金春"的方角贴红。这种"角仔"上常写"福"、"禄"、"寿"、"囍"等单字，或"五谷丰登"、"六畜兴旺"、"招财进宝"、"富贵双登"、"人寿年丰"等四字吉祥语句，有的因在纸上套上金色或在墨字上洒金粉，故被称作"金春"。闽南人还喜欢写"春"字，因为在闽南方言中，"春"与"剩"同音，该字既预示春天的来临，又隐喻了年年有余。现在闽南人多到市场上买现成的春联或请人写了来贴，只有那些书法好的人才自己写，这有展示自己才能的意义，同时有些政府部门也会组织一些书法家写春联送给民众，以烘托年味。漳州、泉州地区的山区溪谷地带有些地方有土堡和土围楼，其大门、正厅门、厅柱、后厅门、边门、后门等处，关系到全堡、全楼的"面子"与荣耀，是显示该堡、该楼的住户文化水平的地方，所以其上的对联一定要由书法好手来写。

---

① 《乾隆泉州府志》，上海书店出版社 2000 年版，第 493 页。
② 《（道光）厦门志》卷十五，清道光十九年刊本。

农历廿八日、廿九日，各家还会再去买些猪肉之类，以求新鲜。女婿、准女婿要给岳家或准岳家"送年"，干儿子也需要在这些时候给干爹娘家"送年"，尽一点孝心。在闽南地区，送年也称"分年"，嫁出的女儿多在腊月廿八、廿九去送年，礼品主要是新鲜的猪肉。新嫁娘和新女婿的送年比较讲究，礼品也有说法。礼品一般需要六样，包括猪后腿、面线、饼干、糖、香蕉、橘子，每样需两份，用印着福字的篮子挑去分年。父母收一半，一半退回，并回礼。近年来，回礼多是洗发水之类的日用品，还有"春花"，因"春"与"剩"在闽南语中同音，此象征着父母祝福女儿女婿以后的生活能年年有余。

腊月廿九，闽南人称之为"小年兜"或"年兜仔"。[①] 一般来说，过年所需要的物品在这天必须准备妥当，炊甜粿、咸粿、发粿等，"结棕"（或称"绑棕"）、炸丸等几乎都需要在这天完成，除夕、春节围炉、待客所需要的鸡鸭、炸料与卤料，如五香卷、肉丸、卤蛋等也多数需要在这天完成，所以这天主妇们特别忙碌。另外，有的地方在小年兜，就可以开始以菜肴奉敬地基主、田头公、牛舍、猪栏、羊圈等的厩公和门口公等，除夕才敬奉家神和祖宗；有的地方则在除夕一并为之。在澎湖岛上，这天需要拜天公，其用的祭品，除了甜粿外，还有两种具有地方特色的仪式食品，即俗称"牵"与"圆"的食品。"牵"、"圆"均由面粉制作，前者是8厘米左右的长条物，上印有金钱等吉祥图案，后者为直径5厘米的圆形物，类似元宵，但上有一乳头状突出物。昔时敬天公时，"牵"与"圆"各需要36个，而近来一般只要12个即可。"牵"是三个一层，横竖相间叠放于盘中，而"圆"则五粒在盘中围成一圈，上面再放一粒，此俗称"五脚圆"。有的

---

① 如果腊月没有三十日，则廿八日为小年兜，廿九日为除夕，俗称"廿九暝"。

地方因这天宰杀的鸡鸭多，而且需要将其加工好，所以当天晚餐多吃鸡汤类的食品，如在金门，廿九日晚餐一般都吃豆渣圆配鸡汤。

　　闽南人一般将除夕称为"年兜"、"大年夜"或"廿九暝"，这天有许多事需要做，如在厦门，"除夕，家更春帖，燃爆竹，舂米麦为糍粿、饽之属。以糕、豚相遗，谓之馈岁。祭先及神，曰辞年。炙炉炭团聚饮酒，曰围炉。留宿饭于明日，曰隔年饭。以生菜沃沸汤，簪红花供神，曰长年菜"①。如惠安人除夕凌晨四点开始就要用三牲、五果、六斋等祭拜天公，然后祈神祀祖，贴春联，准备围炉与春节的食品等。台湾的闽南人也一样："除夕之日，以年糕祀祖，并祭宅神门灶。以饭一盂、菜一盂，置于神位之前，上插红春花，以示余粮之意。先数日，亲友各馈物。是夕燃华烛，放爆竹，谓之辞年。阖家围炉聚饮，炉畔环钱，既毕，各取钱去，曰过年钱。陈设室内，以待来年。"②所以，这一天也非常忙碌。（图1）

　　在闽南人居住的土围楼中，这天早上，轮值房

图 1　打糍粑

---

　　①　《（道光）厦门志》卷十五，清道光十九年刊本。

　　②　连横：《台湾通史》卷二十三《风俗志·岁时》，商务印书馆2010年版，第458页。

头要组织楼中的小孩把公共场所再打扫一遍，并布置中堂屋中的厅堂，挂上历代祖宗画像（如有的话），在供桌上摆放柑橘、发粿等供品，挂上大红的宫灯、"姓氏灯"等，后堂屋中的神厅中也要在供桌上放一些供品，并在香炉中燃上三炷香。轮值房头还需组织大家贴春联。贴春联时，先要把旧联撕掉弄干净，再贴上新联，以示除旧迎新；只有谷仓上的旧联不必撕掉，把新联直接贴在旧联上，以象征谷仓中的粮食源源不断。贴完春联后，整座土围楼到处都是红艳艳的一片，洋溢着节日的气氛。其他的闽南人也一样，除夕这天要将住宅的所有门都贴上春联或角仔、金春，有的地方除了在大门上贴春联外，还在门楣上贴上五张镂空剪或雕刻有花纹与福字的"五福红钱"。大门上的门神也要换新的，其他房间的门，如果不是油漆的，也需要换上新的"门叶"。有的地方，如澎湖，灶头贴有"司命灶君"的神位，灯梁上贴有"玉皇大帝"（泉州裔居民）、"三官大帝"（漳州裔居民）的神位，这时也需要换新的。泉州、漳州、厦门有的人家的房门两侧还要各搁上一根贴有红纸圈的连根甘蔗，俗称"门蔗"，因为闽南方言的"蔗"与"佳"谐音，故此俗象征着进入佳境，也象征着新的一年能从头到尾甘甘甜甜。

沿海地方如晋江的蚶江，石狮的永宁、祥芝，惠安的崇武，龙海的浯屿，东山的澳头等地的闽南渔民也一样，除了陆地上的住宅要贴春联等外，他们的渔船上也要到处贴春联，稍有不同的是，船上的有些地方只贴单联，如船头的"寿面"（或"头犁壁"）上贴"一见大吉"或"木龙光彩"，头桅上贴"开路先锋"，中桅杆（大主桅）上贴"八面威风"，放舢板的水仙门口贴"万鱼上水"，水柜上贴"龙水甘泉"，舵杆上贴"万军主帅"，鱼仓上贴"满载而归"。有的地方则贴对联，如官厅的门上贴的就是对联，内容不是"江河湖海清波浪，道达逍遥远近通"，就是"身在宝舟求财利，手执玉笏保平安"。船内的神龛上也要贴对联，如果供奉妈祖（即船仔妈），其对联常是"身居湄洲真显赫，神在船上保平安"，横批则为"海国安澜"。船的舻坡上则贴"顺风顺水顺人意，得财得利得天时"，或"生意兴隆通四海，财源茂盛达三江"，横批为"海不扬波"。现在的船多为机帆船，其驾驶舱在甲板之上，因此，在驾驶舱的窗上往往也贴对联。

这一天，人们先要去村头、村尾的村落神庙拜祭本村供奉的神灵，供"三牲"（猪肉、鱼、鸡）、发粿、甜粿、咸粿、菜碗、果盒等，点香烛烧金纸放鞭炮。然后，到本宗族的祠堂与自己家族的私祖厅或公厅拜祭祖先。沿海的村落城镇，还需到海边的阴庙去敬"老大公"或"头目公"、"万福公"、"孤魂公"、"贵人公"、"圣妈"等。拜祖先可以用拜过神灵的供品供奉，但不可颠倒过来。回到家中，也需在本宅神厅的神案或供桌上供奉过年饭（有的地方如厦门称"隔年饭"，有的地方如澎湖称"春饭"）、发粿、甜粿、各种咸粿、长年菜（有的地方称"长命菜"、"长寿菜"）、牲醴、甜料、茶、酒、压桌钱等，在过年饭中插上用红、黄色纸或红、绿色纸扎的"春花"（有的地方称"春枝"、"饭春"、"丽春花"），敬拜家中供奉的神灵或祖先，并"辞年"，感谢"旧年"在一年中的辛劳，祈望"新年"能带来好运。有的地方也用本地较特殊的仪式食品"辞年"，如澎湖，除甜粿、咸粿、春饭等外，也用当地俗称"牵"和"圆"的仪式食品来祭祀神、祖与辞年。[①] 此外，各家庭还需要在厅堂大梁的柱下或厅前敬"地基主"，门边祭门神，夫妇的卧室中敬"床母"，在大门外敬"门口公"或"好兄弟"。有的在房内屋角处撒些盐米，准备给老鼠饱食一顿。在祭拜祖先与门口时，所烧的纸钱中要加上一种印有衣裤等物的纸钱，俗称"经衣"，澎湖地区俗称"更衣"，希望

① 《续修澎湖县志》卷十二《宗教志》，澎湖县政府 2005 年版，第 108 页。

祖先与门口公等能像生人一样在过年时更换新衣，再一起过年。当上至神灵下至鬼魂的所有祭祀活动都结束后，人们才开始围炉吃年夜饭。

大年三十当天或到子夜前，家家户户要把水缸挑满，年夜饭煮好后，有的地方甚至要把井封起来，到大年初二甚至初四敬过井神后才可以挑水。大约在下午五点左右，家家开始"围炉"吃"年夜饭"（也称团圆饭，有的称此为"过老年"）团圆。现在闽台城市中有的闽南人则到酒家去吃年夜饭。昔时围炉时，要在桌下放一炭火盆，盆的四面各摆四枚红柑以象征吉祥，全家人围炉而饮宴，开席时，长者会念道"韭菜春，人人伸（剩）"，带领大家先吃韭菜。吃饭时，还会往炭盆中撒盐，使之噼啪作响，象征家庭幸福兴旺，其乐融融。现在有的人认为围炉是指围着炭炉"吃火锅"。由于是过年，闽南人传统的年夜饭中，有些菜肴也具有某种象征意义，因此是必不可少的，比如说年夜饭中一定要有一条头尾完整的鱼，其寓意为年年有余；此外也要有寓意富贵的猪蹄，寓意团圆的肉丸或鱼丸，寓意全家福的整鸡，寓意富裕的豆腐，寓意好彩头的"菜头"（萝卜），寓意年寿长久的韭菜，寓意长年、长寿的连根菠菜或芥菜，寓意节节高升的冬笋，寓意吉祥如意的柑橘，寓意长寿的炒米粉或炒冬粉或炒面，有的也有象征发财的发菜等。在厦门、漳州等地，年夜饭中一般都要有"血蚶"（泥蚶），围炉后，人们要将其壳撒在床下与门后，边撒边念："撒蚶壳钱，明年大挣钱。"所以，泥蚶的物化形式是"贝"，寓意是金钱、发财和积存钱财。还有，除夕夜所煮的饭也应该多些，最好能吃到初一、初二，此象征着年有余粮。年夜饭的最后一道菜必须是甜的，寓意甜结尾。有的地方如泉州、晋江一带，在围炉前，还要先在厅堂中请祖先来围炉，他们在厅堂里点亮大红蜡烛，八仙桌上摆满丰盛的菜肴，围上俗称"八仙彩"、上绣有"吉祥喜庆"的绣花桌围，家长拈香，领着全家人向列祖列宗跪拜，恭请祖宗降临饮宴，并祈祷他们保佑合家大小平安、兴旺发达；然后，在神案上留下春饭、红柑（一般是"芦柑"，其堆高而形成所谓的"柑塔"）、果盒、酒等供奉于祖先神龛前，这才开始家人的围炉。这天，外出工作的人都应该赶回来吃年夜饭过年，甚至远在南洋或香港者，也力争赶回来参加除夕的团圆。因为闽南有句俗谚说"清明不回来无祖，年兜不回来无某（妻）"，所以大家都非常重视这一合家团圆的机会。如果实在不能回来，家人也会在围炉桌上给他备份碗筷，由家人代为撜菜，以象征他也回来过年了，此俗称"添碗筷"。有的地方，在围炉桌上也要摆甜粿等，表示祖先与他们一起围炉。在围炉时，那些在外工作返家过年者会给老人、小孩"红包"（压岁钱），以表示亲情。吃了年夜饭后，家长也会给孩子发压岁钱。居住在土围楼里的闽南人，当居民都回家吃年夜饭后，土围楼的大门就会关起来，要到大年初一早上"开正"时再打开。而居住在四合院大厝里的人，也会将院子的大门禁闭，开正时再打开。

年夜饭吃完后，过去要在厅堂，有的甚至在夫妇的卧房供奉发粿、长年菜（用连根的菠菜煮成的，有的地方用芥菜煮）、过年饭（或称"隔年饭"，或"春饭"，寓意"年年春"［剩余］），这些供品上要插上春花（或称"春枝"），有的过年饭上还要插一丛带芋子的芋头和一棵有头有尾的葱，以象征年年有余、人丁兴旺、聪明富贵等。大年初五撤出供品时才将芋头、葱等种在花盆中。在漳州，围炉结束后，要安排香案"敬天公"，以清茶、面线汤、红柑、四果（桂圆、柿饼、红枣、莲子）祭拜，而主妇则在厨房中供上一碗插有春花的"过年饭"，以祝愿来年丰衣足食。有的地方如澎湖，在神明、祖先面前，除了供这些春饭等供品外，还要供奉过水氽烫过的香菇、木耳、金针、豌豆等菜碗，年初一，则用这些素菜煮面或冬粉为早餐。此外，在澎湖，供于厅堂的春饭还有预示新的一年物候的作用：如果过年后，饭上长霉，这表示新的一年雨水充足；如果过年后，春饭呈现干硬的状态，则预示新的一年可能缺水干旱。① 在过去，除夕夜里每个房间都要点蜡烛或油灯守岁，现在则在厨房、大厅亮着电灯，观看中央电视台的春节联欢晚会的节目来守岁。

有些地方吃过年夜饭，男丁就准备"跳火墩"（亦称"跳火盆"、"跳火囤"、"过火烟"和"过炎"② 或跳火圈），他们在庭院中，把清囤帚和一些干薯藤、木柴等堆成一个小堆，上面再覆盖一些干草或竹枝等，点燃后会发出噼噼啪啪的声响；或用稻草、甘蔗渣、番薯藤，端向屋内堆着来烧。据说此俗乃源自上古时的一个传说，相传有一种叫作"年"的怪兽，每年的除夕夜里都要出来骚扰百姓，食畜噬人。有一次，"年"到一户人家，恰巧这户人家的大小都穿着红衣，正点着竹子取暖，那燃烧的竹子发出噼啪的爆响，"年"听了吓得抱头鼠窜。因此，人们知道"年"这怪兽怕红颜色与响声。在它出来害人的除夕，家家门窗贴上红联，弄得到处都是红通通的一片，夜里又点燃篝火，并投入一根根竹子，使其发出噼啪爆裂声，终于将"年"兽吓跑而保住了人们的平安，因此就形成这种跳火墩的习俗并流传至今。围炉后，当家长在灯火辉煌的厅堂中上完香，人们就把火墩点燃，并燃放起鞭炮，当火墩腾起熊熊火焰时，家中的男丁按辈分的大小逐一从门外向内跳过火墩而入，小孩、婴儿也由大人抱着跳过，边跳还要边念着吉祥而押韵的歌谣，如："跳入来，添丁又发财，大猪大羊捉来刣（宰杀）"；"跳过东，任吃都勿空"；"跳过西，钱银满厝内"。或者"火墩跳入内，钱银一直来"，或者"跳入来，年年发大财；跳出去，无忧共无虑；跳过东，五谷吃不空；跳过西，银钱滚滚来"，等等。有的地方则念："跳火盆，饲猪较大

---

① 《续修澎湖县志》卷十二《宗教志》，澎湖县政府 2005 年版，第109 页。

② 《乾隆泉州府志》，上海书店出版社 2000 年版，第 493 页。

船”，有的地方只喊“发啊”。有时还向火墩中添草，撒盐，让其不停地燃烧和发出噼啪声响，一时间，家门口噼啪闪烁的火光与欢笑声汇成一片，热闹非凡。有的要跳三次，跳完后放鞭炮，如晋江深沪镇的东华村。闽南的一首童谣：“年兜夜，跳火盆，公挑金，婆挑银，阿爸惊火熏，阿妈笑抿抿。阿兄相火痕，阿嫂烧着裙。阿叔放炮乒乓响，畅煞一群囝子孙。”[①] 生动地描绘了跳火墩的热闹情境与人间百态。实际上闽南人认为这个仪式有洁净与驱邪之意义，也有招财进宝之意义，同时也有实际的练胆的功用。如晋江东华村民认为，地瓜藤围成圈，寓意一家人在除夕夜团团圆圆；地瓜藤燃烧象征烧掉霉运；跳过火堆就能将红红火火的运气带回家；财气、福气像燃烧的烈火那样越来越旺。

当家中的男丁都跳过火墩后，长辈就开始给小孩发压岁钱，此俗称“分年”。主妇们这时也拿些稻米等物，到各房中撒在床下、角落里，口中还要高声说“给三娘分年”，其意是为老鼠分年，希望它们以后不要乱啃乱咬。而在金门岛上，主妇们则是在围炉后，将围炉的剩饭剩菜撒些在屋内的各角落以飨老鼠，此也俗称“分年”。[②] 而当火墩的明火熄灭后，婆婆领着媳妇或主妇铲些火红的灰烬装进几个火笼中，端进屋，有的放于床铺下，有些灰烬则放于灶膛中，边放也要边念些吉祥的顺口溜，如“跳火墩，火拉轮（暖和），公担金，婆担银，金银无处集（存放），收在灶空（灶膛）下”。

泉州、厦门一带，除了做这些仪节外，还需将厅堂等地再打扫一下，要从门口往内扫，不能扫出门外，这象征着财不外流。然后将垃圾连同畚斗、扫帚等堆在大门边的角落里，并稍为祭拜

---

① 《惠安县崇武镇民间文学集成》，崇武镇民间文学集成编委会 1990年版，第 273 页。

② 杨天厚、林丽宽：《金门岁时节庆》，稻田出版有限公司 1996 年版，第 157 页。

一下，此祭拜之俗称"乞如愿"。相传这种风俗来自《搜神记》的记载，清末陈德商《温陵岁时记》："《搜神记》：商人瓯明，过春草湖。湖神邀归，问何需。有一人私语曰：君但求如愿，不必别物。明依言。湖神许之。呼如愿出，一少婢也。至家数年，遂大富。后岁旦，如愿起晏，明鞭之。如愿走入畚帚中不见，明家渐贫。故今岁旦，喜帚不出户，恐如愿在其中也。"由于如愿是走入畚斗、扫帚中消失的，所以人们就向其祈求如愿出现，给家中带来好运与财富。

　　闽南人一般称正月初一为"新正"、春节，欢度春节也叫"过正"、"过新年"。闽南人的聚居地大都流行有"正月歌"或"过年歌"，大体概括了该地正月初一到十五或更晚一些的活动与风俗情况。如漳州地区的正月歌云：初一早，初二早，初三睏够饱，初四豆干炒（或加拉炒、五更早、尪落地、神落地），初五假开，初六拍囡仔尻仓（或舀肥），初七平宵（或初七摸），初八摸（或浪荡空），初九天公生（或敬天公），初十地公生（或伽蓝生、人举尪），十一十一福（或有食福），十二人敲壳（音 kok，木鱼。或转去拜）、十三人点灯、十四办敬（或结灯棚、撸大铳）、十五元宵暝、十六倒灯棚（或拍灯架），十七人相坐、十八打瞌睡，十九买物配，二十做功课。① 厦门流行的正月歌为：初一早，初二巧，初三困甲（到）饱，初四接神（或神落天），初五过开，初六挹（浇）肥，初七七元，初八完全，初九天公生，初十地公暝，十一请团婿，十二返来拜，十三关公生（或饮洛糜配芥菜），十四搭灯棚（或相公生），十五元宵（或上元暝），十六看大烛，十七倒灯棚，十八无半圆（钱）。金门流行的正月歌为："初一早，初二早，初三睡到饱。"或"初一花，初二柳，初三举扫帚，初四神落天，初五隔开，初六挹肥，初七七元（或擦

---

　　① 　简博士主编：《漳州民俗风情》，海风出版社 2005 年版，第 2—3 页。

围），初八全圆，初九天公生，初十地（公）妈生，十一请子婿，十二着来拜，十三关帝爷生，十四搭宫棚（野台戏棚），十五上元暝，十六小登科，十七乜项无（什么东西都没有）。"① 而泉州的正月歌为："初一早，初二团婿日，初三赤狗日，初四接神，初五隔开，初六挹肥，初七众人生，初八团圆，初九天公生，初十地嬷生，十一请团婿，十二返来拜，十三帝爷生，十四搭灯棚，十五上元暝，十六倒灯棚。"泉州地区的惠安县崇武一带，其正月歌为："初一花，初二扭，初三举扫帚，初四神落天，初五吃大顿，初六无账算，初七人生日，初八阎君生，初九天公生，初十地嬷生，十一水头动，十二去挂网，十三捉白虾，十四撕破网，十五烧通金，十六就煞心。"② 而在台湾，有人认为其正月行事歌为："初一早，初二巧，初三困卡饱，初四神落天，初五隔开，初六挹肥，初七七元，初八完全，初九天公生，初十有食食，十一请子婿，十二查某子返来食诸糜配芥菜，十三关帝爷生日，十四结灯棚，十五上元暝。"③ 但实际上，台湾不同地区也有一些小差异，如基隆、台北一带的正月歌曰："初一场，初二场，初三老鼠娶新娘，初四神落天，初五隔开，初六挹肥，初七七元，初八完全，第（初）九天公生，初十有食食，十一请子婿，十二查某子返来拜，十三食溚糜配芥菜，十四结灯棚，十五上元暝，十六相公生。"④ 彰化县的新年行事歌云："初一早（或初一场），初二巧（或初二场），初三无通巧（或初三睏到饱或初

---

① 杨天厚、林丽宽：《金门岁时节庆》，稻田出版有限公司 1996 年版，第 3 页。

② 《惠安县崇武镇民间文学集成》，崇武镇民间文学集成编委会 1990 年版，第 273 页。

③ 李文环、林怡君：《图解台湾民俗》，陕西人民出版社 2016 年版，第 3 页。

④ 《基隆县志》，转引自丁世良、赵放主编：《中国地方志民俗资料汇编：华东卷（下）》，书目文献出版社 1995 年版，第 1585 页。

三老鼠娶新娘），初四顿顿饱（或初四神下降），初五隔开，初六
挹肥，初七七元，初八原全，初九天公生，初十有食食，十一概
概（或十一请子婿），十二漏屎（或十二查某子返来拜），十三关
老爷生（或食潽糜配芥菜），十四点灯暝（或十四结灯棚），十五
元宵暝（或十五上元暝），十六拆灯棚（或十六相公生）。"① 由此
可见，闽台各地闽南人的情况基本是一样的，最起码其深层结构
是一样的，但也有一点表面上的或地方上的差异。

　　昔日的正月初一清晨，闽南人多根据洪朝和通书上的吉时
"开正"或"迎正"，先用清茶、红柑等果品祭拜一下家中供奉的
神灵与祖先，然后打开大门，朝通书说的吉利方向，点香拜拜，
再大放鞭炮，表示迎财神入户。20 世纪 80 年代后，由于中央电
视台春节联欢晚会都通宵放映，所以城市与农村有些人家一过零
点就放鞭炮"开正"，而不再根据民间通书行事了，但许多农村
仍按旧例行事，仍到通书规定的时间开正，或天亮才开正。而当
城市中制定法规禁止在节日里燃放烟花爆竹后，闽南城市中的年
味就冷清了许多。

　　初一的早餐，各地以面条、面线、冬粉为主，寓意长寿。在
泉州、惠安一带，吃俗称"寿面"的鸡蛋面线，以象征"福寿绵
长"、"凡事完满"。有的地方除了鸡蛋、鸡肉、肉丸外，还加入
芋头、糯米丸等，象征"年年有余"和"合家团圆"。在漳州、
龙海等地，初一早餐多吃甜面线汤或吃甜的八宝饭，以预示新的
一年的生活甜甜蜜蜜。在澎湖，初一早餐以除夕供神的香菇、木
耳、金针等煮面线或冬粉吃，此外，面或粉丝里还需加上俗称
"长年菜"的连根的菠菜。② 在金门，昔时初一早餐多数阖家吃

---

　　① 《彰化县志稿》（1958－1976），转引自丁世良、赵放主编：《中国
地方志民俗资料汇编：华东卷（下）》，书目文献出版社 1995 年版，第
1643 页。

　　② 《续修澎湖县志》卷十二《宗教志》，澎湖县政府 2005 年版，第 96 页。

素，且只吃饭不喝汤，否则据说出门将常淋到雨。而现在已呈自由化、多样化，鲜少遵循古礼。① 至于午餐，闽南各地也略有不同，在泉州，午餐多吃"嫩饼菜"（薄饼或春饼），据说这象征团圆与"包金包银"好彩头，因为，嫩饼皮为圆形，象征团圆，内包的菜料有胡萝卜、豆腐、豆芽等，胡萝卜色红，象征金，豆腐、豆芽色白，象征银。在漳州，午餐就要以荤菜为主，饭桌上要摆满鸡鸭鱼肉等各种食品，以象征随后一年中都会菜肴丰盛。晚餐则大多数地方比较丰盛，多设家庭宴席。当然，也有些地方这一整天都吃斋，这是表示"一餐吃斋，四季无灾，一天吃斋，灾祸不来"之意，或者"初一早食菜较赢一年斋"之意。

吃完早餐，家长或主妇往往先备办菜肴、果品到厅堂神龛前焚香点烛祭祀家神、祖先后，才出门去村庙与祠堂祭拜，这之后才去亲堂、朋友家"拜正"。出门时如果首要目的地如村庙不在历书所示的吉利方向，通常会先向该年的吉利方向走一小段路，再折往目的地。有的地方也用比较特别的方式祭神拜祖，如在金门与烈屿岛上，初一早上，家长或主妇通常是用内有一颗"长寿菜"（有12叶的芥菜）的"拜正饭"向神灵与祖先拜年。祭祀毕，还会陪同子女，依历书所示的吉利方向出发，到一块麦田时，每人摘一株麦苗插于头上或放在口袋里带回家，以象征着福寿绵长，此俗称"插麦"，所以，当地有"插麦，吃到胡须头发白"的俗话。②

出门拜年，大家互相道恭喜、新年走好运等祝福的话语，希望这随后的一整年都平安顺利，有好运气。小辈向长辈拜年时，长辈必给红包和红柑。昔时，待客主要是蜜饯、冬瓜糖、红枣、

---

① 杨天厚、林丽宽：《金门岁时节庆》，稻田出版有限公司1996年版，第2页。

② 杨天厚、林丽宽：《金门岁时节庆》，稻田出版有限公司1996年版，第2页。

糖花生、寸枣（有的地方称"寸金枣"）等甜食和瓜子，同时还要以内有桂圆、红枣的甜茶待客。现多用糖果、巧克力、瓜子等待客。此外，除了传统的甜茶外，也请客人喝咖啡等饮料。客人吃了甜食都需要讲吉利话，如对新婚夫妇要说：吃甜，明年生后生。对老人要说：吃甜，康健，吃到百二（岁）。对做生意的商人说：吃甜给你大挣钱，等等。

由于正月初一人们所有举动都关系到随后一年里的吉利与平安，所以在年初一有许多禁忌需要遵守，如初一不得操刀切物，煮饭的菜料只能用手掰，所有须用刀切的食品，都应在除夕准备周全。又如初一尽量不要用扫帚扫地，唯恐财气一扫而空；如实在需要扫，则需从大门处往里扫，并把它堆在门边角落里，不得拿出去倒。早餐不吃稀饭，据说这样可以避免以后出门遇雨。避免打破碗碟等用具，否则一年的福气均被破坏。这天也不可以打骂孩子，不讨债，不汲水，不洗头、不洗澡等，逢人需说好话、祝福的话，以求和气生财，大吉大利，幸福一年等。

正月初二，闽南人称"女婿日"或"女儿日"，大多数地方，岳父母在的话，这天是女婿到岳家拜年的时候，当然也是已婚的女儿回娘家拜年的时候，所以有的地方，如台湾，还流行"有父有母，初二、三，无父无母头斗担担"这样的俗谚，也就是说，有父母的媳妇初二、初三会回娘家做客，而没有父母的媳妇就只能在婆家或自己家里做事。有的地方俗称此为"做客"。是日，要先让神灵、祖先享用荤腥之物，打打牙祭，除了菜碗、果品外，还需用牲醴祭祀神灵、祖先。祭祀完后，已婚妇女就可以偕夫婿、子女，携带俗称"伴手"或"带手"的礼品，如鸡鸭、猪脚、猪肚、面线、糖果、饼干、红包等，回娘家探望父母，并在那里吃一餐，同时也要给女家稚龄的弟妹及小舅仔的儿女送红包。如果带子女去，昔时外祖母用红线系铜钱，现则改用红包系红线，挂于外孙儿女的脖子上，此俗称"结衫带"。

由于正月初一不能动刀动剪,正月初二的菜肴也多在除夕那天都准备好了,在过去没有冰箱储物的年代中,东西放几天总有些不新鲜,甚至有时因暖冬的关系,东西也可能变质,所以惠安人戏称已婚妇女初二去娘家拜年、吃饭叫"吃臭酸"。

在惠安北部,初二则需要到去年新丧家探亡,据说与明代嘉靖四十一年(1562年)倭寇攻陷兴化府城的事件有关。而厦门、同安、漳州人则在正月初三"做新忌"。据说这也与嘉靖年间的倭患有关。相传嘉靖年间倭寇侵犯闽南沿海地区,烧杀掳掠,无恶不作,闽南军民奋力抗倭,终于在正月前赶跑倭寇,内地的亲友听到消息后,于初三赶来探望,由于十之八九的人家都有人遭到倭寇的屠杀,所以这些初三来探亲访友的人都成了吊孝者,第二年正月初三,又来参加亲友的"对年祭",于是就形成这种正月初三"做新忌"的习俗。因此,在这些地方,这一天,凡去年有丧事的家庭,都必须为亡者做新忌。所以这天到别人家去的人都是去吊慰与参加做忌的亲人,为避免误会,这些地方的人们在这天都不去他人家拜年,也没有人会上门拜年。也因此,正月初三人们可以"睏甲(到)饱",即睡得晚些才起身。如外出,也不到人家去,而是去较大的庙宇,如厦门人多去南普陀寺中拜观音菩萨或去野外踏青。有的地方认为这日是"赤狗日",出门不吉,所以,不宜外出。台湾闽南人认为这天晚上是老鼠娶亲日,晚上也早早熄灯入睡,并在家中地上撒些盐、米,认为这是给老鼠分钱。所以,才有"初三老鼠娶新娘"的民谚流传。

正月初四清晨,大多数地方的闽南人一大早就要忙着在家中的庭院或客厅里摆上供桌,供上三牲、果盒、香烛、鞭炮等,焚香礼拜,烧印有马、轿及马夫、轿夫的"云马"或"神马"纸,迎接回天庭的神祇下降,此俗称"接神"、"接尪"或"神落天",同时也得斟酒敬献,祭拜神灵,放鞭炮迎接,以祈求神灵保佑合家大小在新的一年中平安如意。这就是"送神晚,接神早"、"晏送神，早接神"、"初四五更早"等俗语表达的意思。也有地方如澎湖人认为神灵也眷恋天家，所以应该是"送神早，接神晚"：人间应该体谅神灵的辛苦，应让神灵早点上天述职、过年和晚一点下凡间执事，让他们在天上多逗留点时间。所以，在澎湖，一般是初四过午后才用"寸金枣"、"糕仔粒"、糖花生、冬瓜糖、甜粿、清茶等接神。送过神的村庙，这天也需要接庙里的境主神回来，有的在这天还做"犒军放兵"、"安五营"的仪式。有的宫庙所供奉的神灵生日在正月里，就在神灵诞辰时才做，有的也在正月十五元宵节时做。

惠安北部一带，由于受到莆仙文化的影响，正月初四通常要像除夕夜那样重过一次年，此俗谓"初四做大岁"。据说这是因为明代嘉靖四十一年（1562年）倭寇攻陷兴化府城后，兴化人和惠北的闽南人多逃出去躲避。倭寇大肆搜刮与屠杀后，在除夕那天才撤离。翌日即正月初一，逃难的人们听说倭寇走了，才相率返回家中，但看到的是满目疮痍、死者枕藉的惨状，无不悲痛万分，赶紧掩埋尸体，整理被毁坏的家园。初二日，人们又忙着祭祀这些在倭患中惨死的亡者，也无暇顾及围炉。当人们把这些善后之事处理好后，就决定在初四补过年，初五再相互串门拜年，因此形成了这种初四"做大岁"的习俗。

正月初五俗称"开小正"或"开假"、"破五"，因为过了初五可以破忌了。如初五可以开始打扫，垃圾可以送出去倒掉；供桌上祭神祭祖的过年饭和其他供品除了红柑外也可以撤换了；也可以煮稀饭吃了。此外，昔时人们认为正月初五这天天上会派天神下来视察诸神安位与否，或者是接腊月廿五日下来临时看顾人间的天神，所以，这天也需要与腊月廿五日一样，摆香案祭拜，供品则与前日的相同。此外，闽南人的商家也认为初五是财神的生日，因此店铺多在是日开市，开门时自然也少不了祭祀一下财神，燃放些鞭炮，并在门前张贴上书"大吉利市"、"开张大吉"

的红纸，开张做买卖。

正月初六是闽南形成的两位神灵清水祖师公和三平祖师公的诞辰日，其祖庙以及供奉这两位神灵的分灵庙宇都要在这一"正日"给他们做隆重、热闹的圣诞庆典，故形成了一些村落庙会与区域庙会。如安溪蓬莱清水岩是清水祖师的祖庙，正月初六开始，山下的一些村落会举行连续几天的迎神赛会，他们分成三甲，轮流举行，将清水祖师请下山来，在各种"阵头"（如艺阁、马队、狮阵、龙阵等）的簇拥下，到附近的各村落"巡境"，驱邪赐福，接受各村落村民的礼敬与朝拜，各村的庙宇也要请高甲戏或梨园戏、打城戏等戏团来演出。厦门市翔安区（过去为同安县或区管辖）的香山岩（始建于南宋1127年）因是清水祖师的分灵宫庙，主祀清水祖师，配祀佛祖、观音、关帝、城隍爷、朱文公（朱熹），故初六日也举行清水祖师圣诞的庙会并演歌仔戏或高甲戏酬神娱人。台北三峡镇的清水祖师庙是号称艺术殿堂的庙宇，他们在正月初六左右也会举行清水祖师公圣诞的庙会，并请野台戏班来演歌仔戏酬神，而且还有"赛大猪"的习俗。漳州地区近30座清水祖师分灵庙，如漳浦赤湖镇后湖村的赤水岩等，也都在这天打醮庆贺。在漳州地区，从三平寺分香的宫庙，都会给三平祖师过生日，有的在这天或之前会组织进香队伍去三平寺"刈香"或"请火"，他们扛着神辇，或挑着"香担"，抬着"香片龟"（糯米粉做成的大龟粿），敲着锣鼓，跳着"大鼓凉伞"，舞龙、舞狮等到三平寺朝拜"刈香"或"请火"祈福。而在本村的宫庙则请戏班演歌仔戏或潮州戏娱神娱人。厦门集美区侨英街道孙厝社区则在正月初六该村主神真异大师受御赐敕封称号"惠应祖师"的日子里，举行祭祀真异大师的仪式以及真异大师绕境巡安的活动，俗称"摆香位，刈香"。

在现在厦门市与漳州市交界地方的青礁村与白礁村各有一座始建于南宋的保生大帝祖庙，青礁的祖庙东宫原是漳州府境内的保生大帝分灵庙的祖庙，白礁的祖庙西宫原是泉州府境内保生大帝分灵庙的祖庙。① 一般从正月初二开始，就有人陆陆续续前来进香、请火或刈香。他们在历史上形成的固定日子里前来，路途比较近的分灵庙，往往会组织许多"阵头"（艺阵）前来朝拜或朝圣，如仪仗、旗帜、蜈蚣阁、大阁、大鼓凉伞、大鼓吹、宋江阵、高跷、马队等。如集美区灌口镇洋坑村万寿宫的保生大帝信众通常于正月初四去角美镇白礁慈济宫谒祖进香请火，初五则在本村中巡行，勘界、驱邪、"钉福"（安五营）。厦门海沧锦里村圆应宫的保生大帝信众在正月初十前往青礁慈济宫谒祖进香，进香队伍中有20节的蜈蚣阁、龙阵、狮阵、宋江阵、拍胸舞、大鼓凉伞等艺阵70多阵，当夜还有"油炬绕境"巡安，神辇出宫"走轿"的仪式活动。由于几乎天天都有数个进香队伍前来祖庙进香、请火，整个正月期间，这两座祖庙天天都是锣鼓声不断、鞭炮声震耳，热闹非凡。

另外，"破五"一过，节令中的禁忌也开了禁，所以从初六开始，小孩在春节期间的"豁免权"也被取消了，因此，如果初六以后再淘气的话，就会被大人惩罚，正如漳州一带讲的：初六拍（打）囡仔尻仓，即这时小孩再淘气的话，就要打小孩的屁股以惩罚。

初七俗称"人日"、"人生日"或"众人生"，也俗称"七元日"。在晋江、泉州一带，这天清早，家庭主妇要为全家人煮一锅面线，放入肉丸、炸排骨、鱼丸、香菇、虾米等佐料，并在每碗中加几块油煎的甜粿，给家人吃了过这个人类的生日。此外，每人还要吃鸡蛋和鸭蛋各一个来禳解，这叫作"一鸡一鸭，吃到一百（岁）"。这一天也是民间所谓的"七煞日"，诸事不宜，尤

----

① 昔时，白礁属于泉州府同安县，而青礁属于漳州府海澄县。1949年以后，政区改变，青礁所属的海沧镇归厦门市，而白礁所属的角美镇划到漳州市管辖，所以形成现今的状况。

忌出门远行，所以一般人们都不出门，有的人家还吃一些东西来禳解，如昔时在漳州、厦门，人们煮五谷与蔬菜混合的"七宝汤"或"七宝羹"来吃，据说吃了可以除百病。惠东人在这天则是到祖厝去供奉孝祖，点香，烧金纸，祈求祖先保佑。澎湖人则在初七煮油饭来祭拜神明和食用。同安一带的人从这天开始就为天公生准备甜粿等。

正月初九闽台两地的闽南人普遍做"天公生"，即给玉皇大帝过生日。通常闽台各地都在节前准备好，初九凌晨子时（初八晚上十一点）就开始祭拜，所以拜天公常是通宵达旦的仪式。有的地方也有提早祭拜的，如厦门市正月初八子时就开始祭拜。在祭拜时，闽南人通常在天井或庭院中用两条长凳架起一块八仙桌，下垫天公金，俗称天桌或"顶桌"，上摆一个纸糊的"天公座"（天公神位），前供三牲（肉、鸡、鱼或其他）、五牲（连有一小段尾巴的猪头、肉、鸡、鸭、鱼），四果、六斋（金针菜、木耳、豆腐、香菇、花生、粉条或面条，代表金、木、水、火、土、粮）、发粿、甜粿、红龟粿、红圆、茶、酒等，而且拜天公用的鸡必须是有头有尾，鸡头用红线系住，使其昂起，尾部还应留有三五根鸡羽，有的地方如澎湖，连鸡头的毛也不能去掉。有的地方也有比较特殊的祭品，如厦门市同安区祥平街道凤岗社区岗头社通常会蒸两床高 1.3 米、各重 720 斤的"大笼甜粿"来祭拜天公。这样的大甜粿从初二就开始"炊"，熟了倒进八卦形的模子中成形，成为该社祭祀天公的主要供品，其制作技艺"岗头大笼甜粿手工制作技艺"在 2013 年被评为厦门市非物质文化遗产。台湾的天公桌两侧还各用红线拴一根甘蔗。有的地方除天公桌外，还需安放"下桌"：顶桌在天公座前供奉扎红纸的面线三束、清茶三杯和五果六斋等素的祭品。下桌则安放三官大帝神座，前供五牲、甜料、红龟粿等。如果拜天公时需要还愿，则牲醴需用生的全猪或全羊。祭拜时，点上大红蜡烛焚香叩拜（天公炉中常焚盘香），并烧"天公金"（专用供奉天公的金纸，最好折成元宝的形状烧化之）、盆金和"长钱"等，祭祀结束后，把红烛移到厅堂的神案上，炷香插在厅口檐下或灯梁下的天公炉里或天公灯上，拆除天公桌，完成祭祀。有的地方还可能请戏班在门口演戏"敬天公"，泉州人多请当地的高甲戏、梨园戏或打城戏，漳州人、厦门人多请本地的歌仔戏。

正月初十俗称"地公生"或"地妈生"。昔时，是日禁止挖土、劈柴、舂米，以免触犯土地神，同时也需要用些一般之物祭祀一下，有的地方则在大厅的地上放一个米筛，在里面点一对红烛，并用一些荤素菜肴、果品、糕点敬拜。有的地方认为该日为伽蓝生，有崇拜该神的村落，也会举行迎神赛会，所以有的地方也称该日为"人举厄"，即人们抬着神灵的神辇出游巡境。

在正月十一日，昔时闽南大部分地方都在这天"请团婿"（请女婿），但漳州地区这天则为"做福"的日子，所以漳州的正月歌说"十一十一福"，或"十一有食福"。在漳州郊外的檀林社附近，有座小山叫"福山"。正月十一日，方圆十几公里地方村落的人都会赶着"福猪"或"天公猪"到这座小山上宰杀，在那里支起大锅，加盐巴烹煮而成为"福肉"。肉煮熟后，还应将肉与骨头等都切成小块，根据参加"吃福"活动的户数，均匀地分为数百或数千份。然后，将这些"福分"整齐地摆在福山上的祭台前，祭祀天公、祈福。待仪式结束后，村民才将各自的"福分"领回去，全家人一起"吃福"。为什么在此福山上祭祀、祈福，分"福分"？据说这与唐代陈政、陈元光开漳有关。相传陈政大军奉命镇压"蛮獠"，受阻于九龙江边，陈政的母亲魏敬得知情况后，带着另两个儿子和孙子陈元光等南下救援，行至檀林，见这里的小山上满是檀香树，香气袭人，生机盎然，就在此设坛祭天，祈求老天爷派天兵天将助阵，并许下愿，如成功将奉献厚礼以表达谢忱。当晚，陈政梦见天神指点。隔天，唐军依计行事，果然大获全胜。后唐军经万松关到达檀林，与守候在这里的魏敬会合。这天正是正月十一，当地民众闻讯赶着猪羊前来慰劳，唐军不愿劳民伤财，不受百姓的猪羊。老百姓就说，我们来此也是顺便祭天，感谢天公保佑唐军驱走蛮獠，使得国泰民安，风调雨顺，五福临门。于是老百姓就在檀林的小山上杀猪宰羊，与唐军一起祭祀天公、祈福，表达对天公赐福的谢意。祀后，考虑到平时老百姓的生活都很困苦，难得有肉改善生活，陈政命手下将猪肉用盐煮熟，并分成若干等份，让百姓各带一些回家享用。因此，当地人在这天也吃到了美味可口的猪肉，他们感谢唐军的恩惠，说：这是托了唐军的福才有"福肉"吃。从此，人们就把檀林社边上的小山称为"福山"，每年正月十一都在山上分"福肉"、"吃福"，并把此俗传了下来，在漳州地区流行。（图2）

图2　做福（分福肉）

正月十三日是协天大帝关圣帝君（俗称关帝爷、帝爷、关公、关夫子）的生日，闽台闽南人所有供奉关帝的宫庙都会建醮为关帝过圣诞日庆典。是日，泉州市通淮关帝庙，惠安崇武镇潮乐村的关帝庙，厦门市的内外关帝庙，漳州市古武庙、浦头崇福宫（浦头大庙）、郭坑镇扶摇村关帝庙，东山铜陵武庙，云霄云陵镇红旗街的协天大帝庙、下港街的霞港武庙，诏安梅岭南门村的悬钟关帝庙，金门金城镇水头村的金水寺、金湖镇琼林村的忠义庙、新市里忠义庙、下湖村关圣帝庙，澎湖马公镇朝阳里的武圣庙、复兴里的铜山馆，湖西乡湖东村的圣帝庙、果叶村的圣帝庙，白沙乡中屯村的永安宫，西屿乡合界村的龙庆宫等都会设醮庆贺，演戏酬神。有的也会用神辇扛着关帝出巡，周游街巷，为民众驱邪赐福。

此外，上一年生了男孩的家庭，在这一天需备一瓮酒敬神，并到自己姓氏的祠堂中挂一对上写有"庆贺弄璋"的灯，这是告诉祖先本族又添了丁。有的地方如同安西塘、祥露、莲花、汀溪，西柯的吕厝等地去年生男丁的家庭不仅到祠堂中挂灯，还会准备用各种食品堆成的 3 米高的"丁瓯"（图 3）和 1.5 米高的"公瓯"（图 4）到祠堂中祭拜。祭拜结束后，用这些肉类、海鲜、酒等在家中宴请亲戚、朋友。而在翔安区新店镇的洪厝村正月十五只做"公瓯"。这些地方的一些准备怀孕或怀上孕的妇女，也会到祠堂中，从"丁瓯"上摘取食物吃，希望借装瓯的喜气，也能为宗族添一男丁。

图 3 丁瓯

图 4 公瓯

第二节 闹元宵

农历正月十五是元宵节。有的地方也称上元节、上元暝、灯节、元夕、正月半、开大正、小过年等，也有人称天官生日，因为这天是主赐福的三官大帝天官的圣诞，也是在福建成神的临水夫人陈靖姑的生日，有许多闽南人认为她就是注生娘娘，有的人则认为碧霞元君才是注生娘娘（以圣诞日来判断，碧霞元君的生日为农历三月初三）。

接近元宵节时，如正月十三日、十四日，闽台两地的绝大多数闽南人都会开始为元宵节做准备工作，如扎鳌山，搭灯棚，做元宵的仪式食品，有的地方在正月十三日就把早已准备好的灯笼挂出来。如厦门"自十三日起，陆续张灯"，到十五日元宵"是夕大盛"。现在也是如此，正月初一，有的人家就挂起字姓灯来，初八以后，街上就有小贩开始卖各种元宵花灯，有的孩子也开始玩起花灯来。澎湖也是如此，"各家先于十三夜起，门首挂灯，厅中张灯结彩"，准备热闹地过元宵节。

元宵节的传统仪式食品最普遍的是元宵圆，俗称"上元圆"、"圆子"，其意是祝愿这以后的一年，事事圆满。有的地方上元节早上吃"上元圆"，晚上则吃俗称"薄饼"或"润饼"的春饼。有的地方在这个节日里还要蒸米粿或做红龟粿。漳州城里在这天还有吃海蛎煎、海蛎拌薯粉煮的面线的习惯，并认为这是"蚵仔撒面线，好人来鬃绊（来往），蚵仔面线兜，好人来相交"，以这种方式来祈望新年交好运，有贵人相助。

在昔时，元宵节是重要的祭祀日子，旧俗多要用上元圆等节日仪式食品祀神，如金门旧俗须以春饼及糯米裹馅的上元汤圆祀神，而今日则改在中午用煎地瓜粉当菜碗拜神，午后再举行"犒军"和拜地基主的仪式。在澎湖西屿，早上用"枋片龟"拜神，下午则用六道菜、一块糕、一锅饭祭拜祖先。① 在晋江、惠安一带，早上人们用上元圆拌槟榔芋敬了祖先后，当作早饭吃。中午或下午则举行俗称"孝代人"或"烧替身"的仪式：他们把上元圆、菜碗或春饼与五味碗、酒杯等排在地上或簸箕中，并把俗称"代人"的纸人排在菜碗中，或者都摆在簸箕中，每个"代人"代表家中的一个人，让这些"代人"为主人祛祸消灾，以保一年的好运。通常一尊代人要加一个男童的纸人，此俗称"一仙代人一男童"，象征来年可以增加男丁。然后，由主妇们焚香敬酒祈祷。她们一边用上元圆等供品喂"代人"，一边说："代人吃圆大挣钱，代人吃芋好头路……"或"吃肉走力力，吃酒走扭扭，吃人酒菜，替人消灾"，或"代人吃米粉，有事相吞忍"，"代人吃芋，保庇弟子好头路"等吉祥语或祈祷词，待"代人"酒足饭饱后，还需"烤虎肉"（猪的精瘦肉），给每个小孩分一小块，象征健康无病，这才烧金纸焚"代人"放鞭炮，结束祭祀，有的还用代人在孩子的前面划三下，后面摩四下，边划边念"前三后四，保佑平安顺利"，给孩子解厄。

　　在闽南人居住的许多地方，元宵节也是年初祈福的日子，泉州、晋江、同安、翔安、东山、澎湖、台湾等地盛行以"乞龟"的形式来祈福。在元宵节，厦门、同安、翔安、东山、澎湖、台湾等地的闽南人常以俗称"红龟"或"寿龟"、"枋片龟"的龟粿等供奉本境庙宇的神灵，人们可以向神明祈愿后请回家中。人们先在神明面前焚香祈愿，接着以"卜贝"的形式得到"神允"后，就可找庙方执事登记而带回。回到家中，先置于厅堂的神案上烧香祭拜，再与家人分食。隔年，如果愿望得以实现，一般得加倍奉还。如乞一个，还两个，或乞一斤重的龟粿，还两斤重的。时间一久，还愿的龟粿就越做越大，有时甚至会做上百斤的

---

① 《续修澎湖县志》卷十二《宗教志》，澎湖县政府 2005 年版，第 99 页。

龟粿还愿,而当这种上百斤的还愿大龟粿入庙或乞到大龟粿回家时,人们还会雇请鼓吹队来迎送,既庄严又热闹,常常引来村人围观与羡慕。通常乞得小寿龟的可以现场取回,而乞得大寿龟的,一般要在元月十六下午或十七日上午才请鼓乐队助阵迎回去。如隔年没有还愿,庙方就会在墙上贴榜公布其名字,这俗称"寿龟爬上壁",是种很没面子的事。在石狮龟湖一带,庙里做的大寿龟不由个人乞回,而是各村轮流迎回,此即当地所谓的"迎龟头",一般十八年才轮到一次。轮到某村迎大寿龟,当年即由该村主办该庙的神灵圣诞,演戏酬神,宴请宾客,热闹非常。厦门鼓浪屿兴贤宫正月十五制作的上千斤的大龟,如 2016 年元宵做的两只大龟,雄龟重 1280 斤,雌龟重 1080 斤。祭祀毕,通常在鼓浪屿绕境巡游后,在马约翰广场(原兴贤宫庙埕)上切割后分给有需要的民众,让人们乞福、吃平安,取个好彩头,隔年,乞龟者则会主动去兴贤宫还愿。有的地方如澎湖认为"枋片龟"越做越大,但是大龟粿难做,所以近些年来,改用一包包大米在庙中叠成惟妙惟肖的龟形,而成为巨大的"米包龟",让人们来乞。(图5)人们可以乞米包龟上的一包或几包,同样也是至少加倍还愿。

图 5　元宵"乞龟",越乞越大

　　闹花灯是元宵节里的主要民俗活动之一，城镇里尤胜，在闽南地区，泉州、漳州、厦门的花灯都很著名。如在灯节期间，泉州大街小巷都挂起花灯，争奇斗艳，金碧辉煌，除了传统的六角宫灯、宝莲灯、绣球灯、船灯、走马灯、柑橘灯、如意灯及润饼灯外，也有一些工艺复杂的孔雀灯、鲤鱼灯和带有人物的花灯和大型的花灯（鳌山）。十五之夜各种花灯都亮了起来，真是"天上一轮月，人间万盏灯"，光耀犹如白昼。（图6）昔时，不仅白天有迎神赛会的活动，如神灵巡境、"添香"、"吃香位"、"攻炮城"、"过火"等，夜里也有闹花灯的活动，有的地方也放天灯（孔明灯）。现在这些仪式多演变为有组织的文艺踩街、南音演唱、猜灯谜和体育比赛等活动，为节日增添了许多欢乐的气氛。漳州、厦门在过去也是一样，"满城灯火巧安排，竞看鳌山景物佳，北管南腔听不断，几番箫鼓过前街"，现在也是到处有花灯，不仅有的家庭在阳台上挂出"字姓灯"，有的街道也用花灯来装饰节日气氛，有的公园里还举办花灯展览，如厦门在2007年元宵节期间，沿禾祥西路－斗西路－中山公园西门－南门－中山路与禾祥西路－西堤海湾公园形成花灯的长廊，在白鹭洲公园等地则举行大型灯会，在白

图6　元宵花灯

鹭洲音乐广场的灯会主会场中，充分利用现代化的造型工艺以及大量采用 LED 新型光源作为艺术表现手段，建构了 43 组现代大型鳌山，给人以耳目一新的感觉，与此同时，政府也组织、举办了各种元宵民俗文化系列活动，如游园、灯谜、民俗踩街、文艺联欢、南音、歌仔戏演出等。（图 7）

图 7　元宵灯会

在农村，更多的是以迎神赛会的活动形式来闹元宵。如南靖县金山乡的龟仑寨，白天该村举行新婚夫妇拜祭祖先的仪式，他们集中在祠堂中，在司仪那时而低沉时而激越的唱礼声中，上香，献酒，献供，在缥缈的香烟中虔诚祈祷，告诉祖先又有一代新人长大成人了。在仪式上，族中的长老要把山上采回来的白花，赠给每对新婚夫妇，此俗称"采灯花"，象征生子，表达了宗族希望新婚夫妇早生贵子、壮大宗族的心愿。祠堂前，请来的戏班和木偶剧团演着芗剧和布袋木偶戏。这天，他们还到土围楼后面山上的祖坟祭拜祖宗。整个村里，到处是锣鼓声、鞭炮声。入夜后，随着三声铳响，附近三个村落的人们都举着火把从四面八方涌到龟仑寨来"乞大龟"，顿时锣鼓声此起彼伏，唢呐声激昂，爆竹声持续不断，打破了夜空的宁静，寂静的山野又一次疯狂了。十几个"蜈蚣阁"艺阵（当地也称"板凳龙"）和"竹马灯"，涌到龟仑寨，或穿行在村路上，或走街串巷，或到土围楼中闹腾一下，或且歌且舞地在旷地上表演。人们焚香秉烛，燃放鞭炮，迎接它们，也感受到"蜈蚣阁"、"竹马灯"带来的春意与吉祥。

在漳州、漳浦、云霄县等地，供奉开漳圣王陈元光的城镇与村社在正月十五日左右一般都要举行陈圣王巡安、"走尪"（走王）仪式。如在漳州芗城区，漳浦绥安镇，云霄县的享堂村、阳霞村都有这类仪式。在云霄阳霞村，正月十三日清晨，人们先到祠堂祭拜祖先，然后将陈圣王等神像从庙宇中抬出来"巡安"。巡安分两个环节，其一环节俗称巡城，即将神像扛出来巡查聚落的四方，其队伍为：绣旗、宫灯、土地神、元帅马仁、军师李伯瑶、王子陈珦、王女陈怀玉、圣王祖母魏氏、圣王夫人种氏、圣王陈元光等，神辇的后面则是鼓乐队。所经过的街道或村落，到处设香案恭迎与祭拜。凡去年新婚与新生男儿之家，必恭请神像到自家门首，置香案、贡献金枣茶。祭拜毕，也请抬神者、鼓乐手们吃蜜金枣、乌龙茶等。巡城结束后，神像集中排列在庙宇的供桌前，人们开始"鉴尪"，以堆积如山的供品祭拜神灵。在如山的供品中，最惹人注目的是人们用肉片精心贴成 2 米来高的"肉柱"，其上装饰红色彩带，顶部插有青翠欲滴的榕树枝，中部则分别绑上海参、鱿鱼、鲍鱼、人参等山珍海味，蔚为壮观。除此之外，还有用面粉、糯米粉及蔬菜等捏塑而成的人物、飞禽走兽、海产品等食雕工艺品来作为供品，这些供品当地人俗称为"菜碗"，而这种"鉴尪"的仪式，当地人则俗称"摆菜碗"祭拜。午后，献供祭拜基本结束后，就开始举行"走尪"的仪式。人们选出几十个青壮年，六个一组来抬神辇"走尪"，当三眼铳响，各组就扛起神明的神辇，在鸣锣开道的人的前引下，在万民伞的撑遮下，向预定的终点猛冲了过去；或者在大街上奔驰，引得许多路人驻足观看。（图8）在厦门等地也有类似走尪的仪式，但当地称之为"犁辇"，即扛着内坐有本境神灵的神辇在庙前广场上跑动摇辇，或在村中的大街小巷中巡游"走轿"。如陈嘉庚的故乡——集美大社的陈氏宗族正月十五会抬着护国尊王（开闽王）王审知、进士祖陈文瑞、清水祖师等在集美各街道中巡街转巷，刘香巡安"走轿"，驱邪煞，洁净空间，祈求平安、长寿、多子多福等。所到之处，彩旗招展，锣鼓喧天，鞭炮声不绝于耳。巡安队伍或抬神辇，或扛大彩旗，或持香火，不断有居民加入其中，以致队伍绵延数里，非常热闹。沿街居民则设香案，摆上供品，开门迎神、纳福，祈求新的一年中能风调雨顺、国泰民安。最后，巡安队伍回到集美大社陈氏宗祠前，陈氏宗亲及海内外乡亲齐聚一堂，共同祭拜神灵。

图8 "走尪"

在晋江、石狮、惠安等地，元宵期间有所谓的"添香"活动。晋江一带的添香日，由本乡的士绅择日举行，一般都选在正月十三日、十四日开始。当天下午，各境的乡民扛着境主神辇巡游聚落的四境，安五营，钉符，到麦田时，拔一些麦苗插在神辇上，此俗称"捋麦"，回到村中，已婚妇女都争着抢一丛插在头上，据说这可以驱邪。等安营的队伍离开后，小孩们就抢着把符拔回家去，此称"拔牛楔"，据说谁抢到符，这一年谁家的六畜就好饲养。夜里则举行俗称"巡佛"的巡境活动。"火鼎公婆"、"骑驴探亲"、"卖杂货"等十几队阵头，在汽灯火把的照耀下巡行聚落的大街小巷。到元宵夜，巡行进入高潮。夜色刚临，各角落参加"巡佛"的阵头如"戏出"、"彩阁"、蜈蚣阁、俗称"马上彩人"的马队、高跷、狮队、龙队、宋江阵、拍胸舞队、乐队等从四面八方来到本境宫庙的大埕上集合。执事者安排队列次序，并配插上大彩旗、托灯凉伞等以后就鸣铳出发。"巡佛"队伍以开路鼓、大彩旗、托灯凉伞为前导，各种阵头构成了一二里长的"巡佛"队伍，沿着本村或本镇的主路徐徐巡游。届时锣鼓齐鸣，乐声四起，爆竹动地，人声鼎沸，数百支汽灯火把分布在队伍之中，满目火树银花，使得夜幕中的"巡佛"队伍，宛若游龙锦鳞，闪闪耀光。"巡佛"队伍中还有十来名"走报兵"负责指挥队伍行进的速度、维护秩序等。他们装束滑稽，头戴竹笠，身穿羊皮袄，脚穿草鞋，腰上挂一壶酒，背负猪蹄一只，手提小锣，串走于队伍之间，敲着锣指挥队伍进退。龙海东泗镇太江村也有在元宵夜里扛着神明巡境游村的活动，在该村，这种狂欢延续到隔日清晨 6 点才尽兴。有的村落认为天神刚从天庭回来，所以要庆祝神灵归来，并请他们为村落驱邪煞，所以要"犁厄公"，在村中巡安，并于晚上在宫庙前"跳火堆"（过火）。

惠安崇武城郊的村落里，过去在元宵前后也有俗称"添香"的迎神赛会活动，人们"架番棚"跟随神辇巡境、安五营，其番棚上扮演的是昭君出塞到了番邦，番人迎接昭君的故事。所以，12 块门板连接起来的番棚上，扮演的故事人物有番公、10 个番兵和王昭君等。比较特殊的是，巡行到人多的地方，他们要在人抬着的门板上，随着南音《出汉关》、《山险峻》的音乐伴奏，敲着打击乐器表演一番，淋漓尽致地体现了渔民既粗野勇猛又机智灵活的性格。而在崇武城内，昔日在元宵节夜里则有"扛活佛"驱鬼逐疫仪式：由一个赤裸上身的年轻人扮演活佛站在四人抬的平板上，在大街小巷中徐徐巡行，人们用点燃的长串鞭炮投掷他，驱逐他，他则挥舞手上的松枝遮挡或将鞭炮拂去，以免被爆炸的鞭炮所伤，据说这一活动象征着驱鬼逐疫，也可以显示年轻人的勇敢气概。

无独有偶，台东市的元宵节中也有类似的仪式，不过那里俗称"炮炸寒单爷"，据称，"寒单爷"为武财神，生性怕冷，天寒时即心痛，因此，寒单爷出巡时，民众都要用鞭炮为财神爷驱寒取暖，并求得财神爷的眷顾。正月十五出巡时，寒单爷由真人扮演，此俗称"肉身寒单"。他赤裸上身，只穿一短裤，头扎着头巾，蒙着脸或戴着风镜，手拿着一根榕树枝，站在四人抬的、俗称"椅轿"的辇上，巡行在街上、广场中，四面八方的民众则向他扔点燃的鞭炮，为他驱寒。他凛然而立，没有丝毫躲闪，偶尔用榕树枝扫开飞到眼前的鞭炮，无数的鞭炮在他身上、头上噼啪炸响，火光迸射，烟雾四起，隆隆的鞭炮声在台东的大街小巷回响。据说此俗具有驱除邪魔的功能，也会给施舍鞭炮给寒单爷驱寒的人们带来更多的财运。而作为寒单爷的替身，在神辇上接受鞭炮轰击的肉身寒单，也会因其勇敢与顽强而受到当地人的敬重。

在晋江安海，正月十六日是镇西境相公爷生日，白天该境的人会举行俗称"刈香"的绕境活动，夜里则举行俗称"走佛"的活动，由十来人扛着神辇，举着火把，在司锣者的前导下，往来疾走，"犁辇"于街巷中，以驱赶邪魔。在厦门岛上，有许多宫庙都在元宵前后派出三坛头或乩童等，扛着神灵巡境，并在村落的四界钉符、安五营，举行放兵仪式。有的村落比较隆重，会组织较大型的队伍举行本村的绕境与安五营的民俗活动。

昔时的元宵夜还有一些其他的民俗活动，如大部分地方的闽南妇女有在元宵夜外出"听香"的风俗：妇女或姑娘如有所祈求，入夜后，先盥洗手脸洁净自身，然后到自家厅堂供奉的神灵面前焚香祷告，诉以自己心中亟待解决之事，祈求神灵为其指点迷津。问题诉完后，还需"卜贝"决定听香的方向，一般依次按东南西北方位卜，如得不到"圣贝"，则以东南、西南、西北、东北等方位再卜，直到有一个方向获得"圣贝"准许为止。然后，顺神示方向的街巷前行，当听到某些话后，回到神灵前又用"圣贝"请示，看所听之言语是否即为答案。如不是，则又重新卜问听香方向，直到听到所谓的真正答案为止。如果所听到的话与后来所发生的事实大体相符，则认为神明灵验，需备三牲等供品酬谢。有的地方如澎湖的闽南人则没有这么复杂，当地常以向神允的方位走出去所听到的第一句话为神示的答案。

漳州、泉州、厦门、台湾许多地方上一年娶进的新嫁娘和新添丁的小媳妇，都要到各自的祠堂中"穿灯脚"。元宵入夜后，华灯初上，上一年娶进的新娘子和新添丁的小媳妇头戴大红花或麦苗，腰上围着红围裙，手执一根带尾的甘蔗，在女性长辈的带领下，先从前堂的灯下通过，再从走廊来到正厅前，从厅堂中悬挂的巨大八角形宫灯或其他形式的大灯或鳌山灯棚下穿过，走到祖先神龛前向左，然后绕回来再从灯下穿过，接着从正门出去，完成整个仪式过程。当她们穿过花灯或灯棚脚下时，有专门的礼生在旁边为她们祝福祈子，如"钻灯脚，明年生卵泡"等。周围则挤满了围观的村人，他们争着来这里一睹这些刚嫁到本村的新娘模样，不仅品头论足，有时也戏弄她们一下，有的喜欢恶搞的青年或小孩，会乘她们不备，偷偷地扔串点燃的鞭炮到她们脚边，高声大喊道："新娘水当当，裤底破一孔"，让她们花容失色、跳脚躲闪，以致惊慌失措地落荒而逃。在厦门翔安区新圩镇的古宅村则有"抢丁花"的习俗，通常是去年生男丁的家庭要做"丁花"放于黄氏大夫第前祭祖，祭祖后，那些想生子女的村民就可以上前去抢花，希望生男丁的抢白花，希望生女儿的则抢红花。而在厦门集美区灌口镇顶许村的下许社，元宵晚上去年新婚与生男丁的家庭要在祖厝前的旗杆挂灯，上演"土脚戏"，即在祖厝庙前的埕上表演节目（或戏曲或歌舞、杂耍）给祖先们看，并要煮咸粥、甜粥各一桶请表演者和在场的观众吃，以表达该家可能添丁和添了丁的喜悦，也向祖宗报告该宗族又"添丁"了和即将再添丁，该宗族将人丁兴旺。

昔日，闽南年轻人还有以元宵夜出游窃得某些物件为吉兆的习惯。如未婚的姑娘常去偷人家菜园中葱、菜，来祈望自己能嫁个好丈夫，因此闽南有俗语曰："偷拔葱，嫁好翁，偷拔菜，嫁好婿"。而已婚妇女去偷拔葱或菜，则有隔年生男孩的吉兆。如在澎湖岛的元宵夜里，"未字之女，必偷他人的葱菜。"所以当地的俗谚云："偷得葱，嫁好公；偷得菜，嫁好婿。""未配之男，窃取他家墙头老古石。谚云：偷老古，得好妇。又妇人窃得别人家喂猪盆，被人咒骂，则为生男之兆。"[1]台湾本岛上的闽南人也如此，他们也有"偷挽葱嫁好尪，偷挽菜嫁好婿"的俗语，这表明在元宵夜台湾本岛的闽南人也有去偷葱、菜等来祈望自己有一个好兆头的习俗。

昔时的元宵夜，闽南不少地方还有迎紫姑的习俗。是夜，画好紫姑的图像，或束草为人，妆成紫姑的模样，于厕边或猪栏边迎之、祭祀之，并向她卜问祸福或婚姻、子嗣等事务。台湾的闽南人则称这种祭祀为"关三姑"或"关椅子姑"，其做法为：由两位姑娘各执着小竹椅的一个脚，一位姑娘在旁烧金纸，并一边往椅子上扇烟，一边念道："三岁姑四岁婶，阮厝亦有槟榔心，亦有荖叶藤，好食亦分您，分阮三姑较是亲，亲落亲，亲豆藤，

---

① 《澎湖纪略》，"台湾文献丛刊"第 109 种，台湾银行经济研究室1961 年版，第 155 页。

豆藤白波波，一条小路透奈何，行到奈何桥，脚摇手亦摇。"据说这样反复地念，三姑的灵魂就会出现，其表现就是两人手中的椅子会自动摇晃，此时，围观的人就可以问种种问题，并得到三姑的解答。

有的地方在元宵期间还有一些比较特别的乡土民俗，如晋江永宁、深沪，惠安的崇武一带，在正月到元宵期间有在庙宇的广场上或城外空地上举行"掷石战"驱邪的习俗，虽可能掷得头破血流，但从来也没有因掷石出现死亡的现象。在同安莲花小坪村，正月十五元宵节有集体"过火"的仪式。而华安新圩镇的官畲村则在正月十二"踩火"。在厦门，过去有跳火的习俗，"焚杂柴于旷处，超而越之，谓之跳火"。台南盐水镇在元宵节这天则有以万炮连发的"蜂炮"轰击出巡神辇的仪式，这是该地祈求新年风调雨顺、平安吉祥的独特方式，也形成了一个很独特的景观。另外，20世纪80年代以来，台北县平西（溪）乡形成了元宵节晚上放天灯的习俗。夜幕降临后，铺天盖地的大小孔明灯（也称诸葛灯或高升）升上夜空，蔚为壮观，通过媒体的报道与宣传，偏僻的平西（溪）乡也成了台北城里人元宵节观光的场所之一。

第三节　清明节

近代开始，就全国而言，上巳寒食与清明的节俗已大致合二为一，并以"清明节"的名义传承。在闽南，清明节亦是比较盛大的节日之一，主要活动是祭祖和扫墓。

在闽南人居住的各地，如福建南部、广东东部沿海地区、台湾、澎湖、金门、浙江南部某些地区，扫墓俗称"陪墓"、"献墓"、"献纸"或"压纸"、"压墓纸"、"巡风水"，即备办牲醴、果品、酒、金银纸箔，带着锄头等到祖先坟墓前去祭扫。有的地方在同一天祭祖、扫墓，有的地方则分别在两个日子举行。如泉州、厦门地区的闽南人通常都在清明节当日的中午，准备五味筵碗和做"润饼"（厦门、澎湖称薄饼或春饼①）的菜肴等祭品，在神庙、祠堂和家中祭祀神灵、祖先、厝主、地基主、门口公、好兄弟等，待神、祖先、小鬼都祭拜完后，合家共进午餐，主要的菜肴即润饼。午餐后，除老人、病人、婴儿外，其他人都去扫墓。过去仪式食品主要是薄饼、草龟粿（或鼠壳龟、鼠麹粿）、米糕（或糕仔）、枕头饼等，现多用馅饼等。

根据明清文献记载，漳州府的习俗是清明时节去扫墓，而在农历三月初三的上巳节（即寒食节）祭祖。如明万历《漳州府志》云："上巳，拾方嫩如卷耳、蒌蒿之类，合米粉为粿，荐祀之，余以相赠遗。清明节，祭扫坟墓，男妇俱往，车舆壶浆络绎于道，城中尤盛。"② 这表明在明代，漳州人在上巳的寒食节用各种青草做"青草粿"到祠堂孝敬祖先，并且相互馈赠，而在清明节时则去墓地扫墓，漳州城中人尤其如此，而且这时才有些春游的味，上巳节却没有。而清光绪《漳州府志》则曰："清明，插柳户上。是日多墓祭。闾巷妇人或有盛服靓妆，带蔷薇花出郭外逐队行者，俗号踏青。"三月"三日，采百草合米粉为细粿荐祖考，余以赠遗，不闻有士女秉简者"③。这表明，在清代晚期，漳州城区的清明习俗与明代无甚变化，而且它还特别强调，在上巳节时，男女都没有执兰草的习惯，也就是说不到野外春游，摘采花草等。漳州地区各县的情况与府城的情况差不多，如明代嘉靖

---

① 如林豪的《澎湖厅志》（台湾银行经济研究室 1963 年版，第 316 页）云："澎人清明节，家家皆食春饼。其制以面粉煎成薄片，如锅盖状，而以鱼肉杂菜窗切至细，实其中，参与芥酱裹之，亦名薄饼。盖本金、厦之俗也。"

② 《漳州府志》卷一，明万历刻本。

③ 《光绪漳州府志》，上海书店出版社 2000 年版，第 915 页。

版的《龙溪县志》云："上巳，拾方嫩如卷耳芦蒿之类，合米粉为果，荐祀之，余以相赠遗。清明节祭扫坟墓，男妇俱往，舆车壶浆络绎于道，城中尤盛。"① 乾隆《龙溪县志》也云："清明，户插柳，多墓祭。闾巷妇女或盛服靓妆出郭而队行。三月三日，采百草合米粉为糯糍以荐祖考。"② 乾隆《长泰县志》说："清明日，城市乡村多具酒醴拜扫先茔，或有事不得祭，则自月朔至月晦俱行之。今又有以清明多雨，乃于三冬择吉日为墓祭者。三月上巳，拾嫩萎蒿合米为粿以荐寒食。今俗以三日为节，作米粿、牲醴以荐祖考，不用上巳日。"③ 康熙《平和县志》讲："清明，人家各祭扫坟墓（祀先并祀后土）。祭毕，藉草衔杯，北邙寒雨中哭声与笑语相间，各挂纸钱于墓而去。三月二日，迎玄天上帝出游，多设彩棚台阁，男女聚观，各备物致祭，归而宴饮。三月，人家各采青草萌合米粉为细粿，以荐祖先。"④ 民国时期修纂的《石码镇志》曰："清明节，家家插柳门外，有新丧之家，必备牲醴、酒筵，偕妇女亲祭墓所，举哀、跪拜。至旧坟，亦纷纷祭扫，立夏始止。三月三日，古上巳节，俗谓三月节，祭祖用酒筵，必制薄饼而举家共铺之。"⑤ 此强调三月节吃薄饼这种仪式食品。道光《厦门志》卷十五《风俗记》也说清明节"漳俗插柳枝户上，祭先以三月三日"⑥。民国《厦门市志》也说："三月初三，为上巳节，俗称三月节，漳人均于是日制春饼，祭祖先。"由此看来，明清时期，漳州地区的闽南人主要是在清明节前后到墓地上去祭扫祖先，而在农历三月三日的上巳节才做"百草粿"（即

① 《（嘉靖）龙溪县志》卷一，中华书局1965年版。

② 《（乾隆）龙溪县志》卷十，清乾隆二十七年刻本。

③ 《（乾隆）长泰县志》卷十，民国二十年（1931年）重刊本。

④ 《（康熙）平和县志》卷十，清光绪重刊本。

⑤ 《石码镇志》，上海书店出版社1992年版。

⑥ 《（道光）厦门志》卷十五，清道光十九年刊本。

鼠曲粿或乌目粿）在家祭祀祖先，而与泉州地区多数在清明节在家祭祖与在清明前后上坟祭扫有所不同。可能就是因为有这样的区别，当两府的闽南人迁移到澎湖、台湾后，在那里，因一些原因，如分类械斗的族群划分等，而发生了一些变化，即在澎湖、台湾，泉籍移民在清明前后在家孝祖与到墓地祭扫祖先，而漳籍移民则把在家孝祖与到墓地上祭扫全都移到上巳节进行，也就是说，把扫墓也移到上巳节一起进行。

在泉州地区，大部分地区都在清明在家孝祖并到墓地扫墓，到了三月三日的上巳节，则做以"鼠曲和米粉为之，绿豆为馅"①的"百草粿"或"鼠麹粿"祭祖与神灵，如安溪人"三月清明节，插柳于门，备牲馔，祭祖先，焚金纸。清明前后，登坟祭扫，挂纸钱于墓"②。同安人"清明（二、三月不等），插杜鹃花，祭祖先，扫坟培土，挂楮币，有即清明日者，亦有迟之数日者。三月初三日，以粿祭祖及神，亦有不祭清明节，而以是日代之。是月多迎神赛会，每有备春饼服食者。"③ 金门人"寒食，市镇多斗鸭卵之戏（饰五色，绘人物、花鸟，即《玉烛宝典》斗鸡卵遗风）。清明，祭先，前后十日。墓祭挂纸钱，培土。妇人亦出展墓。三月初三日，以粿祭神及祖。凡不祭清明，以是日代之，曰三月节。是月也，多迎神赛会"④。不过，也有少数人清明节不去扫墓，而是到上巳节才在家祭祖与到墓地上扫墓，这种习惯主要流行在郑成功的故乡——南安石井及其周边地带。传说这是因为郑成功起兵反清复明，看到清明节这天男女老幼都上山扫墓，心中愤愤不平，他认为：他要反清复明，而"清明"一词中，"清"字压在"明"字上头，对其反清复明大业甚为不吉，故下令废止

① 《乾隆泉州府志》，上海书店出版社 2000 年版，第 491 页。

② 《安溪县志》（清乾隆丁丑版），厦门大学出版社 2012 年版，第 137 页。

③ 《民国同安县志》，上海书店出版社 2000 年版，第 157 页。

④ 《金门志》，台湾大通书局 1984 年版，第 388 页。

清明节这天扫墓，而改在三月初三的上巳节进行，所以其故乡等地的人就遵命而改之，在上巳节扫墓，并影响了附近的翔安人与金门人。

扫墓时，一般一门祖坟都需要备办两份供品与纸钱，一份祭拜坟地的后土之神或土地公，一份祭祀祖先。去到墓地，先清理坟墓四周的杂草，把墓园内外整理干净，有墓碑的，有的也在这个时候给墓碑上的字重新上色，使之焕然一新，并在墓碑、墓龟、墓围各处压上五叠俗称"墓纸"的五色长纸钱（宽4寸，长6寸，上凿有几行波纹曲线或几个圆孔，有的则没有凿纹）。在台湾大甲镇，墓纸要规则地插进坟包里。然后，先在后土或土地公或龙神的神位前摆放祭品，点烛、烧香、烧金纸祭祀。接着才在墓碑前的墓桌祭台上供上带来的供品，点烛、点香、奠酒、叩拜行礼，待一炷香烧完，这才在坟前烧些俗称"金纸"或"大银"、"小银"的纸钱，最后，放鞭炮表示结束扫墓活动。昔日，闽南人有"清明无回就无祖"的说法，强调清明时节外出的男人一定要归家祭扫祖先的坟墓，现在也不那么强调了，男人如外出工作或打工实在无法赶回来，由在家的妇女去祭扫也可以。

在宗族组织比较严密的村子和城镇中，墓祭通常是从开基祖的祖坟依次往下祭祀，但通常不可能整个宗族的人都一起去祭祀每一代人的祖坟。因此，前几代人的祖坟是举族去祭扫，如果祖坟离村落很远，就分几天祭祀；或者由宗族中各房的长老代表大家去。而越是近代的祖先就分房、分家族甚至分家庭各自去祭扫。

在祭扫本宗族前几代祖先的祖墓时，有的宗族也会使用祭文，其祭文的一般格式如："恭惟某氏我祖，积厚流光，倚哉某氏祖妣，余庆弥昌，诗书垂训，礼教传芳，大启云礽，贻谋远长，水源木本，嗟前人之永逝，怆见慨闻，思祖德之难忘。当兹春露，肃拜坟堂，子孙振振，隆礼冠裳，虔具不腆，敬以酒浆，佑我后人，奕世荣昌，人文蔚起，科甲联芳，房房富贵，世世书香，俾尔炽而昌，俾尔寿而臧，某某赫赫洋洋，来格来尝，尚飨。"

墓祭结束时，有的会在墓地上分食祭品，有的则将带来的供品如发粿等分发给来瞧热闹者，以示祖先德泽永在。

至于新筑之墓，首次在清明节扫墓，要选择在清明节前的吉日去，第二年选择在清明那天去，第三年则在清明节后的吉日去，第四年以后，就可以在节前节后的十日内任选一天去，不必专门去找吉日。祭扫新坟需带比较丰盛的祭品，而且还得穿孝服包头白，并需哭祭举哀，但除孝后，也就是第四年以后就可以随意些，不必再举哀哭祭。只有晋江深沪一地比较特殊，深沪女性不论是上新坟还是上旧坟祭扫，都要哭墓，且成歌调。此外，首次祭扫新坟完毕时，子孙要在墓地分食煮熟的鸭蛋，并把蛋壳放在坟墓上面，以象征"脱壳"。此外，如果家中娶媳妇或添男丁，事后也需要连续三年比较隆重地祭扫祖坟，告知祖先家中的大事，希望祖先保佑媳妇早日添丁、孙子茁壮成长。

第四节　端午节

在闽南方言当中，端午节俗称"五月节"、"五日节"、"午日节"、"天中节"、"重午"等。根据文献记载，闽南人的端午节习俗归纳起来大体有三类，一是驱毒、驱虫、禳灾、避邪，如喝雄黄酒，用雄黄酒涂抹小孩脑门、鼻子、手足等，用雄黄酒喷洒在房子四周、墙上、床下等；午时用兰草水洗浴，或在午时打些井水储存起来当药用，或在午时采些草药做午时茶，或在午时炒些盐作为午时盐备用；在门上挂菖蒲、艾枝或柳枝、榕枝、桃枝、大蒜等；给小孩挂香袋、艾虎、茧虎，系五色长命缕等，都是这类活动。二是吃碱粽子、发糕等仪式食品。三是有水的地方有"扒龙船"的习俗。如厦门、集美、漳州、龙海石码、南靖山城、泉州、石狮蚶江、晋江深沪、台湾宜兰等地，凡是靠河边、江边、海边的城镇或村落都可能有"扒龙船"的龙舟竞渡活动。

如《乾隆泉州府志》载，泉州地区昔日端午节"龙舟竞渡（明黄克晦诗：乍采芙蓉制水衣，蒲觞复傍钓鱼矶。歌边百鸟浮空啭，镜里双龙夹浪飞。倚棹中流风淡荡，回桡极浦雨霏微。为承清宴耽佳赏，自怪猖狂醉未归。）悬蒲艾及桃枝于门，贴符及门帖。小儿以五色丝系臂，曰长命缕。（《风俗通》：长命缕，一名辟兵缯。）又以通草象虎及诸毒物，插之。（《岁时记》：剪彩为小虎，贴于艾叶以戴之。）饮雄黄酒，且喷于房角及床下，云去五毒，小儿则擦其鼻，沐兰汤。（《大戴礼记》：五月五日，蓄兰为沐浴。）作粽相赠遗。（《风土记》：以菰叶裹黏米，谓之角黍，俗云粽。）以米粉或面和物于油内煎之，为之堆。（按：此即萐龟之讹也。《风俗通》：是日煮肥龟，去骨加盐鼓（豉）麻蓼。名曰：萐龟，取阴阳包裹之象。）合百药。"光绪版的《漳州府志》云：五月端午，漳州人要"悬艾插蒲，蒸角黍，服雄黄酒，儿童戴茧虎。俗斗龙舟，富人放标，持豚酒饷之。"乾隆版的《重修福建台湾府志》曰：台湾人"五月五日各家悬菖蒲、艾叶、榕枝于门，制角黍。以五色长命缕系小儿女臂上，男左女右，名曰神链；复以茧作虎子花插于首。近海居民，群斗龙舟，虽曰吊屈，亦以辟邪。无贵贱，咸买舟放中流，箫鼓歌声凌波不绝。或置竿船头，挂锦绮器物，捷者夺标，鸣锣而去，以为得采。"而同治《金门志》云：在端午节时，金门人要"门悬蒲艾、榕、蒜、桃枝并俗所称'火香仙人掌'等物。折红布画八卦，挂楣端。裂小红纸书对联，粘门柱。卷纸如花炮，中实硫黄，曰磺烟。燃烟书吉祥字于屏户，并燃放于堂奥房隅间皆遍，云可辟毒。作粽相馈遗。小儿戴茧虎作彩胜，臂系五色丝曰长命缕。妇女拣香草蒜瓣剪彩象小虎，贴艾簪之。饮雄黄酒，以酒擦儿顶鼻，喋房壁床下，以去五毒。沐兰汤，采百草捣药，或镂小舟，驶池沼浦港，乘潮涨，驾舫艇鼓乐，唱太平之曲，或竞渡为戏。午祀神，以纸为人，写一家生辰，焚之，名为辟瘟。"道光年间编撰的《厦门志》卷十五《风俗记》则载，在厦门，"五月五日端午，悬蒲、艾、桃枝、榕枝于门（及俗所称火香仙人掌等物），粘符制采胜及粽相馈遗。（妇人、小儿臂系续命缕，簪艾虎、茧虎及符。饮雄黄酒，并以酒擦儿顶、鼻、喋房壁、床下以去五毒。浴百草汤，曰兰汤。以纸为人，写一家生辰，焚之水际，名曰辟瘟。）竞渡于海滨（龙船分五色，惟黑龙不出），富人以银钱、扇帕悬红旗招之，名曰插标，即古锦标意。事竟，各渡头敛钱演戏，舫仔船为主，或十余日乃止。"有的药店也施舍一些香袋给小孩避邪用。有的地方的农村还要用粽子等祭祀神灵，在田头敬"田头土地公"，在家里熏烧艾草、蒲根、稻草等，并将灰烬送到路边，谓之送蚊。

由此看来，在清代，闽南人过端午节的主要活动为驱邪、驱毒、驱虫，做粽子，河边和海边的聚落常有龙舟比赛与演戏的节目，而且一般从五月初一就开始。如泉州地区五月初一开始"采莲，城中神庙及乡村之人以木刻龙头击鼓锣迎于人家，唱歌谣，劳以钱或酒米。"有的地方开始得更早，在端午节前10天到15天就开始将龙舟整置好，然后"龙喝水"，让龙舟在水中浸泡，有的则称"试水"、"开眼"，为龙舟装上龙头、龙眼等。有的地方的龙舟竞渡会延续多日，如清代厦门的龙舟竞渡有时能持续十来天。

到了民国时期，端午节仍比较热闹，以厦门的情况为例，《厦门市志（民国）》卷二十《礼俗志》记载："五月初五日曰'中天节'，俗称五月节。饰龙舟竞渡，曰'斗龙船'。以银钱扇帕为锦标，曰'插标'，纪念屈原沉江遗意。制角黍'粽'，互赠亲友。俗以此日食粽，曰可脱破裘，因过此则气候渐热，不再冷也。悬菖蒲、柳枝、松、艾、蒜于门，曰'五瑞'。儿童缚彩线于手，曰'长命缕'。焚硫黄炮，以其烟写吉祥字于门，谓可辟毒去秽。"据此可以看到，民国时期厦门的端午节划龙船排在第一位，并且开始把龙船竞渡解释为纪念屈原，门上悬挂的辟邪驱毒、消灾禳祸之物多了一种，而且有一种可能是写错了，这就是"松"枝。实际上这应该是"榕"枝。这可能是由于闽南方言中，两者的差别非常小，因此把"榕"误记成了"松"。此外，民间流行"五日节，柳枝菖蒲艾"的俗语，表明多数人是插柳树枝、菖蒲和艾枝。同时，也流行"挂艾勇健健，挂榕勇灵灵"或"插榕饲勇灵，插艾养心命"的俗语，这表明"榕树枝"也是常用于挂在门上的端午节五瑞之一。而且有的地方如东山岛上，如果端午节在门两边各悬挂一把绑着红绳的榕树枝（榕青），表明该家中有身体欠安者不宜打扰，故此象征"谢绝入内"。此外，从上述的记载中，还可以看到一点变化，即民国时期用硫黄烟来驱毒驱虫，而不是用传统的雄黄，这应该是搞错了，因为当时闽台各地的闽南人仍用雄黄来驱毒，而不是用硫黄。如用雄黄浓液在孩子额上画个"王"字或在肚脐上画个圈来驱毒。另外，仍有给小孩挂香袋与长命缕的习惯。此外，还有一些小孩的娱乐活动，比如人们认为在午时可以将蛋立起来，所以在午时，许多小孩乐此不疲，并相互竞赛。由此看来，民国时期的闽南人的端午节也很热闹。

1949 年以后厦门人过端午节时还是比较有传统气氛的，不过，龙舟赛已不在鹭江、同安湾里举行了，而是改在集美学村的龙舟池里举行，同时，这种赛事多改为政府组织，而不是民间自我组织了。（图 9）除了扒龙船竞赛外，当时还见过抓鸭子比赛，即在池边或船上固定一根或几根表面抹了油的圆木。圆木末端伸

图 9 抓鸭子

向池子中，挂一笼子，内关一只鸭子，参赛者需光着脚走到圆木末端打开笼子抓鸭子，如顺利抓到，鸭子就归胜者。由于圆木抹了油很滑，参赛者在圆木上一不平衡就会掉到水中，所以参赛者都要是游泳的好手才行。如果到最后，都没有人可以顺利地走过圆木抓到鸭子，就把鸭子放于水池中，让几位参赛者一起下水去捉，谁捉到就归谁。此外，在那个年代，还有比较多的人家在门上悬挂菖蒲、艾叶枝条，或榕枝与桃枝等避邪驱毒，有的人家也会给孩子挂一内有苍术、藿香、吴茱萸、艾叶、肉桂、砂仁、白芷或樟脑丸、菖蒲、蝉蜕等药材的香囊或香袋，以避邪驱毒；有些人家也会在午时打井水饮用或加热后给孩子洗澡，闽南与台湾流行有"午时水饮一嘴，较好补药呷三年"俗语，即相信端午的午时水有辟邪、治病的效用；有的用艾叶、菖蒲烧水沐浴，这据说有温络止血、散瘀止痛、除湿止痒杀菌的功效；有的则用艾叶、菖蒲和鱼腥草煮水沐浴来清热解毒；有的则以这天到海里去游泳的方式来替代上述沐浴可辟邪的意义，使得端午节还有那么一点传统驱毒避邪的气氛。有的地方也用"钻高粱"的方式来驱除晦气，边钻边喊"五月节钻高粱，乖的来坏的去"或"五月节钻高粱，好的来坏的去"等。当然，商家也会乘此机会大肆推销碱粽，城里人通常买些吃，或用于孝祖。农村里多数还是自己动手做些节日的仪式食品，如炸枣、柴梳包、索仔股或碱水粽子

等，敬神、孝祖。（图 10）

图 10　包粽子

　　然而，到现在，端午节好像已没有什么过节的气氛了。上述的许多习俗都已不复存在了。政府有时偶尔组织一下龙舟赛，但由于不经常，因此也没有什么吸引力和气氛。民间除了吃粽子外，其他的习俗几乎消失殆尽，只是偶尔还看到某些人家在门上插些桃枝、榕枝辟邪，但却没有菖蒲与艾叶，这是因为城市中到处种的是有选择的园艺植物，野生植物已难见踪影。有极个别的人家还按昔日过节的传统，买粽子等"孝祖"。但其他如能表现妇女女红技艺的香袋、艾虎等似乎没有了。用雄黄酒驱毒虫和其他东西如五色"长命缕"等，因被说成是迷信也难得一见。所以，现在厦门市区中的端午节民俗活动，只剩下吃粽子一项比较常见，而且这也是在商家的炒作下，才得以遗留下来。另外，集美区则将赛龙舟的习惯恢复起来，举办海峡两岸的龙舟赛。而在厦门郊区的同安、翔安等乡间，人们还保留了比较传统的做法。民俗活动较多、节日气氛也更浓些。不过，同安乡间在端午节里并不包粽子，而是做些油炸的食品，如内包甜花生酥、糖花生碎的圆形炸枣、内包糖花生碎的柴梳包和俗称"索仔股"的小麻花等，并带着这些食品去村庙祭祀，也到祠堂孝祖，在自家的大门口祭"好兄弟"、"老大公"、"人客"等。由于是在农村，人们还找得到菖蒲、艾叶等，所以，他们常会在门上挂这些东西避邪驱毒。

当然，闽南还有些乡间，端午节的气氛也比较浓郁，如漳州九龙江边的村落，有的在四月份就开始忙碌起来，有的还要建造或修葺龙舟。到了五月初一，就开始做粽子、发糕等仪式食品，并到江边的水仙尊王庙祭拜，安装好龙舟并加以祭祀和开光，做好竞渡比赛的准备。有的甚至在午夜点上船灯，游江纪念水神或屈原（水仙尊王之一）等，驱邪煞，求平安。端午在这里还是乡间盛大的聚会，由于各村社的热闹日子不一，周边友好村社的人都会组团互相来往，交流信息、友情参赛、互相切磋"扒龙船"的技艺，共同欢度节日。有的村落现也有女子龙舟队参与龙舟竞渡，如云霄县和平乡西安村的女子龙舟队由 24 名妇女组成。

此外，闽南有的地方的端午节也有些比较特别的节目，如清代与台湾鹿港对渡的蚶江港，端午节不但在蚶江的海港里举行"扒龙船"竞赛和抓鸭子活动，而且还在海上进行相互泼水的活动。海上泼水活动在农历五月四日下午举行，两点钟左右，也没有什么正式的信号，海上的各船之间就开始泼起水来，当两船靠近或几条船接近时，船上的姑娘、小伙子就用小桶、小盆等，舀起海水，奋力向其他船上的人泼去。在泼水混战中，泼水声、吆喝声、呐喊声、尖叫声、嬉笑声混成一片，整个古渡头的海港里就像一片欢乐的海洋。当一拨人闹腾够了、累了，就上岸休息，换另一拨人上船继续狂欢，整个海上泼水活动持续将近三个小时，虽然参与泼水的人浑身上下湿透，也累得上气不接下气，但人们的脸上都绽开灿烂的笑容。因为在当地人心目中，这泼洒出去的海水是保佑平安、寄托幸福的"圣水"，在这个场合里，谁要是被泼得湿漉漉的，沐浴"圣水"较多，他就是有福之人，海

神爷会保佑他万事如意，好运连连。因此，人们乐此不疲，从而也使得当地的端午节有些与众不同。（图 11）

图 11 蚶江镇海上泼水

第五节 普度与中元节

普度在农历七月进行，也称"普施"、"普赐"、"地普"、"正普"，主要的祭拜对象是俗称"好兄弟"、"门口公"、"老大公"、"头目公"、"人客"、"大众爷"的孤魂野鬼。所谓"地普"指七月里普度的是陆上的孤魂野鬼，希望他们早日脱离苦海或轮回转世；而所谓"正普"是相对"水普"而言的。"水普"是沿海沿江地方特有的，不太普遍，因而是"副普"或"偏普"。而七月的普度是主要的、普遍的，因而是"正普"。

在闽南，七月初一这天几乎家家户户要在大门口设席祭祀无主的孤魂野鬼，主人焚香祝告，保佑合家平安等，然后烧冥钞、经衣等。晚上，许多地方还会在门口悬挂上写着"阴光普照"或"庆赞中元"的"路灯"，到月底才收起来。

这以后，每个村落与城镇的每个角落或街道则轮流做一场正式的普施仪式。在某个村落或角落普度时，其他地方的亲戚朋友都会来凑热闹，因为每家都可能有许多客人，所以家家几乎都要杀一头猪，才有足够的肉来招待客人。也因此，普度日祭祀时，人们常常会把刚杀好的生猪先拿去当祭品，以至于有的村庄的普度场上，可以看到用几十头或上百头生猪和丰盛的供品祭祀的壮观场面，以及芗剧、高甲戏（九甲戏）、梨园戏、打城戏、提线木偶戏、布袋木偶戏、铁枝木偶戏、竹马戏等"拼戏"的热闹场面。另外，各家傍晚时分要在门口举行祭拜仪式，供品丰盛，三牲、五果、六斋及各种熟菜全有，并且还有生米、面线、清水以及盥洗用品等，最后放鞭炮表示祭拜仪式结束。当然，这种普度日，也需祭祀祖先，但这一般在上午进行。中午、晚上则是各家宴请来客的时候。（图 12）

图 12　普度

如在厦门岛上，过去一到农历七月，许多村落或市区的角落都有自己在历史上形成的普度日，如枋湖村林后社在七月十六日设醮普度，届时全村各户都将在村中的"普度埔"设席普度，举行由该村青龙宫组织的普度祭祀仪式。后坑村洪塘社也在这日普度；刘厝于七月十五日做普度仪式，杨厝和林姓的三房在七月十六日普度，后角和林姓长房于七月十七日普度，七月十八日则是顶湖角落林姓二房负责普度。五通村泥金社七月十八日普度，同村的嵩后社则在七月十六日普度。江头村的乌石浦社在七月二十三日普度，由于该村在海边，所以他们通常是在海边设席普度。江头街道在七月二十日普度。后埔村薛岭社七月十七日在其村庙龙源宫前举行普度仪式，祭祀孤魂野鬼。厦门城里也一样，如菜妈街初四普度，幸福路初五普度。厦门港渔民则在七月二十六日请道士设醮普度，他们做完普度仪式后，除留部分熟食请客与自我食用外，部分生食还用小船载着送到大担岛附近的海面上洒到海里，此俗也称为"送王"。据厦门港渔民的后裔阮老古先生说，这是因为在1906年，厦门港的渔民在外海打鱼时，遇到强台风，损失惨重，所以他们就在这天举行普度仪式，超度这些枉死于海上的阴魂。除了自己村落或角落的普度外，七月十五日的中元节，闽南各地也要祭祀三官大帝中的地官，并祭祀祖先和"好兄弟"。

闽南人移居台湾后，也把普度的习俗带了过去。如澎湖各乡各标营普度，均有定日，而且多由各角落或村落的寺庙来组织实施。如在马宫市内，七月初三日，由全澎湖的公众庙之一城隍庙组织建醮普度活动；七月初五日，施公祠角落普度；七月初八日，提标馆角落普度，七月初九日，北甲宫角落普度；七月初十日，东甲宫团仔普度；七月十一日，全澎湖的公众庙之一天后宫组织建醮普度活动；七月十二日，阴阳堂角落普度；七月十三日，施公祠角落普度；七月十五日，南甲宫与三官殿两角落普度；七月十六日，灵光殿角落普度；七月十八日，一新社和水仙宫、景福祠等角落普度；七月二十日，铜山馆角落普度；七月二十二日，福德祠角落普度；七月二十六日，东甲宫角落普度；七月二十七日，朝阳祠和武圣殿两角落普度；七月二十八日，北甲宫团仔普度；七月三十日，全澎湖的公众庙之一观音亭组织建醮普度活动。在这样的轮流普度中，马公市的各庙也形成某种地方秩序与规则，即以三大全澎湖的公众庙（城隍庙、天后宫及观音亭）为主进行七月普度，以城隍庙在七月初三的普度作为开端，拉开马公市普度的序幕。十一日由阖澎的公众庙天后宫组织大型醮会进行普度；七月三十日则由观音亭做关鬼门的仪式。昔时，这三座庙宇普度时，都须请道士来建醮、登坛化食，普度的场面盛大，而一般的角落或村落普度，则是由信徒携带供品到该角落的庙宇前祭祀，或在自家门口祭拜而已。①

台湾本岛各地的闽南人也如此，比如在宜兰县，"七月初一日，为开地狱，亦曰开鬼门；三十日为闭地狱，亦曰闭鬼门。自初一至月终，寺庙各建醮，二三日不等，以祭无祀孤魂，谓之盂兰会。各街巷亦分别推举首事，醵金延僧作醮，念经超度，普施盂兰法食；家家供牲醴果品，焚化冥镪"②，轮流普度。又如在鹿港流传一首《普度谣》，就描述了鹿港七月普度的盛况，其曰：初一放水灯，初二普王宫，初三米市街，初四文武庙，初五城隍庙，初六土城，初七七娘妈生，初八新宫边，初九兴化妈祖宫口，初十港底，十一菜园，十二龙山寺，十三衙门，十四饿鬼埕，十五旧宫，十六东石，十七郭厝，十八营盘地，十九杉行街，二十后寮仔，二十一后车路，二十二船仔头，二十三街尾，二十四宫后，二十五许厝埔，二十六牛墟头，二十七安平镇，二十八濠仔寮，二十九泉州街，三十通港普。八月初一龟粿店，初二米粉寮。据此，我们可以看到，整个七月份鹿港的闽南人分角

① 《续修澎湖县志》卷十二《宗教志》，澎湖县政府2005年版，第104—105页。

② 《宜兰县志》，转引自丁世良、赵放主编：《中国地方志民俗资料汇编·华东卷（下）》，书目文献出版社1995年版，第1458页。

落与街道轮流普度，十分热闹。基隆的普度也是轮普，但他们是以宗族轮流主持的方式来进行。从清代"咸丰五年起，议定以姓轮值主持，分张廖简姓、吴姓、刘唐杜姓、陈胡姚姓、谢姓、林姓、江姓、郑姓、何蓝韩姓、赖姓、许姓等十一姓氏同族团体，光复后增列联姓，即郭姓、王姓、曾姓、杨姓、黄姓、柯蔡姓、邱姓、苏周连姓、李姓、白姓等同族团体联合主祭，共十二单位依次轮流主管。参加范围仍包括金（金包里堡，即今台北县金山、万里二乡）、鸡（今之本市）、貂（三貂岭堡，今台北县之瑞芳以北三乡镇）、石（石碇堡，今之汐止）"。①除此之外，有的地方也有较特殊的仪式，如基隆的放水灯，宜兰头城、新北板桥、屏东恒春、澎湖等地的中元"抢孤"仪式。

农历七月三十日是俗称"关鬼门"或"关地狱门"的日子。这天傍晚，有竖灯篙或招魂幡的村子都要将其倒下，此俗称"倒灯脚"，表示普度之月结束，各家各户则在自家门口摆上桌子或长板凳，摆上菜碗及酒、饭、米、水等，主人拈香祝告，然后焚化冥币、经衣等。至此，普度月宣告结束。在月初挂出去的"路灯"也在此时熄灭、收回。在七月前做过"收兵"仪式的村落，在"倒灯脚"后，也需开庙门，祭祀神灵，然后做"放兵"仪式，再把庙中神灵的五营神兵神将派出去，镇守在村落的边界。有的地方的庙宇也会举办正式的中元祭"关龛门"仪式，如台湾基隆的"老大公"庙，在农历七月初一会举办正式的"开龛门"仪式，在七月中，也会举行竖灯篙、主普坛开灯、迎斗灯、放水灯、中元普度等一系列仪式与活动，而到七月底则需举行"关龛门"的仪式。举行仪式时，在道长的带领下，先净坛，恭读疏文敬告天地，再由当年轮值主普的某姓宗亲会的主委担任主祭，如

---

① 《基隆县志》，转引自丁世良、赵放主编：《中国地方志民俗资料汇编·华东卷（下）》，书目文献出版社1995年版，第1591页。

2011年轮值主祭的是刘唐杜姓宗亲会的主委刘义通，由他率各姓宗亲会的代表，循古礼上香、献花、献果、经衣和财帛等，最后主祭从老大公庙的主委手中接过锦盒，取出门锁，关闭龛门并锁上门锁，完成"关龛门"仪式，从而结束基隆地区的七月中元祭。

在有的地方还有"重普"之俗，如泉州市区的各境铺过去就有这种习惯，如果某境铺是七月初五普度，那么，该境铺在八月初三仍然要举行一次普度仪式，照例以菜肴、香楮、冥纸、经衣等供神奉鬼，当晚又设宴请客。而一些沿海、沿江的村落与城镇，还有进行"水普"的习惯，如泉州九日山下金鸡渡口边的金鸡村，过去每年在八月十三日做"水普"，普度水中的亡魂。又如惠安崇武大岞村则在农历十月十五日三官大帝水官生日那天进行水普。

农历七月十五日，闽南人俗称"七月半"或"鬼节"。道教称其为"中元节"，是日为三官大帝中的地官（二品赦罪清虚大帝）的圣诞日，也是其降临判定人间善恶、赦罪的日子。佛教则以该日为"盂兰盆法会"或"盂兰盆节"，意为解救倒悬之苦，以报答父母的养育之恩，据说这是因"目莲救母"的故事而形成的。

闽南人在七月半多做粽子和油炸食品过节，有的地方也做各种米粿或糕仔。闽南人除了自己村落或角落的普度日有祭祀活动外，在七月半也都会有祭祀活动，通常会准备丰盛的菜肴如三牲或五牲、菜碗、果品、茶酒、香楮等。中午时分，在厅堂中祭祀神灵、土地、地基主与列祖列宗。在河边的城镇与村落，有的还有在晚上"放水灯"的习俗。在大田县，城关下桥人在七月半的夜晚，会在均溪河边放水灯，以求乡里太平。此外，大田还有"七月半，插香线"的习俗，七月半的夜晚，人们除了放水灯外，还点着香从门口一直插到路口，此俗称"迎香线龙"。

第六节　七夕

七月初七的晚上，俗称七夕，近年来也有人认为是中国的情人节。传说是牛郎、织女相会的日子，当日地上的喜鹊都上天在银河里搭鹊桥，让牛郎、织女渡鹊桥相会。人们认为，那天晚上如果躲在葡萄架下，可以偷听到牛郎、织女会面时的情话或私语。如果当日晚上下雨，就被认为是他们俩相会时所流的泪水。

闽台大部分地方的闽南人认为七月初七是"七娘妈生日"，而"七娘妈"是保佑孩子的神灵，织女是她们中的一位。有的地方，在清早时分家里的主妇就会将早准备好的胭脂、香粉（俗称"凸粉"）、七娘妈花灯用丝线捆扎，然后扔到屋顶，希望喜鹊衔去给七娘妈梳妆打扮用。同时，也用红纸包点糯米扔到屋顶，犒赏喜鹊。

七月初七中午或傍晚，绝大多数的人家，特别是家有十六岁以下小孩的家庭都要祭祀七娘妈，此俗称"拜七娘妈"。祭拜七娘妈时，通常要在院子中的檐下排设香案，供上牲醴、果品、清茶等一般祭神的供品，如芋头油饭、咸饭或糖粿（中间稍凹的汤圆）、糖渣粿仔等，也供上七娘妈花（凤仙花或千日红）、脂粉（胭脂和香粉，也俗称"七娘妈粉"）、红纱线或五色线、七色线、七娘妈衣、七娘妈轿、七娘妈亭等专用于祭祀七娘妈的祭品。而且多数祭品需七份，如七个酒盅、七双筷子、七朵七娘妈花、七盘菜肴、七盘果品等。香案边上还要放一椅子，上置一盆清水，并放一条新毛巾，以供七娘妈洗脸洗手。然后点上红烛、烧七炷香或三炷香祭祀七娘妈，祭毕则烧些金帛、七娘妈衣、七娘妈轿给神灵，并将端午节系在孩子手上的"长命缕"解下，放于金帛中一起化掉。此外，还得把一部分脂粉、红纱线或丝线和七娘妈花扔到屋顶上，献给"七娘妈"。留下的脂粉给自家的女孩或妇女用，据说用供奉过七娘妈的脂粉打扮，能和"七娘妈"一样美丽。另外，人们也认为妇女用供奉过"七娘妈"的清水洗脸，脸会变得特别白嫩。

祭完"七娘妈"后，还得备一份芋头油饭或糖饭等到内室祭拜"床母"，特别是有幼儿的家庭，更需要如此。"床母"有的地方也称"婆姐"，据说是七娘妈的侍女，是直接守护儿童摇篮和床铺的神明。祭祀完后，烧一些"床母衣"或印有喜鹊和石榴的"乌银花纸"或"婆姐银"给"床母"，祈祷孩子平安、聪明、健康成长。

由于闽南人认为"七娘妈"是孩子的守护神，所以，常以将小孩过继给"七娘妈"做契子女到十六岁的形式，来保佑孩子平安长大成年，闽南人民间俗称此为"做契"。"做契"通常在孩子周岁那年的七夕举行，即在祭拜"七娘妈"时，要供上一张过继的"契约"，或烧给七娘妈，或贴在有"七娘妈"或有女神的神庙中。此外，在闽南地区，"做契"时还要自己做或买一个"七娘妈亭"来供奉，并把它挂在内室里，以保佑孩子。同时给孩子挂一个"絭"，即红丝绳串起来的有孔铜钱。以后每年的七夕，都要为"絭"换一根红丝绳，并买个新的"七娘妈亭"来替换，旧的就在祭祀七娘妈后烧掉。

到孩子十六岁时，要买一个大型的"七娘妈亭"，内贴一张七娘妈像，七夕时在家中备办丰盛的供品，举行"洗契"的成年礼。在用丰富的供品祭祀"七娘妈"后，由父母举着"七娘妈亭"，让十六岁的孩子从下面钻过去，并脱掉脖子上挂的"絭"，来表现孩子在"七娘妈"的庇佑下顺利"过关"；然后把七娘妈亭和跟七娘妈订的契约和金帛等一起烧掉，从而完成孩子的成年礼。

在闽南地区，人们也把七夕称为"乞巧节"，有的地方的妇女以"七"字作为巧的象征，向七娘妈中的织女"乞巧"，即祈求有一双巧手，以发家致富，装点美妙的生活。乞巧时，要陈列瓜果七盘、茶杯七个，焚香七炷，备针七枚、丝线七色等，先向织女星七拜，然后盘膝而坐，借着朦胧的月色，赛穿针，比引线，谁穿针引线又多又快，谁得到的"巧"就越多。也有的是将针放于一碗清水中，以针能浮在水面为巧。在泉州、晋江一带，乞巧是向东新娘乞。在七夕前，有的女孩就会悄悄地缝制三寸大小的绣花鞋，在七夕夜深人静时，往绣花鞋中装入冬瓜糖、红枣、瓜子等，到厕所边祭拜"东新娘子"，她们边祭边低声吟着"东新娘子东丝丝，教阮织布好布机，教阮绣成好卍字，教阮挑绣教阮织……"的民谣，向东新娘子乞巧。

闽南有些地方则认为七夕是"女儿节"，少女们在这天准备胭脂、香粉、镜子、茉莉花、水果等在月下设香案祭祀七娘妈，祈求良缘、美貌和前途，有的女孩也在这天穿耳洞，挂上耳坠等装饰物，使自己从此以后更加漂亮。

农历七月初七也是俗称魁星公的魁斗星君的生日。昔日，闽南人的学童与读书人，都要在这天祭祀魁星公，以保佑他们能写出锦绣文章，或求得功名。

有的地方也有比较特别的习俗，如东山岛在七夕晚上会用中药使君子煮鸡蛋、螃蟹、瘦肉、小鱿鱼、猪小肠给孩子吃，或吃红糖干饭，饭后再吃石榴，用这种方法给孩子驱虫。

第七节　中秋节

八月在三秋（孟、仲、季）之中，十五日又是仲秋之中，所以八月十五日称中秋节，闽南人也俗称其为"八月节"或"八月半"。

过去闽南人会自己做月饼及糕饼，一般都用圆形的印模印出圆形的月饼或糕饼，然后再烤或蒸。现在已没有人自己做了，大多数人都是到节日那天去市场买些回来祭祀后再享用。

　　在闽南地区，各地的情况大致都差不多。在过去，闽南人中流传着一句俗语："八月十五，番薯芋"，这是说过去在八月十五中秋节时要用刚收获的番薯、芋头等祭祀神灵和祖先，特别是土地公。相传土地公主张天下万民五谷丰登、六畜兴旺，人人丰衣足食，生活快乐。土地婆却反对，认为如果大家都富足了，土地女儿出嫁，谁替她扛轿？于是土地公让了步，但还是赐给穷人番薯和芋头作为半年之粮。百姓因为土地婆坏心眼，所以不侍奉土地婆，但也感谢土地公的大恩大德，所以每年中秋节用蒸熟的番薯与芋头来敬献土地公。如在厦门，"中秋，街市乡村演戏，祀土地之神，与二月同，春祈而秋报也。夜荐月饼、芋魁祀神及先，亲友相馈遗"①，即祭拜神灵、祖先与月亮（月娘妈）。有的在这天还会到田头祭拜土地或"田祖"、"园头公"，把"寿金"、"土地公银"或"土地公拐杖"（绑着一叠金纸的竹竿）挂在或插在田头地尾，以祈求明年会有更好的收成。同时，有些村庙特别是大的土地公庙多在此时演戏酬谢土地公。如在漳浦，"中秋日，各坊里祀土神，盖古秋报遗意。城市凡后土祠皆演传奇以娱神；村落间，群以酒肉祀田祖，无虚日"②。在山区，有的在这天也从事墓祭，如在德化，"八月俗传墓门开，各祭于墓"③。又如在安溪，"八月初一日，祭灶。十五日中秋节，各家备瓜饼相馈送，设酒肴赏月。俗云八月墓门开，多祭墓"④。中秋节祭祀神灵、月亮与祖先的习俗也同样存在于闽南人聚居的其他地方。如在金门，八月十五日清晨，要敬天公，在灯梁下摆天桌，用三牲或五牲、菜碗、花生粿、茶酒、天公金焚香敬拜。中午在厅堂或祠堂

---

① 《（道光）厦门志》卷十五，清道光十九年刊本。
② 《光绪漳浦县志》，上海书店出版社 2000 年版，第 32 页。
③ 《德化县志》卷三，清乾隆十一年刻本。
④ 《安溪县志》（清乾隆丁丑版），厦门大学出版社 2012 年版，第 137 页。

中祭祀祖先，此当地俗称"做春秋"，为秋尝。在天黑之前，还要用菜碗拜家宅的地基主。晚上，待月亮升起时，用月饼、龟粿、柚子等祭拜"月娘妈"，祭拜毕才享用月饼等。当然也有的地方并没有把中秋节当作是需要孝祖的年节，只是一般的节日，因此，他们只是做些或买些月饼来尝尝，加几个菜吃一顿，也就算是度过了中秋节。

中秋节这一天，闽南妇女常在夜里外出听香，她们在家中的神佛面前默默祷告后，手执一枝点燃的香，到某个方向，躲在暗处，"拈香墙壁间，窃谛人语，以占休咎"①，待听到一句什么话后，就赶快回家，再在神佛面前祷告"卜贝"，求问是不是"香"，如"圣贝"落地时一正一反，谓之有"贝"，就可根据听来的话猜测其意思，以解决她们心中的疑惑。

在台湾的闽南人中，习俗大致一样，如在澎湖，"中秋节，燕饮赏月，以月饼相遗，亦与内地相同，无足异者"②。台湾本岛上的闽南人也如此，"八月十五日曰中秋。祭当境土地，张灯演戏，与二月二日同，春祈而秋报也。是夜，士子递为宴饮赏月。制大月饼，名为中秋饼，朱书'元'字，掷四红夺之，取秋闱夺元之兆。山桥野店，歌吹相闻，谓之社戏。更有置笔墨、纸砚、香囊、瓶袋诸物，罗列市廛，赌胜夺采，负则偿值"③。而在20世纪90年代后，台湾兴起中秋夜在月光下烤肉吃来过节的习惯，当然传统的柚子还是必需的，柚子配烤肉有另一种风味。

在厦门、晋江的安海和金门等地，中秋节有俗称"搏状元"的搏状元饼之俗。所谓"状元饼"是糕饼店在中秋期间制作的一种特色月饼，俗称"会饼"，它按照科举制度的学位名称，制成

---

① 《（道光）厦门志》卷十五，清道光十九年刊本。

② 《澎湖纪略》，"台湾文献丛刊"第109种，台湾银行经济研究室1961年版，第156页。

③ 《重修福建台湾府志》，台湾大通书局1984年版，第98页。

63个大小不等的一套月饼，其中最大的一个叫状元（饼），其余按饼的大小依次为"对堂"（榜眼，金门俗称"平分饼"）2个；"会元"（探花，俗称"三红"）4个，"进士"（俗称"四进"）8个，"举人"（俗称"二举"）16个，"秀才"（俗称"一秀"）32个。这一套饼就称"一会状元饼"或"一会饼"。

玩时，通常是几个人合买一会饼，用六个骰子在大瓷碗中轮流投放，以骰子所呈现的点数决定赢得哪一种名称的月饼。投入的骰子出现一个红四，称"一秀"，得一秀才饼。出现两个红四，称"二举"，得一举人饼。呈现三个红四称"三红"，得一"会元"饼。呈现红四以外四个相同点数，如四个一，四个二……四个六，此称"四进"，可得进士饼一个。如果呈现123456这样的连续数字（金门称"大龙头小龙尾"），则得一"对堂"饼。如果出现"四红"，即四个红四；五子，即除红四以外的五个相同点数；五红，即五个红四，都是状元，相同点数的状元，以其数之外所带的点数大小来计算。如果搏到四个红四和两个红一，则称"状元插金花"，可以得一个状元饼，外加两个对堂，为状元中最大的数码。状元可以抢夺，即同样搏到状元的人，可以比大小来看谁最终搏到状元，如某人搏到"四红几"，别人搏到"五子几"或"五红几"，后者比前者大，状元就归搏到"五子几"或"五红几"的人。如果一个人先搏到"四红三"，后又搏到"四红五"，则以后者计算；如果前面搏到的数较大，后面搏到的数较小，也得以后者计算，所以，到底谁最后搏到状元，要等到所有月饼都搏完才能知晓。此外，还规定搏到六个红四或六个红一称"红六卜"或"六卜红"，其被认为是很有福气的，整套会饼都要归他。另外，搏到六个同样的黑色数字，则称"黑六卜"或"六卜黑"，此被认为是晦气，参与者可以关灯乘黑抢夺桌上装于盒子或其他盛器中的月饼。

在晋江、石狮一带，中秋夜还有俗称"烧塔仔"或"点塔仔"的习俗，那里的小孩在中秋前夕，就会到处去捡碎瓦砖头，将其打磨成圆形，在家门口垒起一个上尖下大、空心的宝塔，上面通体有塔眼，下则有塔门，并在里面堆满柴草。当月亮升起时，就将塔里面的柴草点燃，让火焰从塔眼中冒出来，红通通地照亮了整个庭院，有的孩子在旁往内添柴草，有的在旁嬉戏、放鞭炮，有的则互相观摩，比较谁家的塔仔做得好，热热闹闹地度过中秋夜。有的地方则不在塔内烧柴草，而是在塔内的每层都点以红烛，并供有"土佛仔"。（图 13）

图 13　烧塔仔

　　有的地方如晋江沿海一带则有放孔明灯与皓月争辉、祈福祝愿的习俗，那里的年轻人在中秋之前，就会以竹篾为骨，绵纸为面，糊一圆筒状或长柱体状、底下漏空、有篾条十字架的孔明灯。到了中秋之夜，则在底部由篾条编的十字架上放上一团沾有火油或煤油的棉团"油枝"，点燃后，待热空气充盈了孔明灯体时放手，让孔明灯升空而去，以祈求上天赐福，同时也以是否飞得高、飞得远的状态，来决相互之间的胜负。有的地方也有比较特别的习俗，如晋江围头的南沙岗渔民会在八月十五做"水普"，隆重祭祀"三界神祇"和孝敬"好兄弟",并在皓月当空时在海滩上"牵水转",以超度海中亡魂。

第八节　重阳节

九月初九为重阳节,其也称"九月节"、"重九节",有的地方也称其为"兜尾节",认为这是一年中的最后一个节日。由于此时为秋收后,新谷、芋头等登场,农家也需借此节日稍事休息,加加餐,所以多做糍粑等食用,或馈送他人。

在闽南地区,有些地方在这天"打糍粑"尝新及赠友,有的地方如漳州地区习惯在重阳日"进补",此俗称"补重阳"。

城镇里的文人过去也会在这天登山远眺,饮菊花酒,吃重阳糕。同时,由于登高也具有高升的寓意,所以旧时,在这天文人们也会备办牲醴、龟粿、发粿等祭祀孔子和魁星等,以祈求能高升。如过去泉州人多在这天北上清源山,西登九日山。晋江的文人学士则相邀到紫帽山、罗裳山、灵源山登高。而在石狮宝盖山边的虎岫寺会在重阳节这一天举行一年一度的"拜孔"庙会,来者大多是文人,他们到寺里祭拜文昌帝君和孔子,登山眺海,观翠品茗,即兴作诗。至午,寺内特设素宴招待,而文人们则将诗文书画留赠寺院,以作答谢或留念。重阳节时秋高气爽,天高云淡,也是玩风筝的最佳时节。夜里,有的地方也会放孔明灯和带灯的风筝。

1989年,重阳节被确定为敬老爱老的"老人节",以弘扬中华民族固有的尊老、爱老和养老的传统美德,这以后,每逢重阳节到来,社会上就洋溢着一种尊老、敬老和爱老的氛围,形成了一种再发明的传统。此外,重阳登高也逐渐成为全民健身活动的实践之一。

第九节　冬节

冬至日是二十四节气中的一个重要节气，在闽台闽南人居住的各地，都将此日视为与清明、七月半、年兜一样需要孝祖的日子，也是一年中四个重要节日之一，俗称"冬节"、"冬日"，由于秋尽冬来，天气渐寒，为了增强体质、抵御严寒的到来，这天人们多杀鸡杀鸭，屠牛杀猪宰羊来孝祖与"补冬"，类似过年，故民间有"冬节小年兜"或"冬至大如年"的俗谚，来概称冬节的热闹情况。如在泉州，"冬至，州人不相贺，祭祠堂，舂米为圆铺之，谓之'添岁'，仍粘于门"①。又如在漳州龙溪，"冬至作粿员汤，家众圆栾而食，谓之'添岁'。门户器物或以一枚糊其上，谓之'饲耗'。巨家合族祀始祖。"②再如在厦门，"冬至俗不相贺，谓之'亚岁'。各祭其祠，舂米为圆，谓之'添岁'。粘米圆于门，谓之'饷耗'。"③再如在金门，"冬至，俗不相贺。祭祀堂，舂米为丸，曰'添岁'。黎明黏丸于门，曰'饷耗'。"④复如在澎湖，"冬至日，谓之长至节。家皆以糯米粉做汤丸，宰鸡煮肉以祭祀家堂祖先。祭毕，阖家饮酒、食汤丸，以为添岁，谓之'团冬'。是日即古所云'亚岁'也。澎人彼此不贺冬，独祭于其家而已。门扇粘一丸于其上，谓之'饷虚耗'云"⑤。复如在台湾本岛，"冬日，家作米丸祀先祭神，阖家皆食之，谓之'添岁'，即古所谓'亚岁'也。门扉、器物各黏一丸，谓之'饷耗'。是

---

① 《乾隆泉州府志》，上海书店出版社 2000 年版，第 492 页。
② 《（嘉靖）龙溪县志》卷一，中华书局 1965 年版。
③ 《（道光）厦门志》卷十五，清道光十九年刊本。
④ 《金门志》，台湾大通书局 1984 年版，第 389 页。
⑤ 《澎湖纪略》，"台湾文献丛刊"第 109 种，台湾银行经济研究室 1961 年版，第 157 页。

日长幼祀祖、贺节，略如元旦"①。换言之，闽南人过冬至，其热闹程度类似过年，但却不互相祝福，也不互相祝愿节日快乐，其主要原因是冬至的重头戏是祭祖。

在冬至前一两天，主妇们就开始忙着做圆子，其有纯糯米圆子、包馅的圆子，有的也做有色的圆子如红圆子和俗称"鸡母狗仔"的肖形圆子，如鸡、鸭、猪、金银锭等。一般而言，圆子象征着团圆完满，金银锭象征着富裕丰足，而动物形象等则象征六畜兴旺。有的地方搓好圆子后，会将圆子在盘子里堆成圆锥状，上面再放几粒红色的圆子，再把金银锭、肖形圆子等放入盘中，蒸熟风干作为供品使用。

冬至的早晨，先在厅堂的神案上供上三碗圆子后，全家吃冬节圆（甜食或咸食，前者不包馅的裹糖浆吃，有馅的则用白水煮着吃，后者可加面线和各种菜肴、佐料等），以表示增加了一岁，即添岁。

中午至傍晚，各家都会准备"三牲酒"（鸡鸭鱼或猪牛羊等）、水果及汤圆等去村庙敬神，去祠堂、祖厅孝祖，而那蒸熟的大盘圆子就供在厅堂中。此外，也需要在门槛或大门、窗棂、床铺等处搁上一粒圆子，这就是过去所谓的粘米圆于门的"饷耗"。晚上，自家人则聚在一起加餐和吃汤圆，其也称"补冬"。若有家人外出未归，应将糯米粉留一些晒干，待其回来再补食这象征团圆的冬至圆。

闽南人的多数地方，这天多是举族在祠堂里秋祭的日子。宗族的长老们，现多数是当上祖父的老人，他们会凑钱（过去靠族田的收入，现在则靠凑份子钱，或者以其他形式准备一笔经费），备办各种各样的食品，在祠堂中代表整个宗族祭祀祖先（过去则由族中的族长、房长及有功名的人从事祭祀）。这种祭祀一年通

---

① 《重修福建台湾府志》，台湾大通书局1984年版，第98页。

常做两次，春祭一般选择在农历二月十五日，而秋祭则多在冬至日，而且比较正式、正规，即这两次祭祀都是宗族公共事务，所祭祀的祖先是宗族中的历代祖先，而且祭祀有一整套繁缛的仪式过程。宗族的宗老们，有的充当礼生，有的充当主祭、陪祭等。供桌上摆上插有猪尾巴的猪头（象征全猪）等"三牲"、"菜碗"（荤素搭配的菜肴）、五果（香蕉、柑橘、菠萝、苹果、梨子等）、"六斋"等供品，而且一定要有冬至汤圆，有的也可能供以小牢或大牢；他们穿着长衫，点上香烛，按老规矩一次一次地献供，一次一次地行三跪九叩礼，向祖先祈祷，念祭文，并感谢祖先这一年来对他们的庇佑。祭祀结束后，又在祠堂中开办宴席，所有来参加祭祀的老人一起"吃公"（有的地方称"吃祖"或"吃冬"，有的地方称"吃头"）。然后，选出明年主持春秋两祭的"头家"。由他们来组织明年的春秋祭祀祖先的活动。有的山区的闽南人，如德化人、永春人、安溪人，也在这天祭祖后再上山去扫墓。

第二章

生产与生活习俗

福建的地貌是山地、丘陵多，平原少，海岸线长，沿海还有不少大大小小的岛屿，如马祖岛、平潭岛、湄洲岛、大金门、小金门、东山岛等，"八山一水"即人们对福建地理特点的概括。而台湾岛的地势是中部有高山，西部有较大的二级台地与平地，东部则有狭窄的平地，周边也有一些大小不等的岛屿，如澎湖列岛、兰屿等。由于这样的地形地貌特点，福建与台湾的传统生产行业比较一致，除了农林业、商业、手工业等外，还有海洋渔业等。

第一节　农林业生产

闽台两地都地处亚热带区域，所种植的粮食作物主要为可分为籼谷、粳谷、糯谷的水稻，番薯（或称红薯、地瓜等）。除此外，在山区地带，还有蕉芋、各种薯类可作为杂粮。而在沿海平地，杂粮还有槟榔芋头，其中同安汀溪镇的"褒美进士芋"以其质松味香，可放在田里越冬不烂而著名。整个闽南地区，玉米、高粱、小米、大麦、小麦等虽有，但都很少种植。由于番薯为高产的旱地作物，除了鲜吃外，人们还把它加工（晒制）成地瓜粉、番薯干或番薯签，便于收藏和长年食用。

除粮食作物外，在沿海地带，主要的经济作物包括落花生（俗称"涂豆"）、黄豆、绿豆和糖蔗等，而在山区，主要的经济作物是黄豆、油菜、油茶树、茶叶、竹木等。

茶叶是福建山区尤其是闽南山区的重要经济作物之一，其中尤以泉州安溪的铁观音、黄金桂、大叶乌龙，泉州永春的佛手，泉州安溪、同安的本山、毛蟹，漳州平和的白芽奇兰、潮州凤凰的单枞等乌龙茶为著名。早在清代，这些茶中的上等品都曾作为贡品奉献给帝王，也有许多通过海上贸易远销到荷兰、英国等地，以至养成英国人喝下午茶的习惯；在1840年后，如1858年到1864年间，每年从厦门出口运输到欧洲的茶叶有四百到七百万磅，而在1874年到1875年间，也有7654386磅乌龙茶运到美国。还有的茶叶也通过晋商从陆路辗转远销俄罗斯等地。

此外，随着闽南人大量移民台湾，再加上台湾的自然环境与福建极为类似，福建的茶叶也移植到了台湾。最初这些茶叶在北部与中部的山区地带种植，如台湾南投的冻顶乌龙茶便是清代咸丰五年（1855），台湾举人林凤池从福建闽南带去的乌龙茶的茶苗，种植在鹿谷山区而发展起来的。木栅铁观音是由安溪萍洲村人张氏（张迁妙、张迁乾）于光绪二十二年（1896）引入台湾，在木栅樟湖山试种成功后发展起来的，以后又逐渐扩展到了台湾各地。1865年（同治四年）台湾茶叶出口13万6千斤，在1868年到1895年间，台湾茶叶出口总值占台湾出口总值的54%，是台湾对外贸易的第一大商品。现在台湾各地的山区都种有茶叶，东部台东的鹿野与花莲主产清香型乌龙茶；北部台北等地，主产文山包种和木栅铁观音，中部南投的鹿谷，出产冻顶乌龙茶，阿里山上海拔1000—2000米的高山茶园里则出产高山茶，南部的佳乐景区等地也产有港口茶。

过去，闽南人制茶多用手工，如用手搓揉茶叶，用"大鼎"

（大铁锅）炒茶，后来也慢慢地发明出一些机器来制茶。（图14）到现代，茶叶的生产取得长足的进步，不仅茶叶产量提高，市场覆盖了几乎国内所有省市自治区，而且茶叶的综合利用也出现新的变化，现已出现了多功能保健茶、速溶茶、果味茶、茶饮料、茶叶糕点、茶叶糖果、茶叶菜肴等品种，在满足人们日益增长的社会需求方面，做出了新的努力与贡献。

图14　制茶

在过去，闽南的山区也有人种植香菇，如在龙岩、漳平、永春、德化、大田、平和、南靖等山区地带。不过昔日种植香菇，是在山上将柯木等阔叶树砍倒，就地在山上晾得半干后，再种上菌苗而生产；20世纪90年代后，则改用各种树木的木屑装袋放在大棚里生产，并培育出金针菇、茶树菇、鸡腿菇等新品种，和引种外地的品种如竹荪、猴头菇、草菇等。

竹木也是山区农林业经济产品的大宗，过去山区兴起的商人，经营最多的就是竹木。在闽南地区，竹子的品种很多，但人们主要种植有毛竹和麻竹，因为它们的成品可以用作建筑材料，此外，它们的副产品，如春笋，既可鲜吃，也可以晒成笋干；而那些长不出来的冬笋，挖出来后，除自己消费外，大宗的是卖给山货商，转运到各地的大中城市里，为城市居民的山珍之一。其次，木材的生产主要是杉木与松木。杉木主要是作为建筑材料。树木放倒后，先运到溪边、河边，再利用河流扎排放流，集中到九龙江下游的漳州、厦门或晋江下游的泉州后，再通过海路或陆路运送到其他大城市中，不过清代后，闽南地区的杉木资源基本已枯竭。松木过去主要是用作铁轨的枕木，同时也可以生产俗称"松油"的松香；现在则成为制作人造板材的主要原料之一。其三，除了上述比较普遍的经济作物外，有的地方也有一些比较特殊的地方特产，如台湾的樟脑，漳州龙海九湖的水仙花。

闽南是著名的水果之乡，盛产荔枝、龙眼、菠萝（俗称"旺梨"）、芦柑、橙子、香蕉、米蕉、芭蕉、柚子、果蔗、番石榴（芭乐）、枇杷、油柑、杨梅、西瓜、水蜜桃、木瓜、李子、槟榔等。其中平和琯溪蜜柚，个大皮薄，果肉粉红，水分饱满，甜中带酸；厦门文旦柚，果肉粉白，也是甜中带酸，它们都是柚子中的名品。闽南的龙眼产区为漳州、同安一带，漳州的龙眼个头不大，但味甜，是鲜吃的品种；同安的龙眼个大，味较淡，但其果肉厚，是烘烤成桂圆干，或脱壳去核为桂圆肉的上等佳品。龙眼摘下后，折枝去叶，先晒掉一些水分，再送去临时用砖与泥土砌成的焙灶上焙干，即成桂圆干，并依其个头的大小分成"大炮"、"天"、"溪"、"红"、"小天"等各种等次；有的也破壳脱核为桂圆肉，以肉色暗红，干湿适中者为佳。在柑橘中，长泰的芦柑个大味甜，是柑橘中的上品。而在香蕉中，漳州天宝镇的香蕉为上品。近几年来，闽南地区也引种一些台湾的改良水果和国外的品种，如台湾的改良杧果、莲雾、木瓜、柳橙、提子、葡萄、草莓、火龙果等，使得闽南地区生产的水果品种增加了不少，水果的品质也增色不少。

由于气候的关系，在过去，除了豆类（如四季豆、荷兰豆、长豆、绿豆、赤豆、扁豆、蚕豆等）与瓜类（如南瓜、黄瓜、丝瓜、角瓜、冬瓜、苦瓜等）、葫芦、辣椒、茄子、西红柿和葱、蒜、姜、韭菜、芫荽、荸荠等各地都可以种植外，冬季青菜如高丽菜（包菜）、花菜、菠菜、小白菜、大白菜等在闽南山区较为少见，主要种植的是芥菜与萝卜等。因此，各地除了鲜吃外，也必须腌制蔬菜，以备菜荒时食用。在闽南沿海一带，人们主要用芥菜、萝卜、小黄瓜、腌瓜、大头菜等腌制各种咸菜、酸菜、菜心、菜脯（萝卜干）、酱瓜仔、菜头酸（酸萝卜）等，而在山区，则以腌制干菜为主，其中有的也成为地方名产。当然，由于大棚技术与薄膜技术的推广，现在，不论是沿海地带还是山区，一年四季都可以种植水叶菜。

家畜、家禽的养殖也是农业的一部分。昔日在闽南各地，养牛主要是用于耕地。因此，肉食的供应主要靠养猪和养鸡、鸭。过去每个农家每年一开春都要养上一两头猪，到了普度或年终宰杀，除了过年吃些新鲜的外，通常都要将猪肉制成咸肉、腊肉贮存或者制成香肠、灌肠、肉松、肉脯等肉制品，以便来年中任何时候都有肉吃。现在，许多人都不养猪了，有专门的专业户养猪，以供应市场。

农家养鸡，一般是养一些母鸡下蛋；留一两只俗称"鸡角"的公鸡配种；也留一两只白色的公鸡，以便祭祀祖先或做其他民间信仰仪式之用，因为人们认为白色公鸡特别是白色的雄性仔鸡的血具有超自然的力量，可以驱邪制煞；其余的公鸡都将"去势"育肥，作为过年过节的肉鸡使用。现在，除了农家自养的以外，也出现养鸡专业户，专门饲养肉鸡或蛋鸡，以其产品作为商品供应市场。

在闽南，鸭子大体有三类，一类是母鸭，养它们是为了生蛋，所以它们可以养好几年。一类是番鸭，其鸭嘴上部有冠，个头大，性热，是肉鸭中的上品，一般是年初养，过年前后宰杀，其中尤以永春俗称"永春白鸭"的白色番鸭著名。最后是俗称

"菜鸭"的肉鸭，在沿海地带，多圈养在田间的池塘边，让它们既可以在岸上喂食，又可以戏水觅些活食；在山区地带，这类鸭子通常会带到田里放养，让它们自己找食吃，收工时带回。到了年底，收割时落在田地里的落谷等吃完后，这种成鸭多一次性宰杀，除了鲜吃外，其余都制成鸭干等，以后再慢慢享用，或投放到市场。现在，多有专业户养殖鸭子，以供应市场。

除了上述外，过去闽南山区的人们也会上山打野猪、黄獐、兔子等，现在因保护动物，这类行为已基本绝迹，兴起的是养殖一些驯化的野味如野鸡、野猪、鹌鹑、甲鱼、俗称"水鸡"的田鸡和引进国外的品种如牛蛙等来满足市场需要。

第二节　渔业

在闽台闽南人当中，渔业有两大类，一类是淡水渔业，一类是海洋渔业。前者包括江河中的捕鱼和淡水鱼的养殖。在过去，江河中的捕鱼，主要由水上居民（旧称疍民）从事，他们一家一户居住在有篷的小船上，只适于在江河与平静的海湾中生活，如漳州的九龙江与潮汕的韩江，而无法到"无风三尺浪"的大海上讨生活。当然，除了海港与江里捕鱼外，他们还要靠为人载货和在渡口载人过渡等为生，由于后者只有在港口如泉州港、厦门港才有可能，所以实际上他们主要生活在城镇附近的江河与港湾中，依附所谓的岸上人（民户、渔户）才得以生存下来。因此，在封建王朝时代，他们被称为"游艇子"、"白水郎"、"蜑户"、"蜑人"、"五帆"等，实际上并非封建王朝的编户齐民，而是化外之民，甚至被视为是不入流的贱民，受到诸多的歧视。到1949年以后，这种歧视才逐渐消失。由于在江河中捕鱼为生者很少，所以，淡水渔业主要是指淡水鱼的养殖，其普遍存在于闽台各地的农村。一般都在池塘中养殖，也有少数在水田中或香蕉地里养殖。过去养殖主要有鲫鱼、白鲢、红鲢（俗称"大头鲢"）、草鱼、青鱼、鲤鱼等；近年来，有的地方从台湾引进罗非鱼（俗称"非洲鲫"）来养殖，有的地方也引进鳗鱼、桂花鱼、鲈鱼等来养殖，以供应城乡居民日益增长的消费需求。

闽南与台湾的沿海地方和岛屿上，除了有淡水养殖外，还有以海为田的海洋渔业。其可分为"讨海"、"内杂海"、"讨小海"和滩涂养殖、海水养殖几类。

"讨海"指的是远洋渔业，如从事远洋渔业的闽南沿海渔民，通常是到长江口的舟山渔场、靠近韩国的舟外渔场、台湾钓鱼岛附近的鲂鱼尾渔场、台湾东部海域的台湾过东渔场、台湾西部的台湾浅滩渔场、南澳岛以南的闽南渔场等地捕鱼。所捕的鱼主要有各种鲨鱼（如阔口真鲨、白眼鲨、双髻鲨、乌翅真鲨、青鲨、沙拉真鲨、锯鲨、白斑星鲨、犁头鳐、狗鲨等），俗称"白鱼"的带鱼，俗称"黄瓜"或"红瓜"的黄花鱼，俗称"加立"的真鲷，俗称"鲅鱼"的二长棘鲷，俗称"巴浪"的鲭鱼，俗称"墨鱼"或"墨贼"的乌贼，此外还有马鲛、白鲳、乌鲳、鱿鱼、"小管"、赤棕仔、鲲仔、鳓鱼、鲂仔鱼、刺鲳、红娘子（或称须哥鱼、秋哥鱼、红秋姑、红鱼、羊鱼等）、剥皮鱼、牛头鱼、江仔鱼、梭子蟹（冬蟹）、红花蟹等，现在由于中国沿海鱼类资源的匮乏，有的也到国外去捕金枪鱼等。这种远海渔业，一出门就得几个月在船上生活，捕到的鲜鱼品多就近在当地的港口卖掉，或者过去用盐腌，后来用冰冷冻后运回。过去讨海远洋作业时，使用的是俗称"艚"、"钓艚"、"大排"等大小不等的方头三桅"福船"作业；20世纪50年代末，渔船开始改造为机帆船，也就是既使用风帆驱动，也使用机器驱动，现在几乎都改用机器驱动的模仿轮船形的尖头船作业，或造铁壳船到国外捕鱼。

远海捕鱼的技术主要有两大类，其一是钓业，主要用俗称"绲"的"延绳钓"来进行作业；另一是网业，过去多用俗称

"缝"的"流刺网"作业,现多用各种拖网来作业。一篮带鱼延绳钓的鱼钩有130门左右,作业时,一只舢板负责将四篮鱼钩连接在一起放于海中"钓冬带",或用一篮18门的"大鲨绳"去"放大鲨",或用一篮81门钩的鲷鱼延绳钓去"放加立"等。昔日,一艘钓艚船一般载四只舢板出海作业,现代使用的钓艚船较大,一般可载6—8只舢板。用这种钓鱼的技术捕到的白带鱼,鱼鳞完整,鱼的外观银白,闪闪发亮,所以价钱较高。而如果用拖网捕捞带鱼,起网时,鱼群搅和在一起,鱼鳞都被刮掉,带鱼的外观不好看,故价钱要低于用鱼钩钓的,所以拖网主要用于拖其他鱼种。由于过去用于远海捕鱼的拖网大且重,所以需要两艘帆船合作拖曳才能胜任,所以过去的拖网作业称"双拖"。渔船改为机器与风帆并用后,船的动力增强,网具也加以改进,这样单船也拉得动网,所以就改成"单拖"了;同时由于使用了机器,船也有了发电机,有的则改为"灯拖",即利用灯光来诱捕各种趋光的鱼类。(图15)

图15 传统渔船(钓艚)

"内杂海"也称"小杂海"、"讨海仔"等，它是在离海岸 30 海里以内的内近海区域里捕捞所谓的"本港鱼"，即本地海域中出产的鱼类。这种作业可以随潮水的涨落出海，也可以早出晚归，安安稳稳地住在陆地上的住宅中，而不必龟缩在两平方米舱内在海上摇曳，同时也可以渔农兼顾。内杂海捕鱼使用的渔船比较小，如载重 300—400 担的双桅方头船"网仔"、载重 70—80 担的单桅方头船"舭仔"、载重 40—50 担的方头船"翻身"等都可胜任。20 世纪 50 年代后，这些船有的也逐渐改为机帆船；而现在，除了一些挂机的舭板仍保持原来方头船的模样，大部分在近海捕鱼的渔船也都改成尖头船了。内近海的捕鱼技术主要有三种，除了上面提到的钓业与网业外，还有就是用俗称"缒"的流刺网来捕鱼。以惠东渔民为例，农历三月可用墨鱼延绳钓和俗称"墨鱼靴"的抄网在近海"打墨鱼"（钓乌贼）；三月到五月，可用黄花鱼延绳钓"放红瓜"（钓黄花鱼）；三月到六月在乌丘屿一带海域可用马鲛流刺网捕马鲛；四月到五月下旬，可用网目较大的鲳鱼流刺网在近海捕鲳鱼；或用簸箕形的乌鲳网"诱乌鲳"；六到八月可用流刺网捕鲨；十一月到翌年三月，则用底层流刺网捕梭子蟹或用延绳钓钓梭子蟹。除此外，还有"钓鳜"（钓石斑鱼）、"牵徙"（舭板拖网）、拖虾（用拖网捕虾）、"钉皇螺"、打鳁（延绳钓钓鳁鱼）等捕鱼方法。台湾闽南人渔民则在近海捕捞乌鱼、黑鲔鱼等。

在海岸边与潮间带徒手或依靠简单采捕工具进行的渔业活动可称为"讨小海"。有的是退潮后，在潮间带的礁盘或滩涂中捡拾各种野生的螺（苦螺、花螺、麦螺等）、蛤（花蛤、油蛤、文蛤、蚬仔、海瓜子等）、扇贝、贻贝（青口或俗称"淡菜"）、鲍鱼、石鳖、蛏仔、蚬蚶、青蛤仔、赤嘴蚶、泥蚶等，捉螃蟹（青蟹、黑蟹、红蟳、"毛花"等）、虾蛄，推章鱼，挖"土笋"（可口革囊星虫的亚种黑星虫）、沙虫，刮挖石花，耙捞浒苔（俗称

"海青菜"、"苔菜"或"苔条")、"海面线",钩钓跳跳鱼,叉"土龙"等。有的则利用拖篙网、手持网、围缯网、抛手网、地曳拖网、罾等网具在地岸上作业,捕捉虾皮、丁香鱼等小鱼或浅海的鱼。有的也用石头围"石沪"(鱼埕)来捕捉各种退潮后滞留于鱼埕中的鱼。

有的沿海村落还在滩涂上养殖一些贝类,如在沙质的沙滩上养文蛤、花蛤、油蛤、沙蜊等,在泥质的滩涂上养殖蛏苗、大蛏(一年蛏)、老蛏(多年蛏)、竹蛏、泥蚶、毛蚶、俗称"蚵"或"蚝"的牡蛎(石蚵、吊蚵)、俗称"淡菜"或"彩鸾"的青口贝或贻贝、沙蜊、海瓜子(土鬼仔)等,当然,滩涂养殖也包括海带、紫菜等海生植物的养殖等。

近年来,由于海洋资源的匮乏,人们也发展出海水养殖业,有的在海岸边修筑虾池、鱼池,养殖对虾、草虾、斑节虾、青蟹、红蟳、梭子蟹等甲壳类海产品,有的也用鱼池养殖鲍鱼等名贵贝类,台湾南部则用鱼池养殖虱目鱼;有的则在海湾中,用网箱、鱼排养殖各种名贵的鱼种,如各种石斑鱼、皇帝鱼、多宝鱼、鲈鱼等,使得人们从市场上能比较方便地买到鲜活的海鱼和海虾、海蟹。

第三节　手工业

除了生产食品外,人们也有住、穿、行、用等的需要,因此,也就有专门生产农林牧渔之外各种生活物品的手工业,同时也有从事货物流通的商业,来满足人们社会生活中的各种需要,在长期的历史进程中闽南也形成了自己的特色。

一、惠东的石雕与大木作

在福建,如果说福州的寿山石雕是以小巧玲珑的巧石雕闻名于天下，那么，惠东就是以与建筑有关的大型建筑石雕与"大木作"闻名了。

惠东著名的手艺都与建筑业有关，它们的形成应与明代初年崇武城的建造有关。由于建千户所城的需要，吸引各种建筑工匠来此从事建筑，并定居下来，久而久之也就形成一些专业的村落，如崇武五峰村以石作手艺见长；崇武溪底村以"大木作"手艺闻名，崇武官住村、山霞后洋村以俗称"土水"的泥水、石砌技艺为长。

惠东的石作分两大类，一类俗称"晟石"，它包括开山采石与"打平直"。前者是利用大锤与各种钢钎等工具，根据石头的纹路，将山上的大石分解为条石、板石、块石等。后者则是将开采下来的毛石加工成平直或圆弧形的建筑用石。其加工技艺可分粗加工、精加工、表达加工三类，在精加工中的平面加工有粗琢、细剁、研磨等技法，而研磨又分粗磨、半细磨、细磨、精磨和抛光等技艺。表达加工则是将石料加工成各种石制品，如窗斗、门框、门当、各种形状如瓜形、八角形、亚字形等的柱础。

另一类则为石雕，其风格不像塞北那样雄浑豪放，也不像江南那样淡素清雅，而是倾向于繁缛纤巧与写实性，富有浓郁的生活气息。其雕刻技法有凹凿、浅刻、深刻、镂空、"针黑白"等，传统营造形式有沉雕、线雕、浅浮雕、高浮雕、圆雕、组合雕等。20 世纪 60 年代末，还在传统"针黑白"和圆雕的雕刻技艺基础上发展出青石影雕和微雕门类来。（图 16）

图 16　影雕

在过去，惠东石匠主要雕刻建筑构件如龙柱、栏杆、柱础等和建筑贴面装饰件和附件如门狮、门当、石鼓、窗户、石堵等，出现过不少很有造诣与名气的工匠。如清初崇武五峰村的李周，以最先将绘画用于石刻及巧雕转头狮突破传统，而被学界认为是福建青石雕技艺发展史上承上启下的人物。其十五代传人李走生则主持了集美陈嘉庚鳌园中各种青石雕的雕刻。生于光绪二年的蒋仁文则把惠东石雕技艺推到了一个新的高峰。他年轻时雕刻的镂花石鼓形青石椅和石圆桌，在全国工艺竞赛中被誉为"青石雕刻之冠"。20 世纪 20 年代，蒋仁文曾应邀主持南京中山陵全套石料和石雕件的加工与安装工作，并高质量地完成，从而使惠东石雕在国内名声大噪。

现在，惠东的石雕产品主要有建筑装饰材料、生产生活用品和工艺美术制品三大类数千种，千姿百态，包罗万象，其大者雄伟壮观，需用起重设备安装；小者细微精巧，可托于掌中赏玩。近些年来，惠东石雕业也大力发展出口业务，一方面努力开拓日本石佛像、石灯笼和西欧的人物雕件的生产；另一方面则引进加工机械，标准化生产墓园套装石材出口。此外，在国内城市建设蓬勃发展的今天，也积极开发大型城标雕塑及园林装饰、庭院美化、居家摆设等综合性的工艺品，从而使惠东石雕的销售拓展了市场，也使得其艺术风格逐步趋于多样化。

惠东另一种著名的手工业就是建筑木构大厝的"大木作"，由于其匠师早年多出于崇武溪底村，故其技艺被人们称作"溪底派"。溪底派"大木作"的建筑技艺源于宋代的营造法式，并具有自己的一些特色。如其建筑的厅堂或殿堂的屋架多用抬梁式结构，而梢间或杂房的屋架则多用穿斗式结构；其使用的"篙尺"有自己一套记号来表现其独有的设计风格；他们的"节路"即梁柱榫卯的安排位置比较宽大；栋架上的檩数比较密，每架之间跨一俗称"束木"的虹形小梁，上再置雕花材；斗拱多用轮廓简洁的"关刀拱",也有使用曲线丰富的"螭虎拱";屋角檐板喜用俗称"风吹嘴"的喇叭形;屋顶有硬山顶、重檐歇山顶、四坡攒尖顶等,还有以硬山顶为主体,前加一座歇山顶的组合式;屋檐翼角起翘倾斜度较大,显得轻巧,有飘逸飞扬的态势等。溪底派的"大木作"匠师们还祖传一种独特的藻井式拱顶技艺,因其形同蛛网,而俗称"蜘蛛结网"。这种拱顶有圆形与八角形两种。其材料有柱 24 支,斗 1864 块,各种拱仔、横木、通梁、夹板 1216 块,它们相互穿插拼接,层层缩小,形成最大跨距能达 6 米的藻井,仰视他们建筑的藻井,就像看到一朵绽开的莲花,非常漂亮与坚固。(图 17)

图 17　惠安溪底村大木建筑的瑰宝
——蜘蛛结网藻井

惠东"大木作"的匠师以溪底村王姓为著,其木匠手艺有家学渊源,据说该宗族的男丁年满 16 岁,就可以进祠堂学习,由族中退休在家的匠师尊长传授木作技艺。出师后赚了钱,要抽些分成回馈祠堂,投入到该宗族的公产中。60 岁退休后,也可以由此公产赡养。由于有这样的教育与赡养制度,溪底村王姓宗族中有许多人都从事这一行,并形成专业的"大木作村"。同时,由于在溪底村,谁的"大木作"技艺高,谁就受族人的尊重,这也导致了溪底人努力钻研业务,促使该派工匠的技艺进步很快,清代以来名师辈出。如嘉庆年间的王神佑、道光年间的王弼日等都是当时著名的匠师,而名气最大的是近代的王益顺(1861—1931年)。他 18 岁时就独立设计承建了惠安山霞乡的青山王庙,因而名声渐扬,此后在闽南一带主持建造了多处有名的民居与庙宇。1919 年,他率 10 多名匠师受聘到台湾,主持重建台北万华龙山寺，1923 年竣工后，又留在台湾各地承建了多座庙宇。1930 年，他回大陆受聘主持设计、重建厦门南普陀寺，次年因积劳成疾逝世于工地上。王益顺的成就奠定了惠东溪底派大木匠师在我国"大木作"匠界的崇高地位。惠东溪底大木匠师的精湛技艺在现代的钢筋混凝土和钢结构的建筑物中已很少使用，但在古建筑的修复工作中，仍有用武之地，故 1985 年泉州佛教名刹承天寺重建时，仍特聘溪底村的王德龙师傅组织施工队来重建，所以现在仍有人在继承发扬溪底派的"大木作"建筑技艺。此外，安溪、同安一带也有一些大木作与建筑木雕师傅。

二、福船制造业

福建的造船业有悠久的历史，早在三国时期，东吴在东冶（现福州地区）就曾设置典船校尉，组织从中原迁徙来的汉人在这里造船。福建人所造的海船有自己的特点，与长江以北的平底沙船系统不一样。他们建造的海船均为"福船"系统，船不论大小，船型的特点都是尖底，即龙骨突出于船底外；船身扁宽，长宽比小，平面近椭圆形。它们"方正若一木斛"，方头方尾，面宽底尖，吃水深，而且都有水密隔仓，非常有利于在大洋的浪峰间起伏航行和抵御风浪的冲击，所以从宋元以来，中国的海上贸易和远洋捕鱼多用福船系的船只。

在福建，商船的建造工场或工厂主要在一些大港口，除了福州的马尾港中有建造商船外，闽南地区的厦门港、泉州港中也有商船的建造工场或工厂；而渔船的建造，除了港口外，如厦门有造木制渔船的水产造船厂，也有造铁壳轮船的厦门造船厂，一些大的渔村，也有人专门从事渔船的建造，如惠安崇武镇的大岞村过去就有自己的造船厂。一般而言，包括战船在内的官船与商船都比较大，它们几乎都是三桅以上的大船。渔船则有大有小，根据 1932 年《惠安渔业调查》的情况看，当时惠安崇武渔区有

"'翻身船'① 共十只。""长二十八呎（8.4 米），幅九呎（2.7
米），深二呎八寸（0.85 米，注：指船舷到甲板的高度，下同），
吃水呎半（0.45 米），载重六十担。桅杆，杉木制成，周二呎，
长三丈余，一杆装置。帆，帆布制成，长方斜形，长二丈余，阔
丈余。造船费每艘二百余元，在本地制造。钓艚渔船，共三十
只。船长五丈余（约 16.7 米），幅十六呎（约 5 米）至二十余呎
（6 米），深四呎余（1.2 米），吃水三四呎，载重六百担……。其
三桅装置，头枝长三丈余，周三呎；中枝长五丈余，周五呎；尾
枝长二丈余，周呎余。帆，帆布制成，长五丈，幅四丈许，长方
斜形。造船费每艘四千元，在崇武建造。"由此看来，当地的渔
船多数是三桅的钓艚渔船，但也有一桅的"翻身船"，前者可去
远海捕鱼，后者则在近海从事"内杂海"时使用。

　　传统的福船都是方头方尾尖底的，民间有一顺口溜来形容其
三桅福船的形制与船上的一些主要装备，其曰："一龙骨，二龙
目，三支桅，四片坡（其头尾皆方形，加上两船舷，为四片坡）、
五车牌（船上有五个木制绞盘）、六架篙（每个帆片上下各一根
篙撑着帆片）、七'闪吊'（指水密舱隔舱板的铁支柱有七个）、
八'肚位'（水密舱）、九支篙（一个帆片上有九支绷帆杆）、十
'总缭'（帆索）。"换言之，这种传统的方头方尾尖底的福船，船
头两侧各装饰有龙目，并加以油饰，以象征一条龙，可以很好地
在大风大浪中驰骋、搏击。除此外，福建大型海船还有一个特
点，是船体内都有许多道隔舱壁，将大船分成好几个甚至是十几
个水密舱，除舱壁近龙骨处留有小小的"水眼"外，所有的舱壁
钩联十分严密，水密程度很高。这种设计增强了海船的抗沉性和
船体的坚固性，由于每个隔舱相互独立，万一船体的某一部分在

---

　　① 这种船驶到岸边后，往往要拆下桅杆，将船扛到沙滩上，船底朝
上翻过来摆放，人则可以将他作为帐篷使用，睡在下面，也可以避免船小
停在海边，被海浪刮跑，故得名为翻身船。

海上受损，一个舱进水，也不致影响到其他舱，船仍可以漂浮，也便于堵漏和修补。

　　"行船走马三分命"的俗语所反映的意思，就是以海为田比在陆地上从事农耕有更大的风险，所以，从事海上航行的船员和渔民通常都比农民更相信神灵，以求得心灵的寄托和慰藉。也因此，在造船时，他们也形成了一些比较独特的习俗。如造船的开始俗称"龙骨开斧"，必须根据船主的生辰八字与属相等选择黄道吉日开斧，同时，还得请村庙中的神灵来造船工场坐镇，这样才吉利，也才能确保这条船今后会平平安安地运行和为船主带来收益。此外，在造船的过程中，还有三个关节点，也需要择日祭祀神灵后进行，这三个环节是："竖龙骨"、"安龙目"和"安头巾"。龙骨开斧后，自然是先制作龙骨，这就如同造房子要先做大梁一样。然后就要安装头尾，即"竖龙骨"。"竖龙骨"的时辰，也需请择日师选择吉日与吉时，其时船主要在工场摆上三牲等供品祭祀神灵，焚香烧箔鸣炮以贺，然后，木匠师傅才动手安装。在安装时，需在接头处压一块红布、一片棕片和两个银圆或硬币，以表示吉利和招财进宝。到了整个船体基本完工后，要给船安装上眼睛，这就是"安龙目"，这也需要船主在所择的吉日吉时祭祀神灵以后进行。此外，安装龙目时，在龙目底下要垫有代表五方的五色布，用代表天地人的三根钉一次性钉成，否则不吉。此外，商船与渔船的龙目有些不同，通常商船的龙目朝前看，其功用是寻找航路；渔船的龙目则往下看，因为它寻找的是海里的鱼群。最后，在安装方头船船头的桩仔木即"安头巾"时，也需要船主择吉日吉时进行供奉祭拜后才能进行。而且，在安装时，需在桩仔木下垫一块露出一节的红布再钉紧，桩仔木上也需要等距地钉上六条彩布条以表示吉利和兴旺发达的寓意。因为这六条彩布条是以"兴旺衰微"的口诀来轮番计算的，五六这两个数字正好落在"兴旺"两字上。此外，船下水时，也必须择日祭祀，然后才下水。

三、制瓷业

在福建，瓷器的制造有悠久的历史，至迟在两晋南北朝时期，福州地区就开始烧造青瓷。宋元时期，除了青瓷外，还出现建窑的黑釉瓷器、德化窑的白釉瓷器和同安窑的珠光青瓷等，其中以建窑的兔毫碗、窑变的天目，同安窑的珠光青瓷最为有名。宋元时期的瓷器生产还有一个特点，即因海外贸易的影响而出现许多外销瓷，多数是根据阿拉伯人或东南亚的伊斯兰教徒等的订单制作的，因此其装饰图案多具有伊斯兰教文化因素，有的器皿则是专门为伊斯兰教徒烧造的，如用于小净的"军持"等。同时，由于出口量大，人们把当时的海上贸易之路誉为"海上陶瓷之路"。元代或至迟于明代初年，福建有的地方也开始烧制青花瓷。明清以后，由于海禁的关系，海外贸易受到限制而萎缩，各地的瓷器制造业因此逐渐衰退，唯独闽南德化各窑口的白釉瓷器等仍持续生产，并以生产建白瓷、高白瓷和瓷雕而闻名国内外。

建白瓷因产自福建闽南的德化县而得名，它的瓷质滑腻坚实，釉面温润晶明，有的洁白中微见淡黄，有的微见牙红，它们纯净无瑕，美如凝脂冻玉，又似象牙、奶油，或近似婴儿的嫩肤，故人们俗称前者为"奶油白"、"象牙白"、"猪油白"、"乳白瓷"、"假玉瓷"，外国人称之为"中国白"、"天鹅绒白"等，并有"国际瓷坛的明珠"、"独一无二的珍品"之美誉；后者则被称之为"孩儿红"。高白瓷是德化瓷的另一品种，与建白瓷相比，其白度更高，釉面雪白高洁，晶莹明亮，光可鉴人，而且其胎薄而坚实透亮，宛如羊脂白玉，凝霜冻雪。

在明清时期，除了生产日用瓷外，德化人也把源自宋代的瓷雕技艺发扬光大，嘉靖、万历年间民间艺人何朝宗所雕制的观音等佛像，仪态万千，形神兼备，工绝一时，已被国外视为东方艺术的无价瑰宝；他承师而不泥古，善于汲取他人所长为己所用，不断开拓创新，终成一代大师。他开创的精雕细刻、工巧逼真、形神兼备的艺术风格和捏、塑、雕、刻、镂、推、接、修的瓷雕技法，把德化瓷雕艺术带进一个新的境界，也对景德镇、广东的瓷雕生产产生深刻的影响。鸦片战争以后，由于帝国主义列强对中国的蹂躏，德化瓷业衰落，建白瓷、高白瓷技术失传，瓷雕艺术也凋萎失色。20 世纪 50 年代后，德化瓷业工人和技术人员呕心沥血反复试验，终于使失传已久的建白瓷、高白瓷重获新生，恢复生产，也使建白瓷、高白瓷和瓷雕艺术这些古老名瓷与技艺大放异彩，工艺水平也发展到了令人匪夷所思的地步，白釉现代瓷的五彩堆塑花卉色彩逼真，几可招蜂引蝶；素烧手塑纱帘难辨真假，似乎吹之可动；在传统"孩儿红"的基础上也研制出富丽堂皇的"中国红"或"富贵红"；在装饰上也借鉴其他艺术门类的技法，使得所制的瓷器色彩熠熠生辉、艳丽夺目，造型大方、雍容华贵，通体似有瑞气萦绕，祥云笼罩，犹如人间仙品，叫人过目难忘，爱不释手，故而也在各种竞赛中频频获奖。现在德化瓷业正朝着传统瓷雕精品化，日用陶瓷工艺化，工艺陶瓷实用化的方向发展，产品畅销国内外，成了全国最大的工艺陶瓷生产与出口基地。1996 年以来分别被授予"中国陶瓷之乡"、"中国民间（陶瓷）艺术之乡"、"中国瓷都·德化"等荣誉称号。

第四节　饮食

闽南地区的粮食作物主要是水稻，所以人们的主食以米饭为主，闽南人喜欢用早稻的籼米煮干饭，用晚稻的粳米煮稀饭，用糯米做一些仪式食品。但各地的具体环境有些差异，所以，各地的食法也有些细小的差异。在闽南的沿海地带，可能是由于人多地少，且多旱地与沙地、稻米产量少的缘故，人们通常是早晚吃俗称"糜"的稀饭，中午才吃俗称"粒饭"的用锅焖煮的干饭，而且多吃俗称"番薯糜"或"番薯签糜"的地瓜稀饭或地瓜干稀饭。有的县如惠安县在过去则三餐都吃地瓜稀饭或地瓜干煮的稀饭或干脆以地瓜当饭。改革开放后，由于粮食市场的开放，惠安人三餐吃地瓜或地瓜稀饭的习惯逐渐消失，代之而起的是两稀一干或两干一稀的习惯，地瓜稀饭偶尔食之。而在城市中，由于营养学家的宣传，地瓜逐渐成了保健食品，再度引起人们的青睐。此外，过去闽南人也常煮菜饭和俗称"咸糜"的咸稀饭吃，并由于所添加的菜不同而有不同的称呼，如芥菜饭、高丽菜（包菜）饭、芋饭、番瓜饭、豇豆饭、肉饭、鸭肉饭等干饭和俗称芋糜、菜瓜糜、菜头（萝卜）糜、鱼糜、肉糜、鸭肉糜、蚵仔糜、蚶仔糜、猫仔糜、咸糜（杂烩粥）、米豆糜、米糕糜、绿豆糜、红豆糜等稀饭，有的地方也有用野菜等煮成的稀饭，如乌甜仔糜、番椒仔叶糜、米豆仔花糜等。

　　除了主食外，闽南地区的其他粮食制品，多数都以大米加工而成，少部分用小麦磨成的面粉加工，此外也有的用地瓜、蕉芋等作物的淀粉以及用芋头来加工。

　　闽南人在元宵节、半年节（农历六月十五日）与冬至时，常要做糯米汤圆吃。闽南人俗称其为"元宵圆（丸）"或"上元圆（丸）"、"半年圆（丸）"和"冬节圆（丸）"，有的地方则称"圆子"或"元宵"。做汤圆的原料是用糯米加工出来的米粉做皮，但有的地方用石磨磨糯米湿粉来做，有的地方则用脚碓舂糯米干粉来做。最简单的方式是将湿的糯米粉团搓成圆子，煮熟加糖水吃。（图 18）有的地方的汤圆有内馅料，通常做内馅的原料有猪油、花

图 18　搓圆子

生、芝麻、糖、桂皮、蜜饯细条等，现也有豆沙馅和其他馅料。有的地方用湿粉包馅料，有的地方是将馅料先压成小块，沾水后放在糯米干粉中滚动，使它裹上一层皮。如泉州人做元宵时，先将馅料放于一个特制的小圆筒中，并将其锤实，压成一小块，然后将锤成小块的馅料沾水后放入糯米干粉中滚动，接着再沾点水，然后再放入干粉中滚动，使其成为圆形。

元宵的煮法有多种多样，如"汤煮元宵圆"：即水煮元宵圆，这种煮法的关键是要把握好"滚下水、慢火煮"的要领，即待水滚了才将元宵下锅，然后用小火煮，并用汤勺在锅中徐徐推转，使之在汤中旋转，不致粘于锅底。水沸时，可稍加点凉水，保持似滚非滚状态。辨别元宵圆是否煮熟，采用眼观手按，达到表里发虚即可。还可像煮水饺那样，加三次凉水，让汤滚三遍后才起锅。又如糖浆裹汤圆，即用油将红糖化成糖浆，再将煮好的无馅汤圆放入搅拌，使之充分裹上糖浆后，再起锅享用。再如"油汆元宵圆"：先热一锅油，烧火要均匀，待油热后下锅，然后轻轻翻几次，直至元宵圆全部虚涨，即可捞出撒上白糖食用。再如"拔丝元宵圆"：先用食用油光滑锅底，再放入白糖和适量的水，用文火将白糖化成稠糊状，当糖糊冒大泡呈黄色后，将油炸好的元宵圆入锅，与糖糊搅拌后迅速出锅，趁热食用。复如"穿衣元宵圆"：用芝麻炒酥研末，放入稠糖糊中，然后再放进油炸好的元宵圆，待其滚粘均匀后出锅上盘，使之逐个摆开，互不粘连即可食用。

在冬至，闽台的闽南人除了煮"圆子"来吃外，也会在大门、窗上或猪栏、牛栏、鸡圈等地方粘上圆子，此俗称"饷耗"。有的地方在冬至做圆子时，也会做十二生肖形的圆子煮着吃，以此来象征吉祥如意。有的也做各种花鸟人物形状的圆子，并相互比较，看谁的手艺好。

除了元宵、冬至这两个节日里人们吃"圆子"外，有些地方如晋江、惠安等在婚礼上也做圆子吃，这叫"吃伴房圆"或"吃结房丸"或"食相见圆"或"食新娘圆"，这是新郎、新娘在洞房中吃的，而且必需交换各自碗中的圆子吃，其意义与喝合卺交杯酒的意义一样。在惠安，这种圆子要搓得小小的，像鱼眼睛那么大，并染红，其俗称"鱼目圆子"或"小米丸"。有的地方则搓成大粒的，和其他时候吃的没什么两样。

用糯米蒸熟，在石臼中用木槌舂成糊状后，再捏成小块而做成的糍粑，也是闽南人比较普遍的一种节日仪式食品，其俗称"麻糍"。但闽南人各地的吃法却有些不同。在沿海一带，人们常把花生、芝麻磨碎后，加上白糖拌匀做内馅，包在糍粑中，外再沾上芝麻粉而食用。如著名的厦门鼓浪屿麻糍就是如此。在山区地带，则将糍粑弄成小块沾着红糖水食用，或将其油炸后，再沾糖水或白糖食用。

年糕闽南人俗称"甜粿"，寓意团团圆圆、节节高。春节蒸年糕，俗称"炊甜粿"，多数都在正月初九"天公生日"前做，也有的在正月初一前做，而且每年"炊甜粿"时，要比前一年做多一些，以表示"年年发"的寓意。其做法是将压干的糯米浆和以糖水（红糖或白糖）和其他东西，放于蒸笼中蒸熟即成。在闽南沿海地带，人们通常在蒸笼中垫上豆皮后将米浆倒进去；而在山区地带，人们垫在蒸笼里的则多用包粽子的箬竹叶。此外，由于所使用的糖的颜色不同，因此也有红糖粿、白糖粿之别。在闽南地区，除了上述两种甜粿外，也做加有红枣、冬瓜糖、花生和猪油丁的"四果粿"，由于这种粿只加白糖，故它也算白糖粿中的一种。

除了"甜粿"外，人们在春节时也常"炊咸粿"，所蒸的咸粿通常有"菜头粿"（萝卜粿）和"芋粿"、"金瓜粿"（南瓜粿）等几种。制作时，先把萝卜、芋头、金瓜等刨成细丝后，加虾皮、紫菜、味精、胡椒粉等，调匀烧入味后，放到"硬米"（煮饭的米）磨成的米浆中拌好，放到蒸笼里蒸熟而成。它们均可凉吃，也可以油煎后再吃。此外，在春节和一些传统节庆时，闽南各地还普遍有蒸"发粿"的习惯。发粿的原料也是"硬米"磨成的浆，但在蒸之前，需要加糖或酵母使之发酵后才上锅蒸，因为，人们认为"发粿"蒸好时，其表面以涨裂开来为佳，这象征着蒸粿的这家人会发财、兴旺。此外，由于发粿通常是放在碗钵中再放于蒸笼里蒸的，所以闽南人多称"发粿"为"碗糕粿"或"碗粿"。但在泉州一带，放于碗里蒸的这种米糕称"碗粿"，而直接放于蒸笼里蒸，并切成棱形状的米糕则称"发粿"。

还有一种比较普遍的粮食制品就是粽子了。在闽台大多数闽南人居住的地区，人们多在端午节做"碱仔粽"。昔时，在端午节前，人们会去山上砍一种植物来烧灰取碱，采摘箬竹叶子来包碱水粽子。他们把这种植物的灰放于苎麻布上淋水，获得碱水，再用碱水来浸泡糯米，然后用竹叶包成三角状，五个、十个扎成一串，再下锅煮熟，这就成了碱粽。现在多买食用碱来制作。在闽南晋江一带，除了做碱仔粽外，也包用红豆（或九月豆）、花生仁和小芋头块和着糯米构成的"豆粽"。

有的地方在端午节时不包粽子，如闽南同安的农村，端午节的节日食品是用糯米粉包花生糖末等并油炸的"炸枣"、用面粉做成麻花状并粘糖的"索子股"、用油揉的面粉包花生糖末并油炸的"柴梳包"等，没有做粽子。但到了农历七月普度时，他们才包"碱仔粽"来祭神、孝祖与祭鬼。

此外，在闽南地区的城镇里，常年有热乎乎的"烧肉粽"卖。这种粽子个头大，制作讲究。先把浸泡一晚上的糯米沥干，加入油、葱头、盐、味精、酱色，用小火炒松、炒干，再将捣烂的蒜头拌到米中，等糯米凉了再包。包裹粽子时，先放些糯米，再加上红烧的五花肉、香菇、虾仁、鸡蛋黄、板栗、莲子等，并用糯米埋上，包扎好，并放在大骨汤或开水中煮熟，糯而不烂，香鲜而不腻，趁热吃是一种既实惠又味美的小吃。在台湾，粽子分南北差别，北部的粽子是先将糯米、虾米、香菇、栗子等配料拌好炒熟，再包上粽叶放入蒸笼蒸，讲究糯米颗粒分明有嚼劲；南部的粽子则是把五花肉、香菇或熟花生和咸蛋等馅料与生糯米一起包入粽叶中，整串放进开水中煮熟，讲求口感绵密、清爽。

米粉在闽台两地的闽南人当中是最常见的食品之一，闽南人的米粉比较细，尤以安溪湖头出产的米粉最为出名，而在台湾，则以新竹米粉出名。闽南人喜欢炒食米粉，而且经常将炒米粉作为招待客人的大菜之一。炒米粉时，先将米粉用开水泡软后，再放到冷开水中浸泡一下，这样，就可以使泡软后的米粉不至于太烂，而且粉质的黏腻也被水涮过，炒米粉时也比较不会糊锅，并且吃起来爽口。炒米粉的配菜有肉丝、海蛎、丁香鱼、包菜等，它们都需要先备好，通常先用热油翻炒，然后才加入调味料，盛起备用；当将泡好的米粉用油炒至七八成熟时，再把配菜加入拌匀，即可起锅装盘。

面线也称"线面"，以其面细如线而得名。闽南各地都有制作，都是以优质面粉加上盐等发酵后精制而成，其质地柔韧，面如细线，长可至1—2米，易熟也易消化，配以料汤，或煮或捞都很方便。由于它容易消化，常作为病人的食品；由于它易熟，也常作为临时待客的食品。此外，由于面线具有绵长的形象，闽南人常用它来象征长寿，所以常把它作为仪式上的礼品，如祝寿时，送的"寿面"是它，订婚、结婚送的"喜面"也常是它，小孩满月送的"满月面"也是它。由于有这样的寓意，它也可以作为禳解之用，亲友出远门前或归来时，家里人要煮上一碗面线，另加两个太平蛋给他们吃了解厄，这俗称太平面。有些人遇见"衰气"的事，如外出时，天上飞鸟的鸟粪落在身上，家里人就会煮碗加太平蛋的面线给他解厄。大年初一早上，许多地方都有煮食甜或咸面线的习惯，其寓意是祝福家人在今后的一年中健康平安。

面线一般都是煮着吃，多数都是在汤料滚了后，再下面线，也就是说，不喜欢将其煮成糊状。但有的地方也有比较特别的吃法，如厦门等地的面线糊，就是将面线弄碎后再加海鲜、猪血等佐料和芹菜、葱、胡椒粉等香料煮成清汤糊状来吃，如再加一点油条、几块大肠、几片芫荽就色香味俱全了。另外，闽南人还炒面线吃，不过由于面线易断，闽南人在炒前要先用油将面线炸一下，以便增加它的韧性，同时面线经过油炸后呈金黄色，故人们也将这种用各种海鲜、肉类炒的面线雅称为"金丝面线"。

在闽南沿海一带，鱼丸也是一种比较常见的小吃，但不同地方的鱼丸也有一点差别，例如在闽南的厦门、泉州一带，鱼丸的原料主要是鲨鱼、马鲛、加立鱼（鲷鱼）、鳗鱼、鲈鱼、石斑鱼等与精薯粉。先将鱼肉打成鱼蓉，再加少许精薯粉捶打搅拌后，将鱼蓉放于手掌中，由拳眼中挤出直径约三厘米左右的丸子。食用时，或用大骨汤加胡椒粉、芹菜、香醋等煮鱼丸汤，或切片拌西芹、胡萝卜炒食；煮制的鱼丸色泽洁白，柔软晶莹有弹性，既脆又鲜；炒食的色彩缤纷、鲜脆爽口、味醇留香，各有千秋。有的地方的鱼丸则包有肉馅，其外皮鲜嫩爽口，肉馅含汁，与未包馅的鱼丸的味道大不相同，而且个头比较大。有的地方如惠安崇武、晋江深沪则用相同的原料再加上猪肉碎、鸡蛋清、葱等做成圆筒条状蒸熟，当地俗称"鱼卷"。吃的时候，需切块或切片再炒食、油炸或清汤熬炖，其味道与鱼丸一样鲜脆爽口，齿颊留香。

在闽南沿海一带由于多种有槟榔芋，如同安汀溪褒美进士芋质松味香，久负盛名，所以芋泥也是一种比较普遍的食品。制作时，先将槟榔芋去皮蒸熟后捣成泥，接着将糖水与熟猪油混合后再与芋泥搅拌，然后放入油锅里烩至芋泥起泡，装碗，碗面上再撒些冬瓜糖末、红枣末或葱头油等即成；也可以加上其他甜品佐料而成为八宝芋泥，或加菜成为什锦芋泥。食用时也可在芋泥边上加一些炸脆的青菜丝，这样吃起来更加香脆滑润。吃芋泥千万不可心急，因为刚起锅的芋泥表凉内烫，急而吞食，将会导致咽又咽不下，吐又吐不出的尴尬，出尽洋相。据说清代道光年间，林则徐就曾用这种表面凉内里烫的芋泥教训过洋人。当时林则徐在广州与洋人谈判，洋人用冰淇淋招待清朝官员。有的官员不曾见过那洋玩意，不懂吃法，就端起杯子朝冒气的冰淇淋吹气以驱热，遭到洋人的耻笑。林则徐看在眼里记在心里，一次设宴招待洋人时，特别安排上一碗浅紫如玉似脂的芋泥。洋人一看这美食，忙不迭地舀上一勺就往嘴里送，结果把洋人烫得吐不得咽不下，流泪捧腮，洋相百出。林则徐以芋泥教训洋人的故事，一时传为美谈。

除了用槟榔芋做芋泥吃外，闽南人也将槟榔芋头切块蒸熟了沾着白糖吃，或将槟榔芋头切成小块油炸着吃。昔日闽南人招待客人的大菜中，有道俗称"封肉"的红烧肉块，就是用油炸后的槟榔芋头块与五花肉块一起煮成的。此外，人们也用槟榔芋磨浆加米粉为皮做包子，此即所谓的芋包。据说这是清代同安埔尾一位解甲归田的将军发明的，他讲究饮食，嫌蒸芋头、炸芋头单调，所以就让人将芋头去皮挖心，填入佐料后再放在蒸笼里炊熟，然后再趁热蘸调料食用，因而创立了一种新的吃法。由于这样吃别有一种风味，故人们纷纷效仿，并将其演变为用芋泥加粉为皮来包肉菜馅的芋包。

薄饼也是闽南人的食品之一，闽台的闽南人多数称其为"润饼菜"、"嫩饼"、"春卷"等，只有厦门人和澎湖人称其为薄饼。它是用薄如面巾纸的圆形面皮——薄饼皮，将各种配菜如猪肉丝或丁、鱼肉丝或丁、虾仁、虾皮、蛋丝、胡萝卜丝、包菜丝、白菜丝、豆芽、荷兰豆（豌豆）、大头菜、芹菜、韭菜、大蒜、香菇丝、笋丝、豆干丝、海蛎（最好是"珠蛎"），甚至浒苔、粉丝、米粉等包裹成长圆筒状而制成的一种地方小吃。在闽南地区，过年、三月三寒食节或清明节时，人们常做这种薄饼先祭祀神明、祖先，然后合家一起享用。有的地方在二月初二土地公生日时，也做薄饼祭祀土地婆。民间有"二月二薄饼祀"的民谚。有些地方志也有相关记载，如道光《厦门志》就说：二月初二日，家造蛎房（海蛎）饭为供。到了这些时节，城镇的市场上就有人用平底的铸铁锅做薄又韧的薄饼皮买，农村也有专人做此供应大家。各家买回薄饼皮，配菜则自己加工，通常是将各种配菜混煮成一锅大杂烩备好，讲究些的也会分别准备各种配菜后，再拌炒。食用时，由食用者自己边裹边蘸着浒苔、蒜蓉、甜辣酱、花生细末等吃，别有一番风味；也有人把它裹好后放入油锅中油炸，而这种油炸过的薄饼才是现在人们所称的"春卷"。有的闽南人认为，薄饼中包裹着各种时新蔬菜和荤菜，其有预示农业兴旺、六畜茁壮的意义。有的地方的闽南人还认为，包裹含有芹菜、韭菜等的薄饼，象征着勤劳、长长久久、家业兴旺。（图19）

图19　做薄饼皮

薄饼在古早时也称"夫人薄饼"、"美人薄饼"，相传是由明代理学名宦蔡复一的夫人创制的。蔡复一是同安翔风里金门蔡厝人，官至总督云贵湖广军务兼贵州巡抚。他经常因公务繁忙而顾不上正常吃饭，饭总是热了又热。其夫人李氏是潮州太守李春芳的孙女，她既贤惠又聪明能干，而且对丈夫十分怜爱，深恐蔡复一长此废寝忘食下去，会搞坏身体，于是她将瘦肉切成丝，配上鲜虾、鲜鱼、冬菇丝、竹笋丝、豆干丝、胡萝卜丝和包菜丝等，混入大骨汤中一起煮，再用麦子磨成的粉制成薄薄的面皮，把这锅大杂烩以及油饭包成卷，放在蔡复一的案头手边，让他随手可以拿来当饭吃。这样，蔡复一右手执笔写东西，左手可以取食，既不耽误文牍工作，又能按时进餐，且喷香可口，又富有营养，可谓是两全其美。蔡复一不但自己吃，也用它来招待部下，其部下们吃了觉得好，也纷纷仿效，从而慢慢就在民间流传开来。由于薄饼是蔡复一夫人创制的，所以人们就将此薄饼命名为"夫人薄饼"和"美人薄饼"。也有人认为，因薄饼是蔡复一夫人创制的，故最初称"婆饼"，后来，面皮由厚变薄，婆饼才雅化为薄饼。也有人认为，吃薄饼的习惯源于中原，有更悠久的历史，他们认为薄饼与古代的寒食节有关，因为寒食节禁火，当天不能生火做饭，吃的是冷食，所以，人们事先备好各种菜肴和面皮，在寒食节里卷着吃，并用来做扫墓和祭祀祖先的仪式食品。

闽南人也喜欢吃"卤面"。过去在泉州、漳州、厦门人的红白喜事上，人们常会煮这种面来招待客人。其制作方法通常分两步走，一是将买来的面干用水煮好，或买新鲜的"碱仔面"过一过滚水备着；另一则是"炊卤"，即将"卤面"的卤汁做好，通常是将鱿鱼、江瑶柱、海蛎、虾仁、沙虫、猪肉、香菇、笋丝等山珍海味按一定比例混合烹炒后，加入料汤煮一会儿，再加入一定比例的精薯粉及调味料，使之成为稀糊状的"卤汤"，然后用此"卤汤"去拌面，或将面放于"卤汤"中再煮一煮，出锅就成为所谓的"卤面"。

在漳州一带的闽南人喜欢吃"拌面"。拌面也称"手抓面"或"五香面份"、"豆干面份"等。其由面料、配料和佐料合成。面料以俗称"生面"、加有食用碱的碱面为主，通常盘成圆饼状煮熟，此俗称"面份"，或团成拳头大小，俗称"模仔面"。其配料多为刚出油锅的炸五香条或油炸豆干。佐料则有花生酱、甜面酱和蒜蓉酱等。食用时，或用"面份"夹以配料，手抓着蘸着各种佐料吃，或放于盘中加佐料搅拌后吃，油而不腻，清香爽口。

　　闽台的闽南人都喜欢吃"五香"，如漳州、泉州、厦门一带的小吃店多数都会做这种称为"五香"的菜肴。有的闽南地方的宴会上，"五香"是不可或缺的待客佳肴。台湾许多地方也同样喜爱这一食品。"五香"也称"炸五香"、"五香条"、"五香卷"等。它的制作是以半肥瘦的"五花"猪肉丁、"马蹄丁"（荸荠丁）、虾皮、葱等配以五香粉、味精、白砂糖、酱油、食盐，加上精薯粉（地瓜粉）和蛋液、水搅拌成糊状，再用豆皮包裹成长约四五寸的圆筒状，然后将其放入热油锅中小火炸至金黄出锅，上盘。"五香"外酥脆内鲜香，香酥可口，是很好的下酒菜。漳州人也用它来做手抓面吃。

　　海蛎煎俗称"蚵仔煎"。它多用海蛎中的新鲜上品——"珠蚵"与少许精薯粉和蒜调匀成糊状，然后，在锅里放适量的油加热，油热后，将糊状海蛎下锅油煎，待快熟时，把搅拌好的鸭蛋液或鸡蛋液均匀倒在海蛎煎上，再翻过来，借蛋液的凝固使海蛎煎成为一块饼状，待两面略酥黄就可起锅上盘。食用时，通常佐以甜辣酱或蒜蓉等。每年冬春是海蛎盛产的季节，这时的海蛎煎味道最是鲜美。

　　"蚵块炸"也是以海蛎为主要原料，将其与精薯粉、葱、胡萝卜丝等调成糊状，然后用小勺舀一勺，放入滚油中去炸，直至其浮上油面成了金黄色才捞起。食用时，或切块蘸甜辣酱等吃，或包裹在凉的"面份"中吃。外酥里嫩，既香又鲜，非常可口。

　　满煎糕也是常见的一种闽南食品。它的制作是将面粉、糖、苏打水、水酵母等混合拌匀成粉浆，发酵 3 小时后即可上煎盘（平底锅）煎。煎时将粉浆舀入煎盘，再撒一层白糖或红糖作为糖料，也可以加碎花生仁、碎芝麻、蛋液、鲜橘子皮丁等，煎 5 分钟左右呈赤黄色即可。起锅前，用平板煎匙将糕翻叠成半圆形，使糖料等夹在中间，再切成斜块即可食用。满煎糕趁热吃味道最好，再配以豆浆或牛奶或面线糊等，是一餐很好的早餐。

"龟粿"也称"米糕龟",是闽南人祭祀神灵最常用的仪式食品之一,象征着平安、富贵、万福。它通常是用湿的纯糯米粉或掺和有艾叶或鼠曲草的糯米粉包裹糖拌碎花生馅后,放于沾油的"龟粿模"中印成龟形,垫上香蕉叶或箬竹叶后,放于蒸笼里蒸熟即成。它有大有小,小的巴掌大,大的则直径可能超过1米。

龟粿多用于祭祀神灵和祖先用,其也有长寿的寓意。为了吉利,有的地方做龟粿时,将其做成红色的;有的地方则在做好的白色或青色的龟粿上盖一个红色的印子。(图20) 有的地方春节做红的,清明节则做含有鼠曲草或艾草的青色龟粿。

图20　龟粿

茯苓糕也是闽南人常见的一种小吃。茯苓是一种中药,它生长在松树根部,有赤白两种:赤茯苓清心火,利尿,作药用。白茯苓可食用也可药用,具有健脾、宁心、渗湿的作用。用茯苓与大米磨成的粉蒸成的米糕称茯苓糕,其有祛湿健脾的功效,也是一种甜食小点。制作茯苓糕时,先将大米和茯苓舂成粉,细目筛过后拌上白糖,再用粗目筛一层一层筛到蒸桶里,用小刀割出花样后蒸制而成。蒸糕时要求糕面不沾水、不揿压,否则就难以蒸透。

茯苓糕也称"复明糕",这与一段传说有关。相传,明末清初,郑成功据守金门岛、厦门岛等地抗清,与清军隔海对峙。清朝顺治五年,清军攻陷同安城,3万多百姓被清军屠杀。清军的暴行激起闽南百姓的反抗精神,众多的同安民众团结在郑成功"抗清复明"的旗帜下,奋起反抗。当时,同安城内有一位姓李的糕饼小商贩担任联络任务,他把上写有联合行动的时间、地点和信号的纸条,藏在茯苓糕中,借着走街串村叫卖茯苓糕之便,传递起义信息，联络各村民众起来抗清复明，共同抗清。由于茯苓糕曾为"抗清复明"服务过，所以，后来人们也将其称为"复明糕"。

油葱粿在闽南许多地方也是一种小吃。其制作是将大米浸泡一小时后，用石磨或机器磨浆，然后烧开水搅拌待八分熟时再装碗加料去蒸，其料由剁碎的腿肉、马蹄碎、油葱、地瓜粉、佐料等混合而成。吃时加甜辣酱、芫荽、酸萝卜，非常香甜可口。

"土笋冻"是闽南沿海地带的著名小吃之一，其中以晋江安海、厦门海沧、龙海浮宫为著。土笋是一种生长在浅海滩涂中的形似蚯蚓但较粗短的软体动物，其学名为可口革囊星虫；明代屠本畯在《闽中海错录》里记载说："其形如笋而小，生江中，形丑味甘，一名土笋。"制作土笋冻时，先清洗表面泥沙，再将土笋浸泡在水中，让它吐出肚里的泥沙，再将土笋铺在石板上脚踏或用石磙碾压破肚，洗净肚里残余的泥浆杂质和表皮，然后加水在锅中猛火旺烧，熬煮出晶莹透亮的土笋胶汁，然后盛于小杯、小碗中加以冷冻凝固成冻，即称土笋冻。它状如琥珀，明若琼脂，晶莹剔透，佐以香醋、酱油、甜辣酱或芥末、蒜蓉、香菜、酸萝卜食之，味道清鲜嫩爽，回味无穷。过去都用本地滩涂上产的土笋做原料来加工，现有的也从浙江等地购买土笋来加工制作。

韭菜盒是一种外皮酥脆、层次分明、内馅鲜香的糕点，也是闽南人喜爱的小吃之一。其制法是把一部分面粉与熟猪油和成油酥面团，捏成剂子；另一部分面粉与熟猪油、水和成半油酥面团，也捏成剂子。内馅则用精肉、冬笋、虾仁、荸荠分别切成丁，用适量的熟猪油炒熟，加味精、精盐、胡椒粉调味后，与切成小段的韭菜、鳊鱼末拌匀成馅料。制作韭菜盒时，把1份半油酥面团包入1份油酥面团，捏紧压平，擀成圆薄片，包入1份馅料，捏紧生坯，然后放入油锅炸至金黄色，熟透即可。

闽台各地的闽南人都盛行"泡工夫茶"。闽南人主要喝铁观音、一枝春、水仙、留香、凤凰单枞、武夷岩茶、冻顶乌龙茶、高山茶等乌龙茶，因为这种茶是半发酵的，耐泡，而且泡出来的茶水清香，初入嘴有点微微的苦涩，但一会儿就口齿生香，甘甜生津，回味无穷。过去，闽南人多喜欢香气浓厚、茶汤浑厚色重的浓香型口味，但现在则多流行清香甘醇的清香型口味，有些人甚至喜欢毛茶的香气。

在闽台的闽南人地区，昔时泡茶的器具比较简单，几乎家家都用小小的紫砂壶或瓷制的盖碗来泡茶，一副茶杯只有四个，即便客人超过四人，也是用这四只杯子轮流品茗。泡茶的程序也比较简单，昔日有首顺口溜概括了闽南人泡茶的程序，即："烫罐入茶，高冲低斟，关公巡城，韩信点兵。"也就是说，泡茶时，首先要"烫罐入茶"，即先用装在俗称"电罐"（热水瓶）中的开水或专门为泡茶而设的小水壶烧开的"滚水"（开水），将小紫砂茶壶或瓷制的盖碗和四只小茶杯烫洗一下，再将茶叶装入小紫砂茶壶或盖碗中。这实际上有两个作用，其一是用开水为茶具消毒；其二是将茶壶烫热，泡茶的水温不会让冰凉的壶壁降低，而可以直接作用于茶叶，使茶叶的味道快点泡出来。实际上，闽南人在泡茶时，除了"烫罐"外，所泡的第一遍茶水是不喝的。通常的做法是，"滚水"一冲进茶壶，就立马倒出来，同时也可以用此水把小茶杯再烫一烫。这是为了冲洗茶叶表面的灰尘之类的脏东西。因此，这种头遍茶水俗称"茶尿"，通常是不会喝的。第二句"高冲低斟"的"高冲"说的是：在往装着茶叶的小紫砂茶壶或盖碗里冲水时，要从高处冲水进壶，这样做，水的冲力大，可以使壶内的茶叶随水的冲力搅动，使茶叶均匀地与开水作用，激发出茶叶中所含的有益物质来。所谓的"低斟"是指在将小紫砂茶壶或盖碗里的茶水斟到茶杯时，要将茶壶或盖碗放低，最好就在茶杯的口沿上运动，这样做不容易使茶水洒到杯外而浪费。第三句"关公巡城"的意思是，斟茶时，不能斟完一杯再斟第二杯，而应该在四只茶杯上旋转着斟，这是因为由于泡茶时间的不同，茶色会有由浅到深、茶味有由淡到浓的变化，如果一杯斟完再斟另一杯，这样四只茶杯里的茶色和茶味就会不一样，而轮转着茶壶或盖碗斟茶，就可以避免出现这种情况，使四只茶杯中的茶色与茶味一致。第四句"韩信点兵"则是描述斟茶斟到茶壶或盖碗中的茶水快干的情况。换言之，茶壶或盖碗里的茶水快干时，是一滴一滴流出来的，这时也得一滴一滴地点着轮流往每只茶杯里斟，就好像汉朝的大将军韩信在一个个点兵一样。

在同样是闽南人聚居的台湾，近几十年来，把这种喝工夫茶的习俗加以改良与精致化，并形成了独特的茶艺。首先，在茶具上有所改良，增加茶海、茶船、闻香用的茶盅、茶巾、茶撮或茶勺、镊子等泡茶用具。用具的改良与增设，也导致泡茶的程序发生一些变化，如过去为了不使每个茶杯中的茶汤色泽不同的"关公巡城、韩信点兵"程序，变成将茶壶中的茶汤全数先斟于茶海中混合，然后再逐一斟于闻香茶盅中，以茶杯盖上，然后再"鲤鱼翻身"，将其翻转过来，使茶盅的茶汤入茶杯。品茗时，也从过去端起茶杯，先闻茶香后啜饮，而改为先端起闻香盅品闻茶的清香，然后才端起茶杯啜茶。另外，为了使喝茶成为修身养性的一种方式，也总结出一套较为繁缛的饮茶礼法，使得冲泡工夫茶成了一种茶艺表演。其程序有：焚香静气，活煮甘泉，孔雀开屏，叶嘉酬宾，大彬沐淋，乌龙入海，悬壶高冲，春风拂面，熏洗仙颜，若琛出浴，玉液回壶，孟臣淋霖，祥龙行云，凤凰点头，敬奉香茗，鲤鱼翻身，三龙护鼎，鉴赏三色，品香审韵，初品奇茗，高冲低筛，若琛复浴，重酌妙香，再识醇韵……通过交流，闽南地方的茶艺也逐渐雅化，其冲泡程序也改为：山泉初沸，孟臣沐霖，乌龙入宫，悬壶高冲，春风拂面，孟臣重淋，若琛出浴，玉液回壶，关公巡城，韩信点兵，三龙护鼎，鉴汤赏色，喜闻幽香，初品茗汤，再斟玉液，品啜甘霖等十六道。有的则改为八道程序，如百鹤沐浴（洗杯）、观音入宫（落茶）、悬壶高冲（冲茶）、春风拂面（刮沫，用壶盖或瓯盖轻轻刮去漂浮的白泡沫，使其清新洁净）、关公巡城（倒茶）、韩信点兵（点茶，茶水剩少许时要一点一点均匀地滴到各茶杯中）、鉴赏汤色（看茶）、品啜甘霖（品茶）等。

除了上述这些食品外，闽南人还有许多特色小吃，如在厦门地区还有沙茶面、虾面、炒粿条、炒冬粉、扁食、黄则和花生汤、炸枣、庆兰馅饼、肉饼、马蹄酥（泡饼）、绿豆糕、雪片糕、芋包、豆包仔粿、双糕润、白灼章鱼、鱼糜（粥）、鸭糜、鳊鱼卷、葱糖卷、贡糖、鱼皮花生、同安封肉、灌口卤鸭、厦港卤鸭、冬粉鸭、烤海蛎、"贡鱿鱼"（烤鱿鱼）、盐焗蛏、风味卤猪脚、姜母鸭、新圩鹅肉与鹅掌、东寮豆干、翔安粉粿、酸笋滑蛏米粉汤、萝卜饭、芋泥香酥鸭、海蛎捞面线等；在泉州地区，除了上述外，还有肉羹汤、牛肉羹、梭子蟹糜、捆蹄、绿豆糕、猪油花生卷、安溪白粿、安海橘红糕、糕花、衙口花生、深沪水丸等；漳州地区则有猫仔粥、平和枕头饼、龙海贡糖等。

第五节　服饰

一、晚清以来的服饰变化

在"五口通商"之前，闽南人穿的是清朝的服装形式，只有汉族妇女的裙子和男子的长裤还沿袭明代汉族的传统，人们统称这些已变化了的服装为"汉衣"。在那个时代，汉衣分为在右边结扣的"大襟衫"与俗称"对面色"的"对襟仔衫"（布扣子在正前方）两类。男女的服装都有便服与礼服的区别。男子的便服为"对面色"短衫配宽大的汉裤，此多为老百姓劳作时的服装，士绅等在家中休闲时也这样装扮。差别主要是在布料上，老百姓穿的是棉布或自织的苎布做的，而有钱人则穿绫罗绸缎或纱绒绉绌制成的。礼服则为丝绸或棉布或苎布制作的大襟长衫配长裤，这是文人或普通百姓出门应酬时的穿着，其差别也在于布料上。绫罗绸缎做的长衫加上对襟的马褂，或外套大襟的马甲，则是官场应酬和富户士绅平时的着装。女子的便服为宽松的、长至膝盖的宽袖旗袍配裙子或长裤，礼服则为长至脚踝的宽松旗袍配长裤。差别也主要是在布料上。另外，有的服装在领口、大襟、袖口上有绣花以及其他装饰。

"五口通商"后，"番仔"洋人可以进入福州、厦门，他们穿的是西装，当时有些与洋人经常打交道的人也学着穿，或西装革履，或长衫之外再套上西装，老百姓则觉得不顺眼，称这种人为"洋装歹"等，甚至认为穿白色的衬衫是成天穿着孝服到处跑，很不合中国的规矩，而不与他们往来。

辛亥革命后，服装逐步西化，除了长衫、短衫、汉裤外，知识界和学生中的男性开始穿根据西式服装创制的中山装和学生装、西裤、皮鞋等，女生则穿大襟的缩腰短蓝衫配裙子，有的也穿起西式服装。民间的大襟女便服都缩短至胯部；作为礼服的旗袍也一改过去宽松的模样，变得贴身，窄袖或无袖，甚至开叉升高，使得女性的曲线凸显，魅力十足。同时旗袍也慢慢变成了闽南城市中女子的日常服装。（图21）

图21 清末民国初时期台湾闽南人的服饰

1949年以后，有段时间里，城里的男性穿的是中山装、人民装、军便服、夹克、运动服、工作服等，女的正式服装为列宁装、春秋衫等，西装、旗袍等不见踪影。农村的男性还是以穿对襟汉装、汉裤为主，但也有些人穿起了中山装、人民装、军便服等。女性仍以大襟衫为主。改革开放后，西式的服装如西装、职业女套装、晚礼服、牛仔服装、风衣、夹克、T恤、休闲装等时装迅速流行开来，在此冲击下，中式服装一度难见踪影。不过，20世纪90年代后，又开始流行起改良的旗袍，并更加时装化和个性化，同时，根据过去对襟短衫改良的"唐装"也逐步流行起来。现在，城里与大多数农村中，服装的式样已很难加以区别。

二、惠东女服饰

现在闽南各地的服饰已没什么区别了，只剩下几个地方的服饰还具有其独特的表现，惠东女的服饰就是其中之一。

惠东女的服饰流行在惠安县东部几个乡镇中，但根据所喜爱的颜色不同，可以分成两种类型，其一是惠东南部型，它大约分布在崇武、山霞、涂寨等地。其头巾以蓝、绿、白、灰为底色，或蓝底、绿底白碎花，或白底绿碎花，或灰底小碎花为主。上衣春、秋、冬季流行蓝、黑色，夏季则以白底绿条纹为主。裤子不论是宽裤还是西裤均为黑色。总基调是比较沉稳、素淡。其二是惠东北部型，主要分布于小岞乡一带。其头巾色泽比较鲜艳，昔日有浅红、浅黄等颜色的头巾，20世纪90年代后，又变成以大红色为底色的头巾为主。上衣的色泽过去也比较俏，有浅黄、浅红、白等颜色，20世纪90年代后则流行浅天青色的上衣。其裤子除了黑色的外，也有蓝色的。总的基调是比较明快、鲜艳与跳跃。

民间曾流行"封建头、民主肚、节约衫、浪费裤"的顺口溜来描述惠东女服饰的特点，"封建头"指惠东女长年都带着各色花头巾，20世纪90年代前，头巾上还装饰一些花饰，如塑料、绒布制作的花饰；但当头巾改为以灰色为主调以后，这种装饰也慢慢减少了。除了头巾外，惠东女如外出工作或上街还会头戴黄斗笠。总之将头部包裹着，只留出瓜子样的脸形。"节约衫"说的是她们的右衽大襟上衣比其他地方女子的大襟衫要短，下摆仅至肚脐之下三四寸，而且其下摆呈弧形或斧形，开叉也比较高，相比之下，做这种衣服能节约一点布料。其实，这种较短的上衣是便于腰上系的银裤链显露出来而慢慢在1949年以后逐渐形成的。"浪费裤"则指她们仍穿传统的宽裤（汉裤），由于这种裤子的裤脚较宽，自然比合身的西装裤要更多的布料。

有人认为惠东女的这种服饰自古以来就是如此，也有人认为它与少数民族的一样，其实这些说法都是错的，因为，惠东女现在的这种装束完全是在1949年以后才慢慢形成的。

在清代，惠东女流行的是长至膝盖的旗装，但其袖子比较窄小而长，没有标准旗装那么宽大与短，当地人俗称此种服装为"接袖衫"或"卷袖衫"，此外，其领根下中线右边常饰有一块5厘米见方的蓝色布块。在当时，衣服多流行深褐红色、黑色与蓝靛色，而不是今日的"月仔蓝"（湖蓝）等。到了20世纪20年代，惠东女的衣服也随着潮流而缩短，俗称"裳根尾"的下摆衣沿缩短至臀部，并加阔而略呈弧形。衣服的颜色仍为深褐红、黑色。衣服领根下方原来那块方形色布的装饰改为三角形，有的还加上刺绣。另外，当时惠东女出门做客、回夫家、节日里穿的礼服与平时穿的衣服有些区别，这主要体现在衣服的布料多为府绸，而且礼服中线的两侧各缀上一块边长约10厘米的方形绸布，通常的情况是深褐色的衣服缀上黑色布，黑色的衣服缀以深褐色布，其外沿上下还饰有小三角形的同色布。正是礼服上有这样的点缀装饰，故其被称为"缀做衫"。这个时期的衣服比现在流行的要长出十几厘米。

为什么现在的节约衫会这么短？这主要与惠东女腰部装饰的银裤链的形成有关。民国时期，惠东渔民在海上作业，与厦门的渔民交往时，见到厦门的渔民用一股银链子系裤子，他们觉得这种方法既实用又美观，实用是因为渔民在海上捕鱼，有时不免落水，弄得浑身湿漉漉的，如果银链当腰带，将银链甩一甩就干了，系于腰上比较舒服，不像过去使用的布带，即使拧干还是湿的，系在腰上难受。所以惠东的渔民就效仿厦门的渔民，用银链代替布带作为腰带使用。

20世纪50年代，男性渔民纷纷改穿中山装、西裤，用上了皮带，就不用银裤链了。由于惠东的女性仍穿宽大的汉裤，所以银裤链逐渐成了妇女的专用品。然后，又慢慢地一股一股增加而变成宽四股以上的装饰品，同时，它也是财富的一种表露（以其宽窄来显示）。而作为系于腰上的装饰品，就需要向他人展示，衣服太长就遮住了银裤链，使他人无法看到，所以妇女就把上衣改短，并把俗称"裳根尾"的下衣沿的弧度加大，衣服前后片间的开衩开高些，从而使上衣的前后片略遮住银裤链，而从侧面看，则可清楚地看到银裤链。也就是说，穿上这种改良的短衣立正不动时，银裤链若隐若现，而一旦动起来，银裤链就一览无遗，起到了很好的装饰作用。小岞一带，则把上衣缩短至肚脐之上，其效果也与上述崇武一带的上衣的一样。因此，所谓的"节约衫"，实际是在1949年以后银裤链逐渐成为装饰品的过程中形成的，而非自古以来就如此。

其次，所谓"封建头"的花头巾，也是在新中国成立后形成的。此前，惠东的女孩梳一条俗称"髻尾"的长辫子。已婚妇女盛装打扮是梳"大头髻"。这种发髻梳法复杂，髻上插的银饰物有10多种，还要配上各种颜色和式样的绒扎花；髻上好要戴一种俗称"巾仔"的棚状遮盖，其用黑色的帛布制作，长1尺，宽8寸，内有竹签撑着，故可以大半伸出前额外。"巾仔"和髻之间扎一条五尺长的黑色丝质纱巾，从两边向背后垂至衣沿。中老年妇女，只把头发梳理成褶拢在脑后即可，此头髻俗称"褶贝只"。

20 世纪 50 年代初，惠东女的头部装饰弃繁就简，不再梳"大头髻"。接着，大批青年妇女参加建设机场、惠女水库、鹰厦铁路的工作，受其他地方的妇女影响，她们也开始包头巾、戴斗笠以适应劳动的需要。所不同的是，惠东女不只是把这些头巾、斗笠作为日常生活的用品，而且还赋予它们更多的美化装饰作用。例如斗笠原是没有油漆的，惠东女则将其漆成鲜黄色，使得它在绿野中特别醒目。早年她们用头巾尽量把头部遮盖，主要是为了避免工地上飞扬的尘土把自己搞得蓬头垢面；而扯花布做头巾，最初的原因可能有二：一是它比正式的头巾便宜；二是它比正式的头巾舒适。这以后，惠东女逐渐发现它还有装饰的作用，所以在工作之余仍带着它，慢慢地也就形成习惯，这头巾就成了惠东女的饰物和标志了。头巾被惠东女接受后，也是有变化的。20 世纪 80 年代开始，惠东女流行做个内有铁丝绷着的假发辫套架在头发上，戴上头巾后，它能把头巾撑成三角形，使空气能在里面流通，这样即使在夏季，也不会因流汗而使头巾紧贴头部，而感到闷热。除此外，她们还在上面装饰一些塑料或绒布制作的花，斗笠的两侧也各插一束绢花来装饰，从而使整个头部花团锦簇，异常艳丽。90 年代中期以后，头巾的面积由 2 尺见方再扩大 2 寸，同时其质料也由棉布改为人造丝的，色泽也发生了一些变化，如崇武一带，从过去的蓝底白花、绿底白花、白底绿花改为青灰暗花；而小岞一带，则从过去的浅黄、浅红改为鲜艳的大红、朱红、紫红等底色配暗花。因此，在 20 世纪 80 年代，头巾只遮盖到肩上。现在，头巾已快遮盖到了胸部，头巾上的塑料花、绒花的装饰也不见了，改饰一点金属珠花，这使得头部的装饰变得简洁。现在由于惠东女多成为工厂里的工人，如石雕厂的磨石女工，较少在露天场合工作，因此，有着遮雨作用的黄斗笠也少人戴了，其上装饰的绢花也没有了。穿此传统服饰的人也越来越少了。

第三章

婚嫁与生养之俗

第一节 婚嫁习俗

在闽南人居住的地区，昔日婚嫁通常都由家庭的力量来完成，非常注重父母之命、媒妁之言，尤其是媒妁之言，现在虽有些人自由恋爱，自己寻找对象，但到谈婚论嫁时，还得请一个媒人在男女两家中斡旋，这是"婚姻冠会非礼不严，非媒不娶"，或"男女非媒不相知名"传统礼俗观念的体现。而在婚姻大事成功之后，男家要给媒人送一份媒人礼，通常有猪脚、面线、糖果、糕饼、红包等，此俗称"吃猪脚"。

闽南人的婚礼过程也要经过周礼规定的"六礼"程序，即纳采（提亲）、问名（测八字）、纳吉（小定）、纳征（大定）、请期（告诉亲迎日子）、亲迎（婚礼）。但不同地方说法不一，如闽南的惠东人认为婚礼程序有：讲新妇（媳妇）、压定、合婚、送定、送盘担（请期）、过门（娶入）等。德化人认为婚礼程序有：行庚、行定、行聘、过小酒、报日、娶归等。泉州人认为婚礼要经过说亲或议婚、"提生月"或"验大字"、压订或"戴手指"（戴戒指）、送大礼或送聘或纳彩、送盘担、"过娶"等程序。龙海人认为婚礼要经由议婚、问名、吃定或过定、大送或大定、提日子、亲迎等过程。漳州人认为婚嫁需经过议婚（包括求庚、合婚、相亲几个程序）、订婚（包括也称落定、过定、送定、文定、定亲、食定等的小定与送大定）、送日（也称送日子、送日帖、送迎亲帖）、迎亲等程序。东山人认为婚礼过程有：提亲、相亲、携定、大定、送日、娶新娘几个过程。台北的闽南人认为婚礼有：议婚、相亲、小定或过定、大定或完聘、送日头、嫁娶或迎娶等程序。有的地方可能简化一些，如同安据说受《朱子家礼》的影响而程序有所简化，他们只有下定、纳彩、请期、亲迎四个环节。实际上，传统的六礼大体可分为议婚、订婚和亲迎三个大阶段，议婚阶段是男女双方选择的过程，订婚是选择过程的结束，亲迎则是夫妻最终走到一起。不过，这三大阶段中实际都包含着许多仪节，故如果以小仪节计算，婚礼过程就有很多程序。

一、探家风

探家风也称"踏家风"等。如果男女双方不是自由恋爱的，那么议婚首先是"探家风"，也就是设法了解对方的家庭情况。男家会请人去女家探一探，女方事先也会请自家的亲戚到男家探一探家风，了解对方家庭成员的为人、经济状况等。探家风时一般不直接询问，而是靠观察家中的居住条件、伙食、生活习惯等来推断。

二、求庚与合婚

在男女双方和家长都有意结亲时，男家会派媒人带礼物到女家问婚，女家若同意，就会收下礼物，报以瓜果之类的回礼，并将女方的生辰八字写在红纸上由媒人交给男家，此俗称"求庚"。女方的庚帖上通常写"坤造某某年某某月某某日某某时端生"。男家拿到女方的"八字"庚帖后，一般都要先压在自家厅堂神灵或祖先的香炉下，三天内，家中如没有出现打破碗碟或其他不正常的事，就认为是"三日圆"或"三日好"，可以继续下去。如有出事，称"缺圆"或"不利"或"不合"，就拉倒，重新找过。所以，此也称"压定"。若"三日圆"则再找算命先生"合婚"，即根据男女双方的生辰八字测断两人是否适于结婚。有的地方在合婚后，还要再到神灵面前"卜贝"确定一下。

如果男女双方命理相合，男家再择日备礼将男方的庚帖（上一般写"乾造某某年某某月某某日某某时健生"字样）送到女家，女家也要回些礼，在拜祖后拆帖，并把双方的庚帖也交予算命先生再复合一下，此也俗称"合婚"。

台湾的闽南人也如此，如澎湖人，"男女双方收到对方以红纸写就的庚帖，即将之置于神案上，三日内若有器物毁损、禽畜死伤，甚至更严重的家中成员伤病死亡，即表示两人八字不合，须另择佳偶"[①]。又如台北的闽南人也如此，"先由媒妁送女之'八字'（庚帖）于男家，书其年、月、日、时，男家将此置于神前祖先案上卜吉。三日内如家中平安无事，则将男方生庚帖送女家。女家接受之后，或问卜星相，或即表同意合婚。男家受女之庚帖，三日内男女双方家中均忌变异，倘有家人生病，或误毁器物等情事，则以为不吉，而虽门当户对亦婉辞，退还庚帖"[②]。

三、相亲

在20世纪30年代后，有的地方在男女双方合婚圆满之后，男家会备办礼物，择日由媒人陪男家的女性长辈到女家相亲。待字姑娘必须亲自接待，奉茶敬客。男家的长辈则乘此时好好观察

---

① 《续修澎湖县志》卷十二《宗教志》，澎湖县政府2005年版，第119页。

② 《台北市志》，转引自丁世良、赵放主编：《中国地方志民俗资料汇编·华东卷（下）》，书目文献出版社1995年版，第1397页。

其容貌、仪表等。有的地方在合婚前就进行此过程。现在有的地方也有带男方到女家去"相亲"，让当事人先见一见面，相互了解一下，然后再求庚、合婚等。

如果双方彼此满意，即可确定结亲，由媒人为中介，双方家长商定聘金、聘礼以及嫁妆等事宜，并大概确定完婚的日期等。双方达成协议后，由女家开出礼单。

四、送定

送定也称食定、文定、落定、定亲、拿暗定、携定等。如果上述程序顺利，就可以找个日子"送定"了。送定一般只是一种订婚的仪式，而"送大定"才是送彩礼与聘金的仪式。如在漳州，送定时，先将"定帖"和商定的礼品，如香烛、鞭炮、铅钱、布料、冰糖、面线、橘饼、槟榔、荖叶、莲子、猪肉、礼饼、花生糖、烟酒、戒指、首饰等送到女家定聘。待嫁女在女家的长辈陪同下出来奉甜茶，客人应送"压茶瓯"的红包。然后，男家的长辈给端坐于厅堂椅子上的准新娘戴上戒指等，媒人得在旁边"唱好话"，念喜句，如"坐得正，才会得人疼（爱）"等。双方还需订立婚书，并办订婚酒，男家走时，女方要退回一些礼品，并送十二样具有象征意义的礼品，如连巾、橘子、石榴花、花生等。此外，也得回"定帖"（女方的定帖称"凤帖"）与婚书。这以后双方家庭就以亲家相称，逢年过节，男家要向女家送礼。

泉州人也如此，在择定的订盟日子里，男家会带金银戒指（缠以红线）、糕点、水果等礼品前往女家，在待嫁女献茶后，给待嫁女戴戒指，并订立婚书等。女家也需要回礼，礼品中有芋头、姜母、双连巾等具有象征意味的物品，而且回礼应比来礼多些。此外，男女双方各将所收的礼物分赠各自的亲友，以报知自家孩子的婚事已经确定。

在惠安一带，送定时，男家要送给女家80~120朵花、4钱重的金戒指或金项链、聘金等。女家接受后，要把花送给自己的亲属与亲戚，表示女儿有对象了。同时，也要回送一些糖果、饼干、金光豆和面线给男家。男家也将这些糖、饼、金光豆送给亲属，表示男家有对象了。当天男家还要宴请媒人和亲戚，特别是外祖母家的亲戚。

台湾的闽南人也一样，如台北的闽南人送定时，往往要带红绸（庚帖）、金花、金戒指、铜戒指、金耳环、羊肉、猪肉、香烛、鞭炮、俗称"大饼茇花"的礼饼、糖果、莲蕉花盆（取意连生贵子）、石榴花等去。到女家后，先将礼品放于女家神明祖先案前供奉、祭拜，然后，由待嫁女出来为男方亲属献甜茶，男家则各送红包"压茶瓯"。接着由男家在女家厅堂里为待嫁女举行"挂手指"之仪式，戴上金、铜两个戒指，后者象征夫妇同心同德之意。"挂手指"仪式结束，也表示订婚仪式礼成。此时，女家需祭拜祖先，以此喜讯告知神灵祖宗。男方告辞时，女家也需要回礼，其中主要有香蕉、凤梨、芋头、红柑等，此外，男方送来的礼物也需收一部分，退回一部分。然后，将男家送来的礼饼等分赠自家的亲戚朋友，告知女儿已订婚，并在此后开始准备嫁妆，此俗称"分饼"。男家回家后也会分饼给自己的亲戚，告知儿子的婚事已定。

昔时，送定时定下的盟约，如婚书或口头的婚约具有某种法律约束力，相当于现代的结婚证。定亲后，若女子在正式结婚前去世，男子仍应认其为结发妻子，以后另娶他人，也只能算是续弦，男家也不得追回聘金、财礼等，而且与女家仍以亲家的关系来走动。当然，即使有约束力也还会有悔约之事，但人们也规定，如果男方在定亲后悔约，不得索回聘金财礼，给女方经济补偿；而如果女方在定亲后悔约，则应将聘金、财礼等退还男家。悔约必须理由充分，能让社会接受，否则会受到社会舆论的谴责。

五、送年、送节

送定后，男女两家的姻亲关系就确定下来，男女两家就开始以亲家相称，以亲戚关系来往，在还未举行亲迎仪式之前，遇到过年要"送年"，遇到节日要"送节"。过去一般男家要送些猪腿、大米、衣料之类。女家也得回送些面线、鸡鸭蛋之类。近年来送的东西也发生了变化，如在泉州，遇到端午节，男家会送猪脚、酒、面线、粽子、果品等给女家，女家则回送香料、折扇和果品等给男家。此外，送定后，如果因故两三年内还不能结婚，则男方每年都要给女家"送年"，昔日一般是送几块较好的布料和大量的食品，如在崇武地区，过去送年时要送 48 斤猪肉和 4 瓶好酒，而女方则不用回礼。最近也改为送一些钱，让女家自己去购置。

六、送大定

送大定也称过定、纳彩、大定、大聘、行聘、完聘等。它一般在婚礼仪式前才进行。当男家决定要举行婚礼，并征得女家同意后，男家就要送彩礼到女家。有的地方彩礼包括婚书、牲醴、聘金（闽南人的聘金中常有 8 和 2 两个数字，因为在闽南方言中，"82"与"八字"谐音，这表示"好八字"之意）、首饰、布料、衣裙、礼饼、全猪、酒、鸡鸭、槟榔、贡糖、红圆子和其他糕点等，其中礼饼、贡糖和糕点的数量由女方确定，以保证足够分发给女方的亲友和邻居。女方不能全收，要割下猪脚、排骨让男家带回，此称"压篮底"，同时，也需回一些礼，如定亲新郎的衣服、笔砚、鞋袜以及一些连蕉、芋头、桂花、石榴等，以象征连招贵子。

在惠安崇武，完聘时的礼饼用糕来替代，通常都要做四床糕（每床 10 斤米的量），敬过祖先后，送到女家，故完聘也称"扛糕"。女家收下，敬过自家的祖先后，要先退还半床所谓的"仔婿糕"给男家，其余则切块分送给自己的亲属、亲戚和朋友，通知他们，女儿快要结婚了。接着，男家请媒人把在送定时商量好的聘金送到女方家。把写有女方生辰八字的红纸带回男家，以便让男家去找"卜日师"选择"和床"、"开剪"、婚礼等的日子与时辰，以及应注意的事项等。

在晋江、泉州一带，除聘金和其他象征性的礼物外，聘礼中要分送亲戚朋友的礼饼以俗称"花包"的大包子替代。一个"花包"约重一斤左右，内以冬瓜条、花生、白糖、肥肉为馅。昔时人际交往的范围较小，所以 120 个到 160 个就足够，而现在由于交际范围扩展，有的人家需要四五百个，甚至上千个。而在龙海，则以花生贡糖和香脯糕作为礼饼的替代物来分送给亲友，通常都需要二千份到四五千份不等。而在厦门，过去用的是马蹄酥饼为礼饼，现在嫌麻烦，都改为到饼家买些饼票送过去，每份 20~30 元不等。有的人也折成钱，以红包方式送过去，由女家自己买饼票，分送其亲友。

居住在台北的闽南人也如此，在完聘时，也是带着商定好的东西，如礼帖、婚书、聘金、大饼茗花（礼饼，60~240 份不等）、冰糖、冬瓜糖、橘饼、柿饼、面线、羊肉、猪脚、福圆、糖仔路（用糖做成塔形、鸳鸯形等）、阉鸡两只、母鸭两只、大烛一对或数对、礼香数束、盘头裘裙（新娘的礼服）、手环、戒指等，吹吹打打送到女家。聘礼到后，女家放炮烧香，奉告神灵祖先，设宴招待男家客人，并把坤书（女方的婚书）交付媒妁，并约定婚礼事宜。对男家送来的礼物，按规矩，有的要原样退回，有的部分退回，如福圆、阉鸡、母鸭应退回去；猪脚则留下肉，猪蹄得还回去。同时，也需要回一些其他礼物，如礼饼、新郎时装、鞋袜、刺绣和一些具有象征寓意的物品，如红柑、香蕉、凤梨、芋头、五谷等。完聘后，女家将大饼分送亲朋，告知自家女儿即将结婚。亲戚朋友收到这礼饼，都会来为新娘添妆。

七、送日

"送日子"也称"送日帖"、"送盘担"等，其主要的内容就是将写明婚期、上轿时间、进门时辰、相克生肖的所谓"日帖"送到女家。当两家确定大体在某个月份举行婚礼后，男家就得拿着男女两家父母、祖父母甚至兄弟的生辰八字，去请择日师择定婚娶的具体日子、新娘上轿的时辰、进门的时辰，并推算婚礼举行时哪些生肖的人需要回避，以免相克。当这些择定好后，男家就应在结婚前一个月内，将择定的"日帖"送给女家，此时，要备一"盘担"（也称"轿前盘"、"屎尿盘"等），除了婚书、礼帖、日帖等外，还要随送红烛、鞭炮、猪腿肉和面线各几十斤，鸡两只，酒两锡壶，以及浮捏有龙凤、花蕊，并写有"二姓合婚"、"百年好合"等字样的面制大花包或礼饼几十个。有的地方，如泉州，除了食品外，还要有让新娘购买被帐的"被帐仪"，请人缝制新娘衣服的"针线仪"，让新娘化妆打扮的"花粉仪"和男家送盘担过去时女家答谢用的"盘仪"等。有的地方，在送日帖时，也把红袄裙等送去，以供新娘出阁时穿戴；有的地方则等婚礼的前一天才送去。有的地方还要在这天送一个新的米筛，上画有红色的八卦，并写有红双喜字，亲迎时，挂在花轿后面以制煞避邪，新娘进门时，则用于遮新娘。而对男家送来的东西，女家也应退回一部分，并另送一些礼品，如礼饼、新郎的鞋、帽等和一些具有象征意义的东西，如五谷种、木炭（"生炭"与"生传"谐音，象征善于生男育女）、带芋子的芋头（表示子子孙孙团聚在一起、多子多福的意思）等。

八、添妆与添丁

送日子以后，男女两家都会将准备好的礼饼分送给亲朋，并告知何时成婚。宗亲等知晓后，都会送来贺礼，男家的亲友所送礼物与红包俗称"添丁"；而女方亲友所送的礼品与红包则称"添妆"。而且一般都会在迎娶日前送到，过了迎娶日便不再接受，否则对婚家不吉利。对亲友送来的礼金礼品，婚家都要一一登记在册，作为日后回报的依据。

有的地方告知亲友儿女即将结婚的仪式食品不用礼饼，如在泉州，用的是"花包"。在龙海，用的是贡糖与双润糕或香脯糕。而在惠安，送盘担后，男女两家都要请一些老年妇女搓一些鱼眼睛大小的"圆子"，有的还要再染上红色，然后，将它们煮成甜圆子汤，送给双方的亲属和亲戚。亲属与亲戚见到此就知道某人即将结婚，就会前来"贺礼"。由于该地的闽南人"送路"或"分饼"用的是圆子，所以也俗称为"分圆"。

在石狮永宁等地，"分圆"是在婚礼的前一天。新婚前一天，新郎家要请左邻右舍的阿姆、阿婶来帮忙搓红白相间的圆子，煮熟后，挨家挨户分赠邻居、宗亲和亲戚、朋友等，以示报喜，俗谓之"惠圆"。人们吃到这种红圆就知道某家要办喜事，就会备好红包礼仪，前来祝贺。此外，当天准新郎还要带上红圆，亲自到外公家的祖厅拜公妈、贴红联，把红圆送给外公家，让他们分送给其宗亲与邻舍，此表示不忘外家辅育之恩，同时也是向外公家报喜，表示外孙已培养成人。

九、和床、开剪

送盘担之后，通常在结婚前举行"和床"与"开剪"仪式，其日子与时辰，甚至床的方向都由择日师择定。和床也称"安床"，其是根据择日先生择定的方向和注意事项，把床架和床板安装好，并布置洞房。通常要请一位儿孙满堂的"好命人"主持其事，安装好床铺，挂上蚊帐，摆设各种东西，并在床头、床尾与床脚安放铜钱。昔日床安放好后，烧香祭拜床母，并口诵些吉祥喜句，然后放鞭炮结束仪式。有的地方，到晚上还要祭拜一下床母。而且，床安好后，要请一两位小男孩（属龙最好，属蛇切忌）爬到新床上翻滚嬉闹，以希望新郎早生贵子，此俗称"滚铺"或"翻床"。有的地方新床安装好后，不可单人睡在上面，安床的当天晚上，就得请一位与准新郎辈分相同的男孩（属龙最好，属蛇切忌）与准新郎同睡，一直到婚礼前一天。有的地方也称此为"滚铺"，同样具有预祝新人早生贵子的意义；有的地方则称"暖房"。

"开剪"也称"开铰刀"或"裁衣"，多数地方是做新郎、新娘的礼服与"上头衫仔裤"（上头时穿的衣裤），但有的地方只做新郎新娘的上头衣。双方都在卜日师择定的开剪日子里在自家的厅堂中，把布料等置于神灵、祖先神位前，烧香点烛放鞭炮后，由"牵新娘者"动剪制作。昔时有的是各自在自己的家中裁剪、缝制他们的白色内衣裤（"上头衣裤"）和婚服：男性的为长袍、马褂、黑布鞋；女性的为红袄、红裙、霞帔和绣花红鞋，其上还得绣上"卍"字纹等，表示吉祥如意，此俗称"拍万字"；有的地方全由男家负责婚服的制作，然后再将新娘的婚服与"上头衣裤"在婚礼前一天送过去，此俗谓"送袄裙"。现在这种"上头衣裤"都是现成的衬衫等，只不过在领子下粘一小块布。开剪时，先将衣服供奉在祖先神位前，点烛烧香后，把粘上的布剪掉，再焚金放鞭炮，以表示仪式完成。而婚礼穿的礼服则多去商店里购买，有的则是租借的，如新娘婚纱和新郎的燕尾服。

十、挽面、拜公妈

"挽面"也称"开面"，通常在结婚前一两天进行。昔日，闽南人的新娘出嫁前，需择日在女家的厅堂中祭拜神灵、祖先等，并请乡里较有威望且儿孙满堂的"好命"老妇来给新娘"挽面"，即将新娘脸上的汗毛，用线一点点地绞干净，以便区别于未婚姑娘，所以，它带有女子成年礼仪的意味。然后，有的还替新娘梳头，边梳边念好话，帮她梳成俗称"牛屎粑"的髻，并插上如意簪。最后，"开面"后的新娘还得祭拜天地、家神、祖先以及父母尊长，表示已经成人，行将出阁。

有的地方在结婚前一天的清晨，男家要备一小桶圆子汤，让新郎带着到外公家"拜公妈"，即到外公家贴红联和祭拜母亲家的祖先。拜完后，这桶圆子就留在外公家，让他们送给自己的亲属、邻居。

十一、上头

结婚的当天，男女双方都要举行"上头"仪式。新郎通常在婚礼当天的黎明时，而新娘则在上轿之前在娘家的大厅中举行。新郎由"牵新娘者"（"好命"或"十全"的老妇）为他举行。如在石狮永宁一带，娶亲当天凌晨，新郎需在祖厅里"上头"，祖厅的神案上要供上三碗红圆，为新郎上头的长辈必须是属龙的，上头时需要"念四句"，即念一些吉祥如意的句子，如"上头上一起，红凉伞，金交椅；上头上一完，生子生孙做状元；上头上一双，生子传孙做相公；上头上一对，千年姻缘大富贵"等。在同安，如果新郎家过去有向神明许愿，婚礼那天的一大早，就得先做"敬天公"或"谢神"的仪式。由于婚礼要请客，需大量的猪肉，所以，要举行婚礼的家庭通常都要杀一两头猪来应付，因此在此时"敬天公"或"谢神"，往往就会用整头生猪来祭祀天公、三界公等。敬完天公等神明，新郎才在自家的厅堂中做"上头"仪式。

新娘的上头仪式多在其家的厅堂中举行。新娘应先用香花、石榴枝叶等草药煮的香汤沐浴"洁身"，家人则在厅堂地上放一个"爬篮"（大的竹筛），中间放张椅子，底下放一米斗，此为新娘上头坐的椅子。新娘沐浴后，出来坐在椅子上，由她的长辈或

"好命"的老妇为她上头、簪髻、戴
春花，并插上一些象征物，如插石榴
花心叶表示多生贵子，插早稻穗表示
早得贵子，插茉草或插加一小块生铁
的木匠的墨斗笔以避邪（有的地方俗
称其为"铁彩金箭"）。有的地方还
会生一风炉火，新娘出阁时要带的和
穿的东西，要放在画有八卦的竹筛
上，在风炉火上过一过，使它们"洁
净"。晋江、石狮一带的新娘是在其
祖厅里上头，其做仪式时，需在祖厅
的八仙桌的四角各摆上一粒红圆，此

图22　给新娘"上头"

称"桌角圆"。新娘上头时，由有福之"好命"老妇为其梳头戴
花，上头时也需念四句，如"新人头插花，入门好夫妻；新人头
插艾，入门得人疼"等，以示吉兆。（图22）然后，戴上亲戚、
好友送的金首饰，实在戴不上了，才放在箱子里带去。

在漳州，新娘上头、打扮完，还得与家人一起吃告别酒宴，
宴上通常有十二碗菜肴，俗称"十二碗圆"，食后，新娘郑重与
家人告辞，然后退入内室，等候新郎家的婚轿来接。在台北，这
种与家人的会餐称"食姊妹桌"。

十二、迎亲

迎亲也称迎娶、亲迎、接新娘等。迎娶的时辰到了，男家就
派花轿到女家迎娶新娘。有的地方新郎要随花轿一起去接新娘，
如厦门。但有的地方新郎不随花轿去，而是由媒人带着新郎的弟
弟（叔爷）等迎亲客去接新娘，如同安、惠安等地都是如此。有
的地方则看经济情况定，如台北的闽南人迎娶新娘有单顶娶和双
顶娶两种方式。单顶娶，即新郎在家，不去女家亲迎，而由媒人

领新娘轿与迎亲客至女家迎娶；双顶娶，即男家备"仔婿轿"、新娘轿双顶，新郎乘轿前往女家亲迎。① 但在现代社会，许多地方都改为用几辆装饰一新的小轿车去接新娘，而且新郎多数都亲自去女家接亲。

如果新郎去女家接新娘，在去之前，通常其父亲会带着他在厅堂中祭告祖先并加以训诫后才让他出门。在做仪式时，父母站立于神案的两旁，新郎则下跪上香叩首，然后，父亲端起酒杯向外酹祭天地，接着，再转向祖先牌位，换个杯子斟酒给新郎。新郎再次跪下，听父亲的训诫，如"今日是汝娶某（妻）的吉日，今后汝当上承宗祧，下惠家政，汝要勉之"等，新郎接过酒杯听训后会答曰："谨遵庭训，勿敢违命。"说毕，饮空杯中之酒，再向祖宗牌位叩首四次后起立。然后，由父亲用画有八卦的米筛遮住他，送他出厅、出大门，上轿或现在上轿车去岳家迎亲。

男家的迎亲队伍一般都会按择定的时辰到达新娘家，停在大门外，如有请吹鼓队去，就在大门外起劲地吹奏，迎亲者则放鞭炮，并叫门。女家一般不会马上开门迎接，因为俗认为这样才能留住财气，所以常要拖延一下。在这样的情况下，迎亲者要好言相劝，请女家快开门，有时还得从门缝中塞红包进去请求女家早点开门。但一般都要等迎亲方放过三轮鞭炮后，女方才打开大门，鸣炮迎接迎亲者，并以甜的鸡蛋茶招待。经迎亲者再三的催请，新娘穿着红袄裙，带着避邪用的小铜镜，从内室出来，向神明、祖先及双亲等辞行。这时，新娘的父母要举行"劝嫁"的仪式，父亲通常训诫跪在厅堂中的女儿说："汝以后应勤劳细心，听'大官'（公公）、大家（婆婆）的话。"母亲也会告诫女儿说："必敬必成，勿违厄婿。"女儿则回答："谨遵双亲教诲。"然

① 《台北市志》，转引自丁世良、赵放主编：《中国地方志民俗资料汇编·华东卷（下）》，书目文献出版社1995年版，第1400页。

后，喝下父亲递给她的酒，并再向神明等叩拜后起身。这以后，父母为其覆上盖头，并用"米筛笠"遮着新娘出厅上花轿。

新娘临上轿时通常都要放声哭一会儿，此俗称"哭嫁"，以表示对娘家的眷念，民间认为新娘出阁时大哭是吉兆，故也称此哭嫁为"哭好命"或"哭兴旺"。上轿后，新娘才渐渐停止哭泣，并从轿子里扔出一把纸扇，此称"放心扇"或"放性地（脾气）"，其意义据说是改掉不好的脾气，同时也象征不把娘家的风水带走。新娘上轿后，其父亲要拿一碗含有净香的水从轿上泼去，或泼到轿子后面，此象征嫁出的女儿就像泼出去的水收不回来，希望女儿不会被夫家轰回来。当花轿起行，女家应立即关上大门，或用米筛笠挡门。

昔日，正常的迎亲队伍称"红灯四轿"，走在最前头的，是扛着一根上挂有一块猪肉的"透脚青"竹子的人，他是女家派出的，他扛着竹子走在迎亲队伍前，此俗称"拖竹蓑"或"拖青"；据说此象征着新妇是贞节的，也表示新妇是初嫁。其竹上系的猪肉则是防止白虎神等邪神的。"拖竹蓑"的后面是"媒人轿"，内坐着媒人。此后，是"舅爷轿"和"叔爷轿"，"舅爷轿"里坐着新娘的弟弟，轿上应挂着一对写着女家姓氏的大红宫灯，此灯也俗称"舅仔灯"或"新娘灯"，到新郎家后，此灯应挂于男家的厅堂或洞房中。除了新娘的弟弟奉命送嫁外，还有一个男孩跟在轿子后面走，俗称"跟轿后"；他们俩都可称为"阿舅仔"或"舅爷"。到了新郎家，他们应被请去入席坐"伴房桌"，男家还要给他们红包。不过，有的地方则全是新娘的伴娘去送嫁。"叔爷轿"中坐的是新郎的弟弟，其轿上也挂着一对大红宫灯，上写男家的姓氏。其实，昔日多由"叔爷"去女家迎亲，而新郎一般都不去。但如果新郎去了，这轿子就是新郎坐的。在"舅爷轿"和"叔爷轿"后才是新娘坐的花轿，俗称"尪仔轿"，因花轿上装饰有许多雕刻的花鸟人物等。有的花轿前还有"幼吹队"，后面则跟着新娘的嫁妆，一路吹吹打打鸣炮前往男家。现在，有的地方的嫁妆还可能包括以下一些传统的东西和现代的东西，如给男方家中每位成员（新郎的爷爷、奶奶、父母、兄弟姐妹以及关系密切的姑姨舅婶等）一人毛巾两条（上要绣有红线），女成员另加一对春花；给公公和新郎各一条肚兜，婆婆鞋一双；贴着双喜的红箱一只，箱角垫红色东西，内放钱币、缘钱、红纸包裹的新镜子（买回后即包裹起来，不可用，婚后才用）、梳子、针线盒、给新人用的毛巾、脚巾；冬夏睡衣裤、内衣裤各两件，绣有缘线的花帕、饭巾；脸盆、脚盆、牙杯、牙刷、牙膏；枕头一对，毛毯一条，被子一条；内装红枣、桂圆肉、红糖的糖盒一只；内装有红枣、花生、橘子、莲子糖的果盒一个，茶盘一套；内放红糖丸、六粒桂圆、一包五谷、两节用红纸包裹的木炭的红桶一个（此替代了过去的马桶）；此外，还有各种电器，如电视、冰箱、洗衣机等。

十三、入门

花轿到男家后，男家要鸣鞭炮迎接。轿子一般都先停在天井中或大门外，入门时辰到时，新郎、牵新娘者和"叔爷"来到轿子边，先由新郎"踢轿门"，或用扇子猛地敲一下轿子，使新娘吓一跳，俗信这样做后，新郎不会惧内。随后，新郎撕掉轿门上的封条即离开，并不亲自牵新娘出来；由"叔爷"拿着盛有两粒柑子的红漆盘请新娘出轿，新娘下轿应赠予红包。接着，媒人先于新娘进门，进了门就撒"铅钱"，边说："人未到，缘先到，嫁到某厝，一家大小疼透透"，由"好命"的牵新娘者用米筛笠或雨伞遮着新娘随后步入大门，边走也要边念喜句，如跨大门槛时说"过户磴，有吃又有穿"。而跨厅堂口的"风炉火"时，则念"过火熏，年年春，明年抱一个查埔（男）孙"或"跨得过，夫妻好合百廿岁"。入大厅、洞房时念"新人入大厅，富贵好名声。

新人入洞房，幸福一世人"等。有的地方新娘入门时，地上要铺些米袋之类的袋子，此象征"传代"。（图23）

图23　新娘入门

到厅堂时，由俗称"管事"的婚礼主持人边撒谷粒边念喜句，引导新娘与新郎在香案前并立，然后高声唱礼拜堂。昔日，拜堂时主要有三拜，即面向门外跪拜的拜天地；向着厅堂中供奉的神明与祖宗牌位跪拜的拜祖宗；夫妻面对面跪拜的夫妻对拜，并没有所谓的"拜高堂"之实。因为闽南人认为此时新娘的口是"虎口"，带有一些外来的"煞气"，男家的亲属不能马上相见，要防止冲犯。所以，在拜堂时，除了新郎外，男家的所有亲属都不出现与围观，要等新娘吃过东西，填了"虎口"后，才能拜见公婆以及其他亲属。拜完堂后，牵新娘者将新郎新娘牵进洞房，举行"掀巾"仪式。有的地方的闽南人的入门是在半夜里，所以连拜天地的仪式都不举行，进了门后直接就将新娘牵进洞房，坐在床沿上等待举行"掀巾"仪式。

当一切准备就绪后，牵新娘者请新郎"掀巾"，用秤杆挑去新娘头上的黑色或红色的盖头，在掀巾时，牵新娘者也要念喜句，如"从前掀到后，二人吃到老老老"等。接着，就举行"合卺"仪式，在洞房里设一"新娘桌"，上摆十二碗菜，象征十二个月月月圆满。牵新娘者往一对用红线连接的酒杯里倒酒，让新人互递酒杯，同饮合卺酒，同时也为新人搛菜，每搛一道也需要唱一句与菜肴相关的喜句，如"吃猪心，夫妻恩爱结同心"；"吃猪肚，好性素"；"吃猪肝，新郎发财做大官"；"吃鸡，百岁和合好夫妻"；"吃鸭脚，新郎明年做阿爸"；"吃青菜，大吉大利随时来"；"敢吃咸，千子千孙个个贤"等；而新娘与新郎也互相搛菜给对方吃。

有的地方则以"吃结房丸（圆子）"代替喝合卺酒。如在晋江、石狮一带，新人进洞房后，牵新娘者就会叫一名男童捧来两碗甜的红圆子汤，并唱一句祝福喜句："阿兄阿嫂来吃丸（圆子），吃后全家团团圆。"新人并排坐在床沿上吃，牵新娘者则在旁唱喜句，如"夫妻同饮福丸汤，同心同腹同肝肠；夫妻食到百廿岁，双双偕老坐琴堂"等。新娘新郎各吃两个汤圆后，互换碗，再吃两个，这是取"成双配对"、"交杯换盏"之意，也象征亲密无间，此时牵新娘者又会念道"交杯换盏团团圆，夫妻恩爱乐相随；老君送来麒麟子，明年生得状元儿"或"吃圆吃得全家圆，夫妻恩爱到百年；观音送来状元子，王母送来大官儿"等。最后每碗剩两个，并把两个碗相扣，放于床下，表示和合。有的地方的闽南人则以喝茶叶茶、鸡蛋茶和桂圆干茶等来替代合卺酒。

有的地方将喝交杯酒的仪式称"食新娘圆"，但吃过汤圆后，还要吃十二样菜，如台北新娘新郎进洞房后，先吃汤圆，并同样需互换着吃，以象征合卺之意。然后再吃"新娘桌"，吃时，"好命"的送嫁姆也得唱闽南方言押韵的喜句，如："食鸡，才会起家"；"食鱿鱼，生子好育饲"；"食猪肚，子孙大进步"；"食鹿，全寿福禄"；"食肉圆，万事圆"；"食鱼颔腮下，紧（快）做老爸"；"食鱼尾叉，紧（快）做姑家"；"食福圆，生子生孙中状元"；"食芋，新郎好头路，新娘紧（快）大肚"；"食红枣，年年好"；"食冬瓜，大发花"等。

由于闽南人各地习惯的亲迎时间不一致，如厦门人习惯在婚礼那天子时后去迎亲，此俗谓"入门乌，生查埔（男孩）"。同安人通常在婚礼那天的下午近黄昏时才入门。而有些地方则习惯在婚礼那天的午时前入门，如惠安等地。所以，各地宴客的时间也不同。以午时前入门的地方看，亲迎日，中午所请的客人，都是女方来送亲的人，到晚上所请的客人则是男家的亲属等。例如在惠安，亲迎日中午在厅堂请客，新婚的"伴房桌"也设在厅堂的左边，但新娘不入席，也不出来谢客。请客时，先放鞭炮，接着上第一道菜，这时新郎要到主桌上"起箸"，即拿筷子把菜夹一下，就正式开宴，宴席结束时也需要放鞭炮。新娘虽没有出房，但"伴房桌"上需放一个碗，每道菜由牵新娘者夹一点放进去，此为"新娘物"，意思是给新娘吃的，宴后端给新娘吃，给她填"虎口"。有的地方，如在同安马巷一带，新娘也上婚宴，但当宴席上"同安封肉"这道菜时，新娘要请婆婆入席，坐在自己的位置上，说"阿母，请过来，高椅坐，低椅搁脚，吃饭配猪脚"而敬奉婆婆。有的地方新郎新娘都不上桌吃，在洞房里"共牢而食"，酒过三巡，新人才由送嫁姆、管事或家长陪同出来敬酒。

现代城市多在酒店办婚宴，而且是男女双方家庭合在一起办。厦门的婚宴一般有12道菜，头一道和最后一道都是甜汤或甜品，象征头甜尾甜，甜汤也需要取吉祥的名字，如红豆沙甜汤为红运当头。常见的热菜是龙虾、鱼和虾，龙虾代表吉祥，鱼预示喜庆有余，虾因闽南话谐音"哈"，与笑声相同，所以也是代表着欢喜的意思。用红枣、桂圆和莲子制作的菜品叫作"早生贵子"。主食炒米粉或炒米线多加入韭菜等，寓意"天长地久"。在婚宴上，第六道菜一定是整只鸡炖的鸡汤，如加入鹌鹑蛋，菜名就叫"彩凤育新苗"，如加人参，就是"游龙戏凤"了。通常这道菜一出，新郎和新娘要出来敬酒，因为，在闽南话中，"鸡"与"街"谐音，表示新人应"出街"接受大家的祝福。

十四、闹洞房

如果新娘上午入门，中午通常宴请女方来送亲的客人，下午他们多数都返回；晚上才宴请新郎家的宗亲、亲戚与朋友。宴后，多数地方的闽南人都有俗称"吵新娘"、"食新娘茶"或"闹新娘"的闹洞房的习惯。

在过去，去闹新房的人必须通些文墨，因为他们在闹新房时必须念唱闽南方言押韵的吉祥话，此俗称"念四句"，如不通文墨，恐怕难以应对这个场面。如闹洞房时新娘拿出冬瓜糖来待客，客人得念："冬瓜糖甜甜，给汝明年生后生。"或者"新娘好人才，嫁妆随后来，绣枕两边排，生子做提台"等。喝茶时，也得念"头碗饮乾乾（干净），明年生卵泡"等。台湾的闽南人也如此，他们也在婚礼晚上去"闹新娘"，目的是看看新娘。当新娘捧出甜茶、蜜饯、冬瓜糖等出来待客时，贺客要念喜句，饮毕，新娘来收茶杯时，也要"念四句"。

如当新娘还未出现时，贺客会念"请新娘出房"的喜句，如："新娘还在房间内，不知是在做何事，人说新娘生真美，汝嘛出来阮看觅。"或者"人客坐归厅，听着瓯仔声，新娘在准备，有食勿免惊（不要怕）"。或者"新娘与新郎，还在新娘房，不可给阮等，甜茶着紧（赶快）捧"。或者"亲戚朋友来贺礼，不识新娘何一个，大家都在大厅坐，等待要食新娘茶"。当新娘捧出茶，大家也会按年龄、辈分的大小推让，这时，也许念："新娘美貌似天仙，天地注定好姻缘，在厝父母好教练，应该敬老后少年。"而当接了新娘的茶时，又会念："来食新娘茶，二年生三个，一个手内抱，二个土脚爬。"或"新娘女德好品行，学校教过女学生，甜茶相请真钦敬，配夫发达万年兴"。或"新郎真美似小生，新娘真美似花旦，今年来请食甜茶，明年抱后生相看"。或"茶盘圆圆，甜茶甜甜，二姓合婚，冬尾双生"。或"新娘真美真好命，外家内家好名声，吉利甜茶来相请，恭贺金银满大厅"。或"新娘与新郎，鞋红衫亦红，何一瓯较甜，汝报阮来捧"。或"两姓来合婚，日日有钱剩，给汝翁姑官，双手抱双孙"等。在吃茶中的冬瓜糖或盘中的冬瓜糖时，也会念四句，如：

"新娘真贤内，冬瓜捧者多，大家提去食，不可加讲话。"或"冬瓜冰糖食甜甜，要给新娘生后生，翻过新年大挣钱，一家和顺团团圆"。或"冬瓜捧一捧，诗句着紧讲，若有更再来，阮才直直讲"。或"冬瓜是菜，夫妻恩爱，子孙昌盛，七子八婿"。或"来被新娘请冬瓜，一对美丽好夫妻，新人可比凤凰鸟，新娘可比牡丹花"。或"冬瓜食过讨槟榔，食着槟榔较甜糖，新娘理家贤打算，三多九如庆十全"等。当新娘来收茶杯时，贺客得奉上红包，同时也得念四句，如："新娘好学问，儿女好诗韵，茶瓯收起返，翁姑着孝顺。"或"要压茶瓯紧来收，新娘新人真自由，提钱给你添福寿，二姓合婚配千秋"等。待闹腾差不多了，贺客就告辞了，这时也要用喜句的形式表达，如"新娘真古意，闹久会生气，大家量早返，给伊变把戏"等。

有的地方则既有"文"的，也有"武"的，如石狮永宁一带昔日的闹洞房就是如此。永宁人闹洞房俗称"绞糖"，它在娶亲的隔天晚上才开始，有时甚至可能连闹七日，由于闹洞房时，不论长幼均可以尽情嬉戏喧闹，毫无拘束，故俗谓"七日内无大小"。入夜，新郎的兄弟或年轻伙伴提着汽灯挨家挨户邀请邻居或堂亲前来"绞糖"。客人来时，多会携带喜炮，在大门口鸣放一番，表示祝贺，也向新人报知，外面有人来闹新房了。

石狮永宁人闹洞房时，首先要由一位擅长文辞的人为新人"添灯"，此寓意祝贺新人早生贵子。此人需先点燃红色的蜡烛，插于挂在橱柜上的"玉笔灯"和挂在床上的"红枣灯"里，边插需边随口吟诵吉祥的喜句，如"玉笔点辉煌，今夜闹洞房，明年生贵子，必是状元郎"。或"一对蜡烛红滋滋，天上送下麒麟儿，今日亲友来贺喜，明年双手抱孩儿"等。

此一寓意"添丁"的仪节后，由俗称"阿姨"的伴嫁娘带着新娘来给客人敬茶。由于新娘不认识新郎家的宗亲与亲戚，均需由伴嫁娘先问明客人姓名、辈分，再由新娘呈上茶盅，一一称呼：某某伯、某某叔请茶。有的爱开玩笑的客人，故意把自己的名字叫得古里古怪，新娘叫起来，非常别扭，有时新娘也会忍俊不禁。而当新娘来收茶盅时，有的也需念些吉祥如意又诙谐调侃的喜词，如："新娘缴你茶，给你一年生一个，一个手中抱，一个土脚（地上）爬"等，有时会将新娘臊得满脸飞红。

然后，闹房者才开始俗称"绞糖"的戏新娘的活动，所谓"绞糖"，就是取红线一根，把花生糖或冬瓜糖缚于中间，新娘和新郎各咬住红线的一端，慢慢把红线一小段一小段嚼入口中，二人要同时咬到中间的花生糖或冬瓜糖才算成功。有的人不留神还会咬破对方的嘴唇，而引来哄堂大笑。过桥，则是将两条长椅相接，令新郎牵新娘从上边走过。钓鱼，则用细线钓着糖果或冬瓜糖之类，让新娘新郎互咬而亲嘴。这时，闹洞房者还会同声吟诵起民谣，如"冬瓜皮青，用糖蜜甜，新郎新娘，亲亲嘴边"等。总之，闹房者用尽各种方式作弄一下新娘新郎，使得洞房里荡漾阵阵欢笑。

现在多数地方都比较开放，以戏弄新娘为主。有的地方等闹新房的人都走了，才由小叔子捧进"合房圆"，两人吃完后，牵新娘者才退出，让新人就寝。有的地方则在这时吃"猪腰酒"等。

十五、敬茶、插花

昔日，在闽南大多数地方，新娘进洞房后，一般三日都不可以出洞房的房门，只有在第三天清晨举行拜神、拜祖或"谢天"仪式时，新娘才随新郎出来，双双拜天公、家神，然后，才给公婆和亲族尊长敬茶，以及与幼小的弟妹见面，敬茶时应为婆婆等插花，并将娘家带来的毛巾、鞋子分送给亲人；此外，还要去村庙、祖厝祭神、拜祖，熟悉夫家村落的环境，此俗称"出厅"。当然，有的地方在第二天就可以出来，不过，也有的地方甚至婚后七日里都不出洞房门。

有的地方的闽南人新娘出厅后，还得由牵新娘者陪着先下厨房，熟悉厨房的情况，如摸一摸筷子筒，搅一搅泔水桶，拜一拜灶君，然后煮四果汤或桂圆干、蜜金枣沏成的甜茶等，去敬茶。新娘做每件事的同时牵新娘者也得念闽南话谐音的喜句，如摸筷子筒时念："摸箸笼，才会知头重。"其意是应善于侍奉长辈。新娘搅泔水桶时，要念："搅渍（泔水）浮，饲猪较大牛。"摸灶头时说"牵新娘摸灶嘴，万年大富贵"；"牵新娘摸灶额，永远有的吃"。拜灶君时念："拜灶君，起火勿熏，煮糜紧滚。"当新娘拿起豆子时，她就念："吃豆，吃到老老。"拿起鱼时，会念"吃鱼尾叉，紧做大家"等。然后，新娘用自己煮的甜茶等为家中的尊长们敬茶。有的地方，下厨后就可以偕夫婿回门了。

有的地方的闽南人如漳州人在婚后第二天就可以下厨房，既熟悉厨房，也亲手煮四果汤（红枣、桂圆、莲子、花生），然后用此甜茶举行当地俗称"拜茶"的敬茶仪式。而在有些地方，敬茶、插花的仪式在婚礼的当天就进行。如在惠安，中午的婚宴结束后，新娘也吃了些东西，这时，牵新娘者就会带领公婆倒退着进新房，坐在床沿上让新娘给他们敬茶，随后，新郎的兄弟、亲属、亲戚也按顺序进来，让新娘在洞房里敬茶，并相互认识一下。其中女客还需要插一朵红色的春花。敬茶或插花完毕，每人要送一个红包给新娘，此俗称"答赠"。

十六、探房、回门、请女婿

在一般情况下，结婚后的第三天清晨，新娘的兄弟或姐姐、伯母、叔母就到男家"探房"，并将新娘带回去"返厝"或"归宁"。当天晚上，仍由夫家派人带一顶普通轿子，到女家将新娘接回。如在漳州，迎娶的第三天，新娘的弟弟要带着糖果、饼、香粉、抹头发的茶仔油、鲜花、纸制的石榴花等来"探房"。他到男家时，径直入洞房，将礼物放在床上，并邀请姐姐回娘家做客，邀请姐夫到岳家做女婿。男家要设宴招待这位"阿舅仔"，并馈赠红包。然后，有的新娘新郎就在当天带着礼物，如香烛、礼炮、礼饼、猪脚等，跟着新娘的弟弟回娘家，当天晚上就回来，有"暗摸摸，生查埔（男孩）"的寓意。归宁回来时，娘家也要回赠礼物，如布料、上插石榴花的甜糯米饭、一对连根带叶并箍上红纸的甘蔗，此象征"好头好尾"，一对脚绑红布的雏鸡，其称"带路鸡"，象征"夫妇和睦相处、白头偕老"。回到夫家后，甘蔗竖于门后，鸡雏则先放于床下，看先出的是雄是雌，以卜以后头胎的性别是男是女；此外，这鸡要精心喂养，不得宰杀，让其自然死亡，以示夫妻恩爱、自然终老。

有的地方则在其他日子里从事"探房"、回门之事。如在同安，通常是在亲迎后的第四天，新娘的弟弟来探房，他会送来两朵春花，男家则回以甜点为礼物。所以，同安也称舅仔探房为"换花"。至于回门，则在亲迎后的第六天。在那天，新娘的弟弟再次来男家，这次是请新娘新郎"头倒客"回娘家，娘家要请新人吃点心、鸡蛋茶等。晚上要由夫家来人请，才回夫家。回家时要带米糕、红枣、花生、红圆、两根有头有尾的甘蔗和一对带路鸡回去。米糕分送给男家的亲堂；甘蔗竖在房门后面，象征有头有尾，节节甜；带路鸡放到床下，看先跑出来的是公鸡还是母鸡，以预示先生男孩还是先生女孩；红枣、花生则象征早生贵子和花着生，即生孩子要有男有女；而红圆则代表红红火火和圆圆满满。

在惠安，探房大体也是婚后第三天的事，但"返厝"（回门）、请女婿则一般安排在结婚后的第七天清晨。届时，新娘的姐姐或伯母、叔母会到男家，将新娘带回去"返厝"，新郎一般不跟着去。当天晚上，仍由迎亲时的阿舅仔们带一顶普通轿子，到女家将新娘接回。返回时，娘家也需赠送有头有尾的甘蔗和

"带路鸡"等。次日一大早，娘家会再派人将新娘接回，当天傍晚，新娘再返回夫家，此称"重行"。

通常在新娘"返厝"这天或隔天的所谓"重行"日，女家要请女婿去"做头次客"。如果岳家确定要"请女婿"，女婿才会去岳家，但通常会由几位朋友陪同前去，而不跟妻子一起去，而且临开筵时，他们才会抵达。新郎到女家后，要先祭拜女家祖先，接着"吃鸡蛋"，即吃碗内盛有四个鸡蛋的甜汤。但一般都不吃，只把其中一粒蛋剪开或动一动即可。然后，女家开筵请女婿，席间见到上冬粉和鸡肉这两道菜时，女婿都要起身离席出门，一会儿再回来，此俗称"见云（粉）飞，见鸡走"。

此外，按俗新娘婚后的十二天和一个月时，还应该各再归宁一次，来回均得带礼物，但其夫婿就不一定都陪同前往，而且新娘也可以在娘家多留宿几天，不必当天去当天回来。这以后，新娘回娘家就不用再拘于什么礼节了。

第二节　其他婚俗

一、长住娘家婚俗

闽南地区也存在着比较特殊的婚俗，这就是惠东女的长住娘家的婚俗。不过，长住娘家的婚俗只存在于惠安县东部的崇武、山霞、小岞、净峰、辋川等几个乡镇中，而且，在那里，只有穿着民间戏称"封建头、民主肚，节约衫、浪费裤"装束的妇女才行此俗，不是这样装束的妇女就没有此俗。另外，同样在惠东地区生活，崇武城里人却没有长住娘家的婚俗。

过去有人称长住娘家的婚俗为"不落夫家"，其实，这种界定并不准确，因为真正不落夫家的习俗只在广东省珠江三角洲地区才存在。在那里，有些妇女婚后一直到老，都不住进夫家，只有到病笃时，才到夫家等死，让夫家埋葬，这样，其名讳才可以写在丈夫的神主牌位上。有的则是死后才让夫家将其名讳写在丈夫的牌位上。至于生儿育女的任务，则由她自己或她的家族出钱为其丈夫娶进一个妾室来完成。有些妇女嫌此麻烦，她们就自己举行一个类似结婚的上头仪式"梳起"，而成为"自梳女"。这种"自梳女"由于没有丈夫，也就没有夫家，因此她们就更不用落夫家了。而她们的牌位就寄存于寺庙中，或放于她们的住所——姑婆屋中，由其养女等来侍奉。但在惠东地区，惠东女婚后虽可能有几年不住在夫家且当她们住在娘家时也会称自己"不着家"，但一旦生了头生子，她就住进夫家了，所以，她们只是长住娘家而已，而不是真正的"不落夫家"。所以过去用"不落夫家"去界定这种习俗不够准确。

长住娘家的婚礼过程也要依据传统的"六礼"进行，其不同之处主要是在亲迎之后，当然，在亲迎时，有长住娘家习俗地方的新娘，有一个举动是常有的，这就是将从娘家带来的陪嫁中表示早生贵子的象征物，如一个小泥人的头掰断，连同背孩子的背带"围巾肚"一起，扔到新床底下或后面，以表示新娘不愿意早生孩子。而其丈夫，则要把它们捡起来，放在雕花床上的衣柜抽屉里。

结婚第三天清晨，新娘吃点东西（伴房桌上为她挑出的一份，再加上一个蛋），先由"牵新娘者"（夫妇双全，有子孙的妇女）带着到夫家祖厝拜祖宗，然后返回本家，给公婆等亲人敬茶后，这才可以同夫家亲属说话。这些仪式做完后，由娘家来的人如姐妹、伴娘等接回娘家，此称"返厝"。当天晚上要回夫家，由小姑带着去挑水，熟悉夫家这边的生活环境，此俗称"探井"。第四天清晨，新娘不辞而别又回娘家，不过，按俗当晚必须返回夫家，此称"大重行"。第五天清晨新娘又一次回娘家，这次可以在娘家住上三五天再择一个双数的日子返回夫家，此称"小重行"。然后，在夫家住了一天或两天后再返回娘家，亲迎到此结束，新妇也开始在娘家长住。

在长住娘家期间，按俗，每年的春节、元宵、清明、普度、冬至等几个人们称为年节的日子和农忙时，新人应回夫家住两夜一昼，直到怀孕临产才正式住进夫家。但实际上，在一般的节日中，惠东的新人很少回去，即便夫家派人到新妇的娘家去叫她，她也会躲起来不见。但在农忙和"过正"时，她们会主动去夫家。农忙时节去夫家，是因为惠东女很勤劳，干活的事，无论如何艰苦，她们都不会推辞。不过，由于当地的可耕土地很少，农忙时回夫家帮忙做农活，很快就可以干完，一干完活她们就马上回娘家，所以农忙去帮忙时多不在夫家过夜。只有在过年时，新人们才会在夫家住上两夜一昼，因为如果连除夕与春节也不到夫家，在当地这就表示这对夫妻的婚姻已经不能维持下去了。所以，为了维持婚姻，在大年三十黄昏，她们一般都会回夫家过年，并根据当地的习俗，在正月初二媳妇回娘家"吃臭酸"时，才返回娘家居住。

按照当地的习俗，没有孩子是不能住进夫家的，所以，当新人二十六七岁还未怀孕，为了让她住进夫家，夫家就会为其抱养孩子。

新人在住娘家时称"不欠债"，有人认为这是"不为夫家出力"的意思。住了夫家后则称"相欠债"，据说这是"欠"孩子的债。在住娘家时，新妇往往会把结婚时已送到夫家的嫁妆中的缝纫机带回娘家使用，而在娘家的劳动所得大都由自己支配，作为自己的"私房钱"，以后如果住进夫家再带过去慢慢使用。

在惠东，长住娘家的妇女生孩子不能在娘家生，她们都要赶回夫家生或到医院里生。有的人临产时才往夫家赶，有时来不及就把孩子生在路上，所以，惠东有些取名为"路生"的人，多是这样来的。

生了孩子开始长住夫家的一段时间里，惠东女也会经常往娘家跑，有的人甚至在生头生子"坐月子"期间也不例外。长住夫家后，真正很少回娘家，要到自己的父母都过世以后。当地妇女对此的解释是，在婆家有很多拘束，而回到父母家则可以随心所欲地做事。而当自己的亲生父母都逝世以后，回娘家实际上就是到自己的兄弟家去做客，这时就不能随随便便。当地有一首《说阿妗》的民谣也反映了这种心境。如"阿公跷脚了吃烟，阿嬷开门了等孙，阿舅拎篮去买菜，阿妗（舅母）骂阮（我）捷捷（经常）来，阮是为着外公、外嬷代（事），无（如他们不在）阮三年五年都不来"①。所以亲生父母过世之后，已住进夫家的妇女就很少回娘家了。

二、招赘婚

男子到女家成婚并居住，这就是所谓的招赘婚。招赘也称入赘、"小娶"、"招亲"、"给人招"、"吊大灯"等。这主要是在女家没有儿子；或女家虽有儿子但并不多，而且家里又有多个女儿；或女家舍不得女儿出嫁；或有的人家正妻生女，小妾生儿子，由于怕妾所生之子得到大部分家产等的情况下，人们所从事的一种变通婚姻形式，其目的是为了女家的香火延续。招赘时被女方招进的男子，绝大多数是经济困难到娶不起老婆的人，或是外来的、在村落里没有根基的人。由于事关宗祧继承、财产继承等问题，招赘往往要得到宗族中宗亲的认可特别是同家族中人的认可，也要得到赘婿本人的同意，所以，一个家庭如果招赘，常常需要同入赘者的家庭订立契约文书，而且应由族中的长老做中人与见证人等。

招赘婚的婚礼很简单，先与男方商议可否入赘，如男方同

---

① 《惠安县崇武镇民间文学集成》，崇武镇民间文学集成编委会1990年版，第292页。

意，送给女方一点礼饼就算定亲。定了亲后，女方家长要请本宗族亲房与男方家长商议婚后的情况，如是否改姓，在哪里生活，孩子的归属等，商定好签下契约后，男女就可以完婚。入赘之日，女家不举行任何仪式，入赘者来到女家，送点钱为聘，送几块礼饼为见面礼，或甚至没有，即可拜堂。拜堂后，女家会请几位亲房的"老大"来喝喜酒，席上由入赘者为他们斟酒就算是正常婚姻中的"敬茶"仪式，这顿酒席也算是入赘者与新娘的合卺酒，没有鼓乐、没有闹洞房等。

在闽南人当中，招赘可能有下面两种情况：

1. 招儿子。招儿子俗称"招团"，即招进一个男子来女家，改女家姓，夫妇婚后所生的子女全归女家，外姓男子以儿子的身份、地位、义务对待。由于传统社会有"同姓不婚"的原则，如果男子改成女家姓，就成了"同姓通婚"了，所以，闽南人就将赘子与女儿换姓，即赘子姓自家的姓，亲生女儿改为姓赘子家的姓。另外，还有一种现象也称"招团"，这就是用养女或媳妇仔来招赘，因养女或媳妇仔原就是他姓，所以，要求赘子改姓就不会变成"同姓通婚"而违反习惯法，因此入赘者就得改为女家的姓氏，而成为赘子。当然，所有这些都应在婚前定的契约上写明并执行。实际上，这些生活实践或惯习形成一种景象，即媳妇仔招赘，多为"招团"，而亲生女儿招赘，多为"招婿"。

2. 招女婿。招女婿俗称"招婿"，即由女儿招一男子进门，但男子不改姓，仍以女婿的身份在女家生活。实际上其理由与上述相同，也是因为如果入赘者改姓就违反"同姓不婚"的原则，故男子不改姓，称女婿，但成婚后所生的孩子起码要有一个归女家。

三、二婚

昔日在闽南人社会中也存在着二婚的现象。二婚也称再娶、继娶、重娶，指离异与丧偶之后的再次结婚。通常有两种现象，即男子再娶与被招赘和女子嫁出与招亲入赘。在闽台传统的闽南人社会中，男子丧偶后二婚的现象较多，女子丧偶后二婚的现象较少。在现代社会离婚现象较普遍，二婚也多了起来。

在现实的社会生活中，二婚可能会出现各种不同的情况：

1. 男女双方都是丧偶而再婚，那么，在婚前要各自为其亡妻亡夫烧香，把他们的神主牌或遗像翻转过去，或蒙起来，结婚三天后，再恢复原样。寡妇再嫁一般不乘轿，由后门进出，不举行什么拜堂仪式等，越简单越好。

2. 如果男方丧偶，女方未曾嫁过，婚礼较隆重，与一般的婚礼没什么两样，照样要经过所谓的"六礼"过程。

3. 如果是未曾婚配过的男子娶寡妇，婚礼也比较隆重些，但男方可少出聘金，女家的嫁妆也不多，而且新娘也只能在傍晚出门到男家。

4. 如果订了婚后，女方过世，男方再娶时，要在婚礼前三天把原订婚之女的神主牌娶进，婚礼时，把其背过去，三天后再恢复原样，以后送祖厝供奉，并奉其为原配。

过去的寡妇多数在夫家守节，特别是在有孩子的情况下，为夫守节的情况更多些，只要夫家有经济条件供养即可。不过，有时也会有因夫家无法供养而外嫁的情况出现，其是否带走儿女，由原婆家决定。但如果带走儿女，一般情况下，男孩应保持前夫家的原姓，长大后仍要回生父家归宗，女儿则可以比较随便一些。其次，没有孩子的寡妇再醮的可能性会多些，但再醮的形式也是多样的，有的可能"转房"，嫁给丈夫的兄弟；有的则以招赘的方式招一男子进门，以此方式维持男家的香火；有的则"顾两头"，即和丈夫同宗的丧妻男子合家，同时可以兼顾前夫家的香火，这后两种形式都俗称"招夫"，被招来的丈夫，有的地方称"接脚夫"。有时也偶有母女俩嫁给或招进父子俩的现象出现，这些都俗称"挑花夹竹"。

第三节 生养习俗

一、祈子

闽南人过去受"不孝有三，无后为大"的封建观念影响尤深，都希望有儿子可以传宗接代。这大概是因为传统的中国主要是一个农业社会，农耕需要男性劳动力，于是就产生了"多子多福"、"养子防老"的观念。在这样一些观念的指导下，闽南人也和其他地方的汉人一样，沿袭着"反馈模式"的家庭生活，小孩少时依靠父母，父母老了依赖儿子，由此也形成"有子即宝"、"有子就有所依靠"的观念。这些传统观念一直都影响着闽南人的社会生活，故闽台两地的闽南人过去都希望多子多福、早生贵子。

这些观念在婚俗中有许多象征性表现。如昔日在正常的嫁娶婚亲迎时，在新娘的花轿前，通常都有"舅爷轿"或"打灯轿"两顶，它们不是新娘的弟弟乘坐，就是新娘的侄儿乘坐。这种轿子上都挂有一对灯笼或马灯（风灯），它们在新娘家中点亮，一直送到男家，并需要在新娘的夫家中点三天。这是以"送灯"形式，象征性地表达"送丁"之意。因为，在闽南方言中，"灯"与"丁"是谐音。现在有的地方结婚时新娘是走路去新郎家，但其前面也需要有一两个提灯的小孩，这是现代婚俗对传统的延续。又如新娘到新郎家门口下轿后按时辰进门，当其脚一踏进新郎家的大门槛，就要把随身带来的糖果、红枣、花生、桂圆（此象征龙子）等撒在门厅的地下，让小孩去捡，象征婚后的夫妻生活能甜甜蜜蜜、早生贵子。新娘进入洞房后，也要把红枣、花生、莲子等扔在婚床上或床底下，让小孩去捡，这也有早生贵子、连生贵子与"花着生"，即又生男又生女的象征意义。还有，过去新娘的嫁妆中都有一个崭新的马桶（俗称子孙桶，现有的改用一小红桶），里面通常要放几个橘子或其他吉祥食品，马桶在新房里安放好后，就要让两个小男孩往里面小便，谁先拉尿，橘子就归谁，这也有象征生男孩的意义。此外，婚礼那天应该请亲属中的生肖好的小男孩（四五岁或更小一点的）来坐新娘床，此俗称"滚铺"，这也是为了让新娘有所"感应"而能早生儿子。还有，新娘嫁妆中的用具，如茶壶、茶杯、锅、脸盆、马桶中，都要放上不同植物的种子，如枣子、莲子、稻谷等，有的地方要放包含芋子的芋头，并且还要放几个粽子。所有这些都是带有象征性的东西，它们都意味着祈求新婚夫妇能早日生育可以传宗接代的儿子，而不是女儿。

在台湾的闽南人中，女儿出嫁时，母亲会在其嫁妆的橱屉或妆奁中放些冬瓜、橘饼等蜜饯，其意为"吃甜，快生后生（儿子）"，希望出嫁的女儿早生贵子。

如果小夫妻结婚多年而没有生育，或只生女孩不生男孩，家中老人的心情就会焦急，就会去为他们祈子，这大约有几种形式：

1. 祈求神灵赐子。这多数是去求女性的神灵，如观世音菩萨、临水夫人、妈祖、注生娘娘、七娘妈等，如漳州人多去供有注生娘娘的庙宇求子。如果要去，那天婆媳都要一大早起来，先洗澡净身，穿上一件干净的衣服，准备好牲醴、香烛、果盒、菜盒等，用"红桶盘"（一种漆成红色的宽面浅桶）装着，一起去供注生娘娘庙中敬拜、许愿。祭拜时，先说明是从哪里来的，来此何事等，并通过"卜贝"的形式来观察与判断神意。有的庙里有庙祝或神婆，祈求者会求他们帮助解释神意，他们会根据其所祈祷的内容，或者向神灵求到的签诗等来解释神意，并祝愿她们能如愿以偿，而这时，不论庙祝或神婆说的对与不对，求子者都不能回嘴反驳，以表示虔诚。有的这类庙备有泥塑的孩童偶像，俗称"孩儿仔"。祭拜后，婆婆常常会以"卜贝"的方式向庙里乞一"孩儿仔"，再用红纸包些香灰一起放在"红桶盘"内，捧着红桶盘一起头也不回地回家。到家后，将土偶放到新娘房内的桌上，将香灰放入未育媳妇的枕头内。俗信这样做了，未育者经常看这一土偶有助于生孩子。如果如愿以偿怀了孕，就需到该庙答谢，并祈求胎儿平安，顺利分娩。生了孩子，就必须带"鸡酒"（产妇必吃的食品，以老姜、麻油、红糖、桂圆肉、仔鸡和酒焖成）到注生娘娘的庙中祭拜、还愿，同时也要到专门制售孩儿仔的店铺买几个孩儿仔奉还注生娘娘庙，奉还的数目至少为3个，但具体数目则根据祈子时的许愿。如果生的是男孩，这种还愿答谢的仪式要做得比较隆重，供品也较丰富，除了鸡酒外，还可能有净茶、清酒、斋蔬、五牲（鸡、鸭、猪头、猪肉、鱼）、果品等。这以后，在孩子的三朝、满月、周岁甚至十六岁也要到注生娘娘的庙里敬拜、答谢。

泉州人也一样，泉州西街台魁巷奇仕里有座供奉俗称"奇仕妈"的临水夫人庙，清代陈德商《温陵岁时记》记载，"城内外之妇人祈子者，祈难产者"，都到那里祈求，"得夫人案前花一朵，或迎神像归，则梦兰有兆"，所以"叩拜者肩相摩"。

实际上，闽台的闽南人都认为，妇女的元神是另一个世界里的一株花树，其生长情况与妇女的身体及生育能力有关，儿童都是花，白花属男，红花属女，生男育女就取决于花丛所开之花。妇女久未怀孕，乃花丛枯萎的缘故；不生男孩，乃花丛出了某些问题。由于这样的观念主宰着人们的思想，闽南人的妇女婚后不孕或为了生男孩，也会直接求助神灵，或借助神婆（或神姐）甚至道士等灵媒去求助神灵，请其"巡花丛"或"换花丛"或"栽花换斗"。所以，闽南人的妇女常有到各种神庙去祈求自己的花丛旺盛，或将花丛中的红花换成白花的祈子行为。当然，以这样的方式求子，也必须许愿，如果生了孩子，或生了男孩，就必须还愿答谢，否则对孩子不利。

　　为了满足民间的这种求子需要，闽南人的许多村庙中，一般都供奉有注生娘娘。她也许是临水夫人，也许是碧霞元君，这要以神灵的生日为何来判断，如果其生日是农历正月十五日，那么她就是临水夫人，而如果生日是农历三月初三，那么她就是碧霞元君。此外，有许多村庙里也供奉阎罗天子，他也是闽南人求子祈祷的对象，因为在闽南人看来，阎罗天子管的是人的生死，人寿终正寝后，到了阎罗天子那里，就由他评判其善恶，善者可转世投胎，所以求子也可以向阎罗天子祈求，也因此在村庙中，阎罗天子的神像多画成在处理转世投胎时的形象。

　　有的地方也用在神灵面前"卜贝"的形式来预测生男还是生女，如在石狮市永宁一带，人们认为八月十五日到宝盖山上姑嫂塔，在底层向对门上方离地三丈高的姑嫂石像"掷钱卜子"很是灵验，所以旧时当地的孕妇趋之若鹜。在八月十五日这一天，宝盖山附近的众多老妇会陪同她们怀孕的儿媳或孙媳妇来姑嫂塔卜一卜。她们站在姑嫂石像的对面，左手持一铜钱向三丈高的姑嫂石像抛去，如果能掷中"嫂嫂"的鼻子，而铜钱正面落地，就表明腹中的婴儿是男性，铜钱反面落地，则表示胎儿是女的。

　　此外，闽台的闽南人还有在元宵节的夜里去偷他人家某种东西，以预示生男孩的习俗。如在元宵夜，闽南地方有的结婚几年还未有男孩的男子会在夜深人静时跑到别人家的猪栏去偷喂猪的盆子，如被发现并被人家臭骂，就认为有隔年生男孩的预兆。澎湖的情况一样，也是男性去做此事，但在台湾基隆等地，则是"妇人窃得人喂猪盆，被人骂，为生男之兆"。此外，"亦有求子妇女，偷拔他家篱笆以为吉兆，因'竹篱'音同'得儿'"。"此类偷俗，仅为象征性质，邻居得知，亦多不以为意。"①

---

　　① 《基隆县志》，转引自丁世良、赵放主编：《中国地方志民俗资料汇编·华东卷（下）》，书目文献出版社1995年版，第1587页。

2. 送灯与钻灯脚，即利用元宵节观灯与送灯等的象征行为，来满足某些人求子的需要。如漳州人认为正月十五日元宵节是注生娘娘的诞辰日，婚后几年未育的妇女在这天上街看花灯，偷偷地摸一摸花灯脚，或到街上鳌山灯棚底下钻进钻出，有助于早点添丁。有的地方的宗族会在宗祠中扎一大鳌山，组织前一年新婚的新娘来此"钻灯脚"，一方面祝愿她们早生贵子，另一方面，则让宗亲来看新娘，认识新娘。此外，未育妇女的娘家，也会在这天送一红一白两盏莲花灯到女婿家，借送灯这种形式表达注生娘娘"送丁"之祝愿，祈祝他们夫妇能生贵子。如果莲花灯被烛火烧了，俗称"出丁"：烧的是红的，预示生女儿；烧的是白的，预示生男儿。泉州一带也是如此，许多宗族也在自己的大宗祠中举行"穿灯脚"的活动，以祝愿前一年新婚的新娘能早得贵子。而那些出嫁后几年而未生男孩者，在元宵节上街观灯时，就喜欢去"钻灯脚"，希望注生娘娘能早赐贵子。此外，未生子的出嫁女，其娘家在元宵节时要送一盏"观音送子灯"，此即谓"送丁"；如果已生有男丁，娘家则送各种花色的花灯，俗谓"添丁"。有的闽南人地方，女儿出嫁的头一年元宵节，娘家派小舅仔送去的是"观音送子灯"，第二年送"孩儿坐盆灯"，第三年则送"状元骑马灯"。有的地方则在新婚后的第一个元宵节送莲花灯；如果未育，第二年送"观音送子灯"；如果还是不能怀孕，第三年就送"桔灯"，以表达娘家对此的关注和着急。台湾的闽南人也如此，所以，也台湾也流行"穿灯脚，生卵泡"的俗语。

3. 吃某些象征能生育的东西，以便能生育。在闽南的许多地方，也存在着吃某种象征性物品，来祈求生子的情况。如过去新娘的嫁妆中，通常都有一个俗称"子孙桶"的马桶，嫁妆送来时，新的红漆马桶中都要放上几只粽子或几个红鸡蛋以及枣子、花生、龙眼干、橘子、栗子等，俗以为不育者吃了这些东西，特别是粽子或红鸡蛋就会很快怀孕。所以，每当村里有人娶妻，当嫁妆抬进洞房后，男家亲属、亲戚、朋友中有久不育的妇女，就会来向主人家讨子孙桶中的粽子或红鸡蛋吃。有的地方认为吃了给婴儿"洗三朝"用的红蛋，也可以很快有喜，故也有一些不育者向人家要这种红蛋来吃。

二、有喜

闽南人通常把妇女怀孕称为"有喜"、"来喜"或"病团"等。妇女一旦有喜，在家中就成了关心和保护的对象。除了不用再干重活，以及在饮食上根据孕妇的口味给予特殊的照顾，多吃有营养的食物，如鸡、猪肚、猪肝、猪蹄、青菜、桂圆等外，还必须严格遵守一些当地的习俗与禁忌，以保证胎儿正常发育和以后的顺产。

在闽台的闽南人当中，妇女怀了孕，会先告诉娘家，娘家就会送橘饼等甜食过来给女儿吃，其寓意是"吃甜生后生（儿子）"。婆家知道媳妇怀孕，则会准备猪肚给媳妇吃，俗信猪肚有助于妊娠期的保养，还尽量让孕妇吃桂圆、鸡、鸡蛋、猪肝、鱼虾等，来增加她的营养，并减轻她的劳动，甚至不让她乱动，此俗称"补胎"，并认为"补胎较好做月内"，即认为怀孕时进补比坐月子进补好。偶有"动胎"（触动胎气），多会到药店买数包俗称"十三味"、"孩儿安"的"安胎饮"中药，来给孕妇安胎。有的地方则有要求孕妇少吃并清淡饮食的习惯，这大概是怕吃得太好和太多，胎儿发育过大，而容易引起难产。

为了确保怀孕、生产平安，胎儿健康成长，妇女怀孕后，其婆家与娘家都会备办香烛供品等前往寺庙求神拜佛，祈求神明保佑与赐福，增加一份保险。如果怀孕前曾向某尊神明求过子，怀孕后更得到该神明面前答谢，并祈求该神明继续保佑孕妇平安、顺产和今后婴儿的健康成长等。现在，人们则定期到医院检查，在医生的帮助下保胎、顺产。

除此外，过去在妇女有喜期间，还有许多禁忌，例如：

1. 如果妇女在一月与七月里怀胎，其家人忌乱挖地和修理正门；孕妇在二月和八月里怀上胎，家中忌乱挖地烧火，并禁止在庭院里存放重物；在三月和九月里怀上孕，家中忌移动米臼；在四月和十月怀孕者，家中忌在厨房里淋水；孕在五月和十一月者，忌修理或摆弄孕妇卧室中的东西；孕在六月和十二月者，忌将孕妇的衣服泡在开水里。

2. 孕妇房内的家具不得搬动，忌拆床，更忌修葺房屋，这些主要是怕触犯胎神。

3. 禁止孕妇及其配偶参加各种祭祀活动，孕妇也不能参加各种公共活动，如禁止进入寺庙、上井台和建房，也不能靠近和观看工匠作业、房屋落成、新船下水、商店开张等。

4. 孕妇不得参与丧事，忌讳看到丧葬队伍，忌食葬仪食品，忌受丧家赠物，忌触摸丧葬用具，如果自己家中有丧事，也要回避，特别要回避"封钉"与"入土"仪式。闽南人俗信如果接触到丧事，会"凶冲喜"，会危害孕妇与其腹内的胎儿。

5. 孕妇带喜，因此，不得参与嫁娶等喜事，忌讳接触到喜糖、花轿、嫁妆及洞房中的东西，也不能吃喜宴的食品。俗信这是"喜冲喜"，不但损害新人的幸福、和睦，也会累及孕妇本身及胎儿。喜冲喜也包括孕妇不得接触其他孕妇，不得探望或进入"月内房"，不得进入未满四个月的新婚房，忌两个孕妇同坐一条长凳，或面对面坐，或同睡一张大床，以免造成相互的危害。

当孕妇的产期临近，孕妇的母亲要帮助孕妇准备好婴儿的衣裤、肚兜、尿布，并同红鸡蛋、面干或面线、阉鸡等一起送到女儿住处，这就是所谓的"外婆催生"习俗。在漳州，娘家所送的红鸡蛋要用红绸布包裹着，送到孕妇床上才解开包裹，让红蛋滚出，以祈祷或象征产妇能像母鸡下蛋一样顺利地分娩。

三、顺月与月内

产妇临盆，闽南人俗称"顺月"。过去妇女一般都在夫家生产，不能在娘家。民间有"借人死，不借人生"的俗话，意思是宁可将房屋借给死人装殓，也不借人生孩子，这对自家的女儿也不例外。此外，生孩子也不能在大厅与内厅里生，只能在小夫妇生活的房间里生。过去闽南妇女临盆生产时，多是请俗称"拾子婆"或"先生妈"的产婆来助产。遇到难产，或摔盆、打碗、敲铜盆等，以此预兆产门大开，分娩顺利。后来才有难产送去医院的做法，而且送难产的产妇到医院的亲属，在孩子生下来后，可以分到红鸡蛋，这是给他们辟邪消灾用的。现在，所有的产妇都到医院里生孩子。

昔日临产时，产房除了产婆外，任何人都不得进入，就是产妇的丈夫、公公、婆婆也只能守候在产房的门口，以免冲犯胎气，危害产妇和胎儿，而且民间也认为产妇的血污晦气不利于进入者。有的地方如惠安的渔民将产房称作"秽房"，因此，不仅产妇生产时其丈夫不得入内，产后坐月子期间，其丈夫也不得入内，如果入内，其丈夫的渔船上的同伴会怪罪他，特别是当出海捕鱼没有收获时，更会怪罪。而此人不管是否进过月子房，都必须做了一定的禳解仪式后，才能解除他人的怀疑。

婴儿出生后，通常会在窗台上或床上放一根桃枝，在产房门上贴一张道士画的符咒。有的人家则在产房门口插上茉莉花或榕树枝、石榴花枝。这一方面是可以避邪，保证产房的洁净，另一方面也是向他人表明该房间是产房与"月内房"，提醒外人不得进入。

从分娩到满月为止的这一个月里，仍有许多禁忌。例如，生下孩子后，一定要慎重地埋藏好孩子的胎衣，据说，这是取落叶归根之意。产妇分娩时所穿的衣服、裤子、产褥等，产后应包成一团，由婆婆带出去，抛在河里或垃圾堆里。

闽南民间，这一个月里，产妇房间的门窗紧闭，以免产妇罹患"月内风"。这一个月内产妇要关在这不透风的房间内，躺在床上休息与静养，不准下地，不得站着进食，不得接触冷水，不可以穿针、缝纫和干活，不可以大声说笑，不能出房间，不能到别人家串门，不能在大庭广众前给孩子喂奶，不能吃性寒的、生冷的和咸的东西，如萝卜、白菜、鸭子，只能吃用麻油和米酒、老姜、红糖煮的仔鸡或猪肝、猪腰、猪蹄、面线等，因为俗谓"盐能生风"。小孩的尿布不能放在门外晒。产妇在月子期间，不得参加祭祀活动，不得到别人家串门。进过产房的人，也不可以参加祭祀仪式。而对渔民来说，进过产房的人不能参加捕鱼活动。所以，除了至亲女眷，男客人从不进产房，因此，产妇在坐月子期间，主要由婆婆、嫂嫂等服侍，公公也不进产房。此外，孕妇、戴孝者、属虎的女人等也不得入内，以免"喜冲喜"或"凶冲喜"。

昔日，妇女生产以后，如果生的是男孩，当天，家里人就得马上杀鸡炖酒，到祖祠或公厅以及村庙等地上香、放鞭炮，拜告祖先、神明，希望保佑母子平安。另外，用红纸写上"弄璋志喜"等字，贴于家门或廊柱上。如果生的是女孩，则一般不会鸣炮，也没有大的庆祝，重男轻女的倾向较为明显。此外，也要分别到外婆家、舅舅家、至亲好友家报喜，并奉上煮熟并染红的红鸡蛋或鸡酒、礼饼等，一般的情况是，生男孩，送单数，生女孩则送双数。亲友们收到红鸡蛋等后，也需要回送礼品，一般是小孩的衣裤和阉鸡。如果是头胎，孩子的父亲要送糯米酒到岳父家，岳父家有多少叔伯，就得准备多少壶酒，同时还要送上猪肉、鱼、红丸子等。岳父家也需要回礼，通常是收一壶酒，至少要送一只阉鸡，因为产妇坐月子主要的食物补品就是阉鸡。有的地方生了男孩，产妇娘家的礼较多，如要送一笼活鸡（四、八或十二只)、一笼木炭、一坛酒、一包婴儿衣裤等四样，或加上蛋、鱼、猪肉、红糖、面线和几尺做尿垫的土布等，凑成八样或十二样。而生了女孩则礼物较少，有的仅送一只猪肚，寓意给女儿"换肚"，希望她下一胎能生男孩。这同样是一种重男轻女的陋俗。有的地方则在产后第三天，才带着祭祀用的鸡酒、油饭到外家和亲戚朋友家报喜，此俗谓"报酒"。外家则回送各种食料补品，亲朋邻居也多送礼祝贺，为产妇进补，如送鸡酒、面线、猪肝、猪腰、麻油等补品，现在则以红包代之，让产妇家自己去买各种补品。

小孩生下满三日，需举行"洗三朝"仪式。一大早，准备一些油饭、鸡酒或简单的菜肴祭拜祖先。如果用三牲祭祀，全鸡的鸡脚不得折入鸡腹内，因为，此象征婴儿的腿脚能健壮发达。祭毕，由祖母或有经验的老妇给孩子洗澡。把温开水倒进澡盆里，并放入一些桂花、柑橘叶或龙眼叶、石榴花和三块小石头、十二个铜钱，以及两个煮熟的红鸡蛋，然后再给孩子洗澡，一边洗一边说些好话，如顺顺利利成长、健康长大之类的祝愿语。洗完后，还要用红鸡蛋在孩子的身上滚一滚，这表示希望孩子聪明健康，长得像蛋一样圆、一样漂亮。仪式完成后，将红鸡蛋切成橘瓣状或整个分送给前来观看的小孩子吃。有的地方人认为吃了这种红蛋可以生儿子，所以，有的不育者也会在这时向他们要红鸡蛋来吃。在闽南，有的地方在婴儿生下三天时，除了洗三朝外，还要请长辈与接生婆吃"三朝酒"；也需要做俗称"米糕"的糯米油饭，送给产妇的娘家和亲戚、邻居。他们接到油饭，也要"送三朝"，一般都还以白米，上置一小圆石，下垫一小红纸，既表示贺喜，也祝愿婴儿"头壳硬，好养饲"，即祝愿婴儿身体健康、好养育之意。外祖母送些红香饼和两件婴儿的衣裳即可，有的亲友也会送红包或送其他礼物来祝贺。

洗三朝时，也需要备牲醴等拜祭注生娘娘和"床公床母"、婆姐等照护、保佑婴儿的神灵，求她们保佑婴儿健康成长。尤其是"床母"，闽南人认为，床母日夜守护在床边，是婴儿的守护神，最能保佑婴儿平安无事、健康成长。所以，对床母多有供奉。在洗三朝时，祭拜床母多用鸡酒、豆腐、"米糕"（油饭）等祭品，祭品要放在床铺的正中央，这也象征着婴儿能睡得安稳。

有的地方在婴儿出生后的第六日、第十二日也会做一些祭祀床母的活动，并请亲戚朋友来"吃鸡酒"。如漳州的一些地方在婴儿出生的第十二天，要给岳父家送鸡酒，岳家的十二样"贺生礼"也在这天送到，孩子的舅舅们也需要送活鸡和酒。所以，夫家也需要备酒菜款待来探视与送礼的人，并回赠礼物，这种活动俗称"做十二朝"。

此外，昔时在婴儿出生后十日内，要请算命先生来占卜婴孩的命运，此俗称"看命"。对男婴来说，如果认为其"八字"缺少五行中的某一行，就建议其命名时补其所缺，以期望他一生幸运。而对女婴来说，如果认为其真的"八字"堪忧，就会为其改换一个好八字，并写在"命书"上。现在，甚至就用这种造出来的"假好命"的时辰去报户口，以避免将来婚嫁时遇到麻烦。民间俗称这种做法为"男命无假，女命无真"。

四、满月

尽管现代提倡男女平等，但是当一个新生儿出生时，对于其性别，家庭仍是十分重视的，尤其是在闽南农村，重男轻女的传统观念至今还存在。在满月仪式上也有比较明显的体现。

在闽南，婴儿生下20多天到30天，就可以做满月了。这天家长要备鸡酒等祭祀神灵、祖先。如果生的是男孩，满月酒就会办得隆重而排场，以庆祝男婴顺利渡过满月关，这种为男孩举办的满月酒不仅丰盛，而且需要请许多人，他们甚至要写"谨请于农历某月某日，为小儿弥月略备茶飨，恭请某某某光临"的"弥月帖"发给亲戚、亲属、邻居等，请他们来赴宴，以示郑重。这种"弥月帖"虽然简单，但也是很讲究礼节的一种表现。而如果生的是女孩，一般都不会办酒席，而是自己家里人，最多女方的亲戚来几个，随便弄些酒菜小范围地庆祝一下。

不论大办、小办还是不办，在婴儿满月时，都要给婴儿剃头，此称"满月剃头"，也称"剃满月头"，它是满月仪式中的一项重要内容。有的人家选择产后二十四日做满月，据说这是取"二十四孝"的寓意。剃头前，先准备好一盆水，水中放小石子三个或十二个，铜钱十二枚，一根葱，染红的鸡蛋和鸭蛋十二个，以便做仪式用。剃头时，祖母或外祖母抱着婴儿坐在内厅里，自己动手或请剃头师傅动手给婴儿剃头，剃头时除了囟门留一撮头发外，其余的头发要全部剃掉。这块留下来的头发称作"囟毛"，它对婴儿头顶骨未合缝的地方起着保护作用。旧时农村的男孩到了八九岁时，还留着"囟毛"，而现在这种现象已经不多见了。剃发时，要边念吉祥的语句，如："鸡卵面，鸭卵身，好亲戚，来相配。"剃发后，要用红蛋在婴儿的头上轻轻地滚三次，此意为"戴红顶"，有预祝孩子将来做到一品大官的意思。其次，用一些蛋黄与葱汁混合，在婴儿的头上做涂抹状，这具有预祝孩子聪明的寓意。有的则在婴儿的头上涂抹母亲的乳汁，据说，这样做了后，孩子长出来的头发会乌黑发亮。此外，水中的石子与铜钱则表示预祝婴儿健康和有财运。剃下的头发俗称"胎发"，按照旧俗，胎发多半要装在盒子里收藏起来，或者搓成一个胎发球挂在床头收藏起来，因为在民间土方中，胎发可以用来止血，并据说很有效。过去一些书香门第的人家也有将胎发制成胎毛笔加以收藏的习惯，而现在这种现象则比较普遍。有的人家则将婴儿的胎发和石子用红纸包起来，放在屋顶上。

在闽南的一些山区地方，小孩剃头以后，要给他换上新的衣裤、袜子，戴上新帽子，如是男孩，还挂上许多辟邪物，如银手环、银脚环、长命锁，甚至虎头帽、"千眼衣"等。然后，由祖母或母亲抱着在内厅里拜神。拜完神灵后，放些鞭炮。接着，再由祖母或母亲抱着在大门口放鞭炮。然后，抱着孩子或让兄姐背着在大门口走两圈，或绕着房子走一圈，走的时候，大人和旁观的小孩要叫"觅鹞（老鹰）"、"觅鹞"，给孩子壮胆，同时也表示从满月这天起，小孩就可以出产房见天，可以像老鹰一样自由自在飞翔，也预祝孩子像老鹰一样有胆识。这一天，还要准备两根1米长的茅草，用红纸包着茅草根部，一根放在门槛后，一根放在孩子身上，以起辟邪的作用。

昔时，台湾的闽南人也有此俗，其俗称"喊鸥鸺"。也是在满月剃发后，由母亲或祖母抱着，或兄姐背着，到大门外，绕房屋一周，绕行时，还会边拿着赶鸡用的竹竿敲打地面，发出"笃、笃、笃"的响声，边喊一些吉祥如意的喜句，如："鸥鸺飞上山，团仔紧（快）做官，鸥鸺飞高高，团仔中状元；鸥鸺飞低低，团仔做老爸。"或"鸥鸺飞高高，生子生孙中状元；鸥鸺飞低低，团仔较快做老爸。"其意也是为满月的婴儿壮胆。喊完鸥鸺后，给来观看的孩子每人分送一个红蛋，让他们也分享婴儿过了满月关口的喜悦。

满月那天的午餐，要办酒席酬谢送礼的亲朋、邻居。在满月宴席进行到中途时，还需要举行给孩子开斋的仪式。祖父从孩子母亲那里把孩子抱来，家里人用干净的托盘把开斋用的食物端上来，这些食物主要有：红龟粿、红桃（面粉做的桃形馒头）、葱、酒、豆腐、红米圆、鸡肉、鱼肉、猪肉等。红龟粿表示龟寿延年，红桃拟代替蟠桃，亦有为婴儿祝寿之意；葱表示聪明智慧，有发明创造的才能；酒表示酒饭平常，快快长大；豆腐表示辅佐政府，名扬天下；红米圆表示一家团圆，能过幸福日子；鸡表示自力更生；鱼表示鲤鱼跳龙门，步步高升；肉表示"有肉一方，身体健康"，即长大后能够吃到很多的肉，可以长命百岁。开斋时，由祖父或父亲抱着孩子，用筷子点一下食物，再点一下孩子的嘴唇，并说好话，如点一下葱说"聪明智慧"；点一下鱼说："鲤鱼跳龙门"；点一下肉说"有食有肉"；点一下鸡说"金鸡报晓"；点一下豆腐说"大富大贵"；最后在食物上转一圈，再点一下孩子的嘴唇说"五福俱全"，这才结束开斋仪式，这表示孩子以后可以吃荤了，而在此之前，孩子只吃母亲的奶水。开完斋，酒席上的宾客要送俗称"见辈钱"的红包给孩子，钱的数量随个人喜好和收入而定。然后，祖父或父亲还要念几句祝词，如"一手过一手，寿年食得九十九"，祝福完后，才让孩子的母亲把小孩抱回房去。

除了这种"见辈钱"红包外，前来赴宴的客人，多半都要送礼物给婴儿。礼物可以是衣物、铃铛、项圈、手镯、玩具等，但最好是吉利的东西。外祖母家送的礼物往往特别丰富，至少也需要办齐婴儿满月仪式上的从头到脚所要穿戴的东西，如背带或围被、兔子帽或虎仔帽、和尚衫（不带纽扣的婴儿衣）、肚兜、开裆裤、袜子、帽坠、项圈、手环、脚环等，但一般不会有鞋子，这只有孩子满周岁"过周"时，才可以送。由于送的东西是从头到脚，所以，这也俗称"送头尾"。而生孩子的人家则以鸡酒、油饭、红桃等作为答礼，送给来赴宴的客人。

五、四个月与周岁

闽台的闽南人在婴儿四个月时，家中要备办牲醴和桃、粿、红圆等敬神，祭神后则给婴儿做"收涎"的仪式，将两个大饼或12个或24个"膨饼"（现多用曲奇饼等替代）用红线系于婴儿胸前，请长辈剖一块，在婴儿嘴上做揩抹状，以擦掉婴儿嘴上的口水，同时念些吉祥喜句，如"收涎收干干，给汝老母后胎生卵泡"，"收涎收离离，给汝明年各（再）招小弟"等。这仪式象征婴儿今后不会再流口水，发育成长能更加顺利；也有将饼放在婴儿的嘴上，等沾上婴儿的口水后，再拿到锅里炒干来象征收涎的目的。来为婴儿"收口水"的外婆、奶奶等需给婴儿送点长命锁、手链等银饰和新衣服、帽子等，事主则要以圆子等分赠亲朋邻居，并宴客庆祝孩子"过关"。

家中仪式做完后，有的地方在这天会由母亲抱着婴孩回娘家。回娘家时，要备饼、鸡酒、猪脚等礼品送岳家。娘家以婿家送来的礼品祭祀神明，并做俗称"四月日圆"的糯米红圆等送亲友，告知家中添了外孙。祭祀仪式做完，外祖母还要抱着婴儿到户外走一走，并发出赶老鹰的声音，此亦谓之"做胆"。娘家收了婿家的礼，也要做桃、粿、圆子等让女儿做"伴手"带回，并回赠婴儿衣服、虎仔帽、俗称"颔垂"的围嘴、连裆裤、鞋头绣有"卐"字纹的鞋子、银牌、银脚环等礼物。从此，婴儿可以开始穿连裆裤，并认为如果这天不穿连裆裤，将妨碍婴儿双足的发展。

有的地方的闽南人则到这天才给婴儿开斋，即将鱼肉菜等在婴儿的嘴上接触一下，表示婴儿从此可以吃各种食品，并且能吃快长。还需用红头绳或稻草缚于婴儿手脚上，此俗称"缚脚手"，表示以后小孩不会乱动惹事。还用熟蛋在婴儿的前额、脸颊上滚几下，一边念道："辗面，辗面，辗一个鸡卵面"，祝愿婴儿的脸长得像鸡蛋一样结实。此外这天要让婴儿第一次坐到"椅轿"上，祝愿孩子快快成长，早日可以"离手"，无须父母过多地照看。

周岁俗称"度晬"。在闽南，婴儿过周岁，家里要做红龟粿，办牲醴敬神，并以红龟粿和红蛋馈送亲友四邻，有的还要设宴请客，有的甚至请戏班来演唱助兴。婴儿的外婆要送面线、新衣服、虎头鞋、天官锁或手镯、脚环等礼物；还要送一只公鸡，将其脚剁下，绑在筷子上，挂在大门上，为婴儿"接脚"，以促其学步，并祝孩子有口福，走到哪都有好吃的。亲邻也会送礼祝贺。这天婴儿要穿上虎头鞋，俗信这可以为其壮胆、避邪，消灾趋吉，并能较快地学会走路。此外，在闽南地区，多数人家会在婴儿周岁时，到有女神的庙中，在女神面前祭拜祈求后，将从家里带来的串了红线的古铜钱或香火包在女神前的香炉上过一过火，当场系在婴儿脖子上，以保佑其长命百岁。以后，每年的七夕的黄昏，在家门口供鸡冠花、油饭、鸡酒、胭脂、香粉等，焚烧"婆姐银"，祭拜七娘妈，然后更换系铜钱的红丝线，祈求七娘妈继续保佑赐福，直到孩子十六岁。有的人家也举行"抓周"仪式。主家祭祀神灵祖先，在神灵面前供一个竹"爬篮"（笓篮，即大竹筛），把笔、书、印、算盘、尺子、银钱、秤子、田土、斧子、猪肉、葱、芹菜等十二样放在里面，祭祀毕取下放在床上，让婴儿坐在"爬篮"中间，看他先取哪一样。选到书籍，认为这孩子以后好学、金榜题名；选到笔，认为孩子日后善于书画，也预示会金榜题名；选到印子，认为孩子以后能当官；选到尺子，认为此小孩以后会当缝纫或工匠之类；选到算盘和秤子，认为这孩子以后会做生意；选到金钱，认为这孩子以后会成为富豪；选到田土，认为他以后会当地主；选到葱，就认为这孩子资质聪慧；选到芹菜，认为孩子以后会勤勉做事；选到猪肉，表示孩子以后有食禄。有的也会放蒜、糕饼、粉盒等，其中蒜头表示善于算计，糕饼表示有的吃或贪食，粉盒则表示这孩子喜欢往脂粉堆钻，各有不同的含意。此外，除了"抓周"外，在度晬时，有的地方还有其他象征仪式，如让孩子脚踩红龟粿，此寓意祝其长寿。又如用"米香"擦婴儿的嘴，曰"臭嘴去，香嘴来"，意味着希望孩子以后能说会道，有好东西吃等。

周岁后的孩子，也有许多禁忌需遵守。如小孩不准吃鸡翅膀、祭祖先的东西，吃了这些，长大后会高飞他处和不长记性。在室内，小孩不可以带双重帽子或斗笠与打伞，否则以后长不高。小孩长新牙要从下面开始长起，并成双成对地长为好；换牙时掉下来的牙齿，上齿要扔在屋顶上，下齿要丢在床底下，这样，将来长出来的新牙，才会长得稳固而且漂亮。男孩子不得从女人的裤裆下通过，否则将来不会升官。

六、命名

《周礼》曰："子生三月，父亲名之。"意思是说，孩子出生三个月，父亲就要给孩子取个名字。但在现实生活中，孩子的名字，有少数人是在母亲怀孕期间就已经商定好的，大部分人家都是在婴儿出生后才给孩子起名。通常由父辈或祖辈中的长者或地方上有一定名望的人为新生儿命名。有的人除了有大名（正名或书名）外，还有乳名（奶名）或小名。在一般的情况下，大名（正名或书名）往往从读小学开始在正式场合使用，小名或乳名则被家中的亲戚或者幼时的同伴称呼。

小孩出生后不久，父母一般都会去请算命先生为其算命。对女孩，如果发觉其命理不好，通常会为她造一个好的"八字"。而对男孩来说，算命先生通常是根据孩子的八字（年月日时），掐算阴阳五行，缺少哪一行就建议在名字中补哪一行，来趋避其命理的不足，例如五行缺金的，可取名金生、金鑫、炎金、秋金、金栓、剑锋、毅锋等；五行缺木的可在取名时用森、林等木字旁的字，如国栋、国梁、树根、树枝等；五行缺水可用三点水为偏旁的字，或取诸如溪水、江河、水生、东海、沧海等名字；五行缺火的可以火字旁的字，或取名根火、炳炎、火旺等名字；五行缺土的用土字旁的字，或者取名时有土字，如土生、土城、春土、坤土等。这种取名现象俗称"以五行命名"。

如果曾向某位神灵求子而得子，不仅要感谢神灵的恩赐，在还愿时，有的也会用某神佛的名字来为孩子取一个小名，如保生，即保生大帝所赐而生之意，又如树生，即榕树公所赐之意，松生则为松树公所赐之意，天送、天赐为老天所赐、所送之意。

因为人们认为，取这样的名字做小名甚至做"书名"，还能托庇
神灵的保佑，从而使孩子在成长过程中不至于多灾多难、疾病缠
身或早夭。有的小孩生下来就是多病难养，或者幼儿命中犯
"关"带"煞"，或与亲生父母相克等，闽南人认为，这种孩子
"不契不成人"，所以，这类人往往会给神灵或他人甚至是乞丐做
契子（干儿子），并由所契的神灵或人家为他取个小名或乳名，
如阿榕、观音妹、阿保、妈生、神保、天养等。这种取名现象，
闽南人民间都归为"庇佑命名"。

　　由于宗族组织普遍存在，闽南人在给孩子命名时还要讲究辈
分，同辈人的名字特别是"谱名"当中，往往有一个字是相同
的，如林登裕、林登旺、林登连、林登魁、林登山等，而且这些
字在同一辈人名字中的位置也是一致的。这种现象俗称"按世代
命名"。

　　有的则因过去有生育子女没能存活下来的经验，或小孩生下
来多病难养，或经算命先生命卜后，认为该婴儿命中注定不好养
或命运不嘉，则可用取一卑贱的乳名的方式，来让邪魔讨厌，不
去纠缠婴儿，从而使婴儿避开厄运而"好育饲"与顺利长成。这
种取名方式，闽南民间俗称"厌胜命名"。厌胜命名时，男女也
有些不同。对男童来说，多以动物、菜蔬等为名，如阿狗、狗
仔、猫仔、大猪、猪仔、羊仔、赤牛、傻鸟、憨鸡、憨牛、番
薯、金瓜、冬瓜、瓠仔、和尚、大呆、乞食、大傻、憨仔、狗
屎、猪屎、粪扫、石头等。对女婴来说，则多以花鸟草木、蔬菜
水果等来命名，如春花、春桃、秋菊、凤仔、莺仔、枝仔、叶
子、韭菜、芹菜、菜花、肉豆、红柑、李子、阿桃等。此外，对
女孩还经常取一些如招治（意为招弟，因生女多而期望生男孩）、
免仔（避免再生女孩）、满仔（女孩够了，不要再来了）、不要
（因女孩多，不要再生的意思）、罔市、网腰（尚可以养育之意）、
惜仔、惋惜（虽是女婴，尚可爱惜之意）等带有重男轻女之意的

名字，也希望通过取这些厌胜的名字，以改变家中缺少男孩的状况。

除了上述一些方式外，也有依其身体容貌特征而命名者，如阔嘴、塌鼻、大头、大目、扁头、阿扁等，此为"依形态命名"。此外，还有以父母的愿望来命名的，如国宝、家宝、豪杰、家俊、树德、正义、淑贞、淑惠、淑慧等，此为"以愿望命名"或"寄意命名"。

七、过继

儿女生下后，闽南人一般都会请算命先生算孩子的生辰八字。如果推断孩子将多病、不好养、命中注定要有两个父亲或两个母亲或与父母相克等，那么，这家人就可能考虑将其过继给神明或他人家。有的人，算命时没有推出这类事，但在养育的过程中体弱多病，其父母也会将孩子过继给神明或他人。

1. 过继给他人

过继给他人也称"契人"或"认契父母"。这种过继，常会找熟人，如兄弟、亲戚、朋友等；有的也会找贫苦人家甚至是乞丐认干亲。过继前，应先征求对方的同意，对方如同意，则选一个好日子，父母领着子女，带上礼物到受继人的家里举行过继仪式。孩子正式向受继人磕三个头后，仪式就算结束。这时，契父（契爹、干爹）或契妈（干妈）会为契子取一个乳名，并送给孩子一个碗，一把勺子，一双筷子，一套衣服，让小孩用契爹妈所赠的碗筷吃饭，其意思是：这孩子已是他家的孩子，吃他家的饭，和其亲生的父母不相干了，从此后，借着契爹、契妈的福气，必可健康、强壮、长寿。过继以后，每逢岁时，孩子家要给契爹契妈"送年"，契爹契妈也要送给孩子压岁钱、糖果、衣服等，一直到十六岁孩子成年。不过这种过继是没有财产继承权的，只是在契爹契妈家挂个名而已。但当契爹或契妈过世时，契子女也需要去当孝子、孝女。

2. 过继给神明

过继给他人，往往比较麻烦，而且民间也有契子会将契父母家风水抽走一些的忧虑，因此，大多数人家遇到需要将孩子过继出去时，最普遍的方式就是过继给神明，因为这省了许多麻烦和不便。将孩子过继给神明也称之为"契神"，这种现象比较普遍，甚至有"无契不成人"的俗语流行。

过继给神明的仪式比较简单，过继时，择定吉日，准备三牲、水果、香烛、鞭炮等，来到神明前祈祷一下，说：我是哪里人，因孩子身体不好，要拜你为契爹或契妈，请神应允。然后用"贝"卜神意，如应允，则献上一块红布，给神灵挂红，有的还写上一张契约，贴在庙里，这样就完成了这一"契神"的仪式。有的拜完后，会将神明香炉中的香灰包一点在红布袋中，挂在孩子的脖子上，以后，每逢过节以及神灵的生日就得前往焚香祭拜，有的也需要换香灰，直至小孩长到十六岁做"洗契"仪式为止。此外，契神后往往会给孩子起个小名，如给保生大帝当契子就可以称阿保，给观音菩萨当契女可以称观音妹，给榕树公当干儿子，可以起阿榕哥或榕生等，给妈祖、七娘妈当契子可以起妈生、妈宝等名字。有的地方给神当契子，每年的除夕夜，也得到庙里睡一会儿，与契爹或契妈亲近亲近。

第四章

丧葬礼俗

如果说，诞生的礼俗是接纳一个人进入现实社会的过渡礼俗，婚姻礼俗是使一个人身份地位升级的过渡礼仪，那么丧葬礼俗就是使一个人从现实世界进入另一个想象的虚构社会的过渡礼俗。在闽南人当中，丧葬礼俗基本上是遵从汉族的大传统，但各地的闽南人，也会因地方的不同而有一些细微的差异，如一项仪节有不同的称呼，有些具体的惯习也有些微差异。

第一节　临终之习俗

一、搬铺

在闽南，当老人病笃弥留时，需要将其移到自家的厅堂或祖厅或公厅，在那里等待祖先的召唤，俗称"搬铺"或"打厅边"或"上厅边"。在现代，城市人多数居住在公寓建筑里，因此"打厅边"的场所往往就是公寓中的客厅。过去，年满 50 岁且有子女的所谓"上寿"或"大福"之人，才有资格搬铺到厅堂中寿终正寝。在惠安县，"打厅边"时，一般是由儿子将其背到祖厝的厅堂中，即在祖厝的公厅中安放床铺，让其在那里寿终正寝。

"打厅边"一般是男左女右，遇上同家族中有两位同性别的老人"打厅边"，如果是男性，则先到者居左，后到者居右；女性则反之。在晋江，未满 36 岁就当祖父母，而又未满 50 岁就去世的人，也有资格搬铺到祖厝的正厅。不过，如果病危者的父母仍健在，一般不能搬铺到正厅里，而只能搬铺到后厅或下厅。在厦门，人临终的时候，不能睡在自己卧室的睡床上，必须将其移到住宅的正厅，睡在临时搭起来的"水铺"上。夭折者或父母尚健在者或地位卑微的家庭成员，如填房小妾，也要移到床前地板的草席上，或把"水铺"搭在护厝里。这些都需要在病者还未气绝时进行，如果寿终于偏房或寝室的床上，是不吉利的表现，不能算是寿终正寝，因此，也就不能再移尸正厅。

搬铺前要先清理厅堂，搭铺安席，俗称"拼厅"。"拼厅"时，要用白纸或白布等将厅堂中的神像与祖先牌位遮蔽起来。在台湾的闽南人拼厅时用米筛或红纸来遮盖神像与祖先牌位。如果临终者是男性，其床铺设在厅堂的左侧。如果是女性，在过去，则设铺于厅堂的后轩，此为寿终内寝之处，而现在，多"打厅边"于厅堂的右侧，也称寿终内寝。"打厅边"用的床铺称"水铺"，厦门的"水铺"用 2 条板凳和 3 块床板架设，因为厦门人认为，"水铺"的木板取单数，表示死者的灵魂将单身上路，不会拉一个家庭成员做伴。在泉州、晋江一带，则用 4 块床板架在板凳上而成。有的地方则不用板凳做床脚，床板直接搁在地上。"水铺"通常不能紧靠墙壁，需要留有一些空间，可以让弥留者的子女眷属等守护于"水铺"的四周。

搬铺时，通常是长子抱头，次子抱身，女婿抱脚，其他亲属帮忙，小心翼翼地平抬到正厅的"水铺"上。抬病人时需头部在前，脚部在后地行进，不能颠倒。搬到正厅后，让临终者仰卧在"水铺"上，头部向厅门口，脚部向厅内，然后，盖上由被单与被面缝合的"水被"。如果老人没有儿子，有的地方由侄子负责搬铺。有的地方，若是父亲病危，由长子将临终者背到厅堂中，若是母亲病危，则由媳妇背到厅堂里正寝。搬铺时，通常需要用雨具遮住临终者的头部，而且忌讳碰到门框、墙壁等，所以，搬铺时需小心翼翼，特别是要从自己的家中抬到祖厝去时，因为需要走较长的路，因此更需要小心。

二、送终

养老送终自古以来都是晚辈对长辈义不容辞的责任。长辈临终时，其子女眷属等需要日夜守护在其"水铺"旁，为其送终。凡已经搬铺于厅堂的老人，自知已不久于人世，神志尚清楚者，往往也会召唤子孙们到跟前交代后事，分配遗物，此俗称"分手尾钱"，晚辈必须肃然聆听其遗嘱，尽力照办。这时候绝对禁止家属痛哭，如果抑止不了悲痛，也只能背过身去掩面抽泣。如果子女在外地工作，必须设法尽快地把他们召回来。子女闻讯后，即使是远隔重洋在异国他乡，也要尽可能地赶回来为老人送终，以尽为人子女的孝心。如果病危者是女性，还要及时通知其娘家，不然会受其娘家人的埋怨甚至发生纠纷。老人咽气时，若其所有的子女都随侍在侧，目送其终了人生，世人会认为这位老人是有福气的"好命人"。若有子孙未能为老人送终，往往会被人们认为不孝，人们也会为老人感到遗憾。

在送终期间，看到临终者已气息奄奄，也有一些事务需要马上办理，如给病笃者理发等。在泉州，在送终期间就可以去置办丧礼所需要的一些物品，例如在这时，临终者的长子必须去买一个陶钵，以供烧化纸钱和库钱之用。除非长子年幼或旅居外地没有回来，才能假手他人去买。

第二节 初终之习俗

一、倒头

在闽南地区，老人一旦断气死亡，据说其魂魄一分为二，体魄留于水铺上，灵魂则茫然不知其所在，这时要用一面布盖其脸。据说这是有廉耻的表现，所以骂人不顾廉耻，有"前世不遮面布"之说。遮盖好面布后，需要立即在大门口焚烧一顶纸轿或纸车，此称"烧魂轿"或"烧过山轿"。同时，用一只内装沙的大碗作为香炉在大门外焚香祭拜亡灵。有些地方还需要在那里砸碎一只碗，并念"碗破家圆"后，全家大小才开始举哀恸哭。

在永春县，老人咽气，需"去帷帐之半，彻屋瓦一二块，取魂归于天之义，令死者之灵得自空虚处上升也"[①]。在诏安县，老人初丧时，先焚香祷告一番，然后，牵一条狗来，用陶瓷器皿猛击它，让狗疼痛发出惨叫，陶瓷器皿也落地有声，摔成碎片，然后，家人才可以放声大哭，当地俗称"开声"。哭丧时，男的站在死者的东边，女的站在西边。孝子、孝眷们要脱帽、脱鞋，摘掉所有的饰物。他们可以顿足号啕大哭，但不可以拉扯死者的尸体，也不能让眼泪滴在尸体上面。

举哀后，要把死者原先睡的枕头拿掉，换上一块大石头或一捆银纸给死者当枕头，此称"易枕"。闽南人认为这是处理体魄之始，并认为如此行事，才能使死者的子孙"头壳硬"，意即使其子孙聪明。实际上这是把死者的头垫高，使其下巴收拢上来，不致张着大口吓人。与此同时，要在死者的嘴里放一枚银币，或者用红纸剪一币状物代替，此俗称"含殓"。此时，如果死者的

---

① 《永春县志》卷十五，中华书局 1930 年版。

眼睛还未闭合，也需要手持一张银纸将其抹合。然后，把弥留时死者所盖的被子撤掉，换上白被单中缀红布或红绸的水被。

换完水被后，需要用一张高一尺宽三寸的厚纸，书写死者的名讳谥号，死亡年月日时，左下旁书孝男几房等，暂代牌位，供于正厅的一角，此曰"竖魂帛"。同时，遮神，并在死者脚下的位置摆一碗"脚尾饭"。有的地方则放在头部上方，俗称"棺头饭"、"送终饭"、"枕头饭"或"走路饭"。在过去，这种脚尾饭要在露天的地方烧，不可在厨房里烧。烧好后须用大碗盛满，而且越满越好，饭上面还要放一粒熟鸭蛋，并插上一双筷子。同时，要在脚尾饭边上放一盏"脚尾火"（通常是俗称"油碛仔"的小油灯，有的也用白色的蜡烛代替）。

二、开殃榜

殃榜是丧葬活动中用于记载死者生卒时辰、生肖冲克及有关殡殓活动的榜文。有的地方叫"七单"，有的地方叫"斗书"。

在闽南人中，老人一咽气，其子女眷属除了办理一些初丧时的仪式外，需派人带着死者的生辰八字和"大限"等去请僧道或择日师择定入殓、出殡、安葬、落土等重要时日和避讳等以及选定墓穴，此俗称"开斗书"。然后，才根据这些择定的日子与时辰举行各种丧仪。

三、报丧

由于闽南人忌讳说死字或亡字，所以闽南话俗称报丧为"报白"或"赶生"。有的地方老人气绝、子孙环侍举哀后，孝男即去亲友处报丧，有的则在棺殓的时辰等看好后，才去报丧。报丧时，大户人家常用书写的讣闻（俗称"讣白"、"讣音"）通知亲友，而一般人家则派人用口报的形式发丧。有的地方是先向宗亲和亲戚口报，随后再正式出讣告。如在泉州，人死后，先去亲戚家报丧，接到噩耗的人家，必须让报丧者吃一点东西或喝一点什么，才能让其离开。待开了"斗书"决定何时入殓、出殡、安葬后，再发正式的讣告。在惠安，报丧者不得入报丧对象的家门，只许在外面喊叫，说明来意，分发了丧帖和"头帛"（有的地方也称"白头帛"或"头白"）后，要索取清水漱口，以示祓除不祥，同时索取几角钱以讨吉利，然后匆匆离去。在厦门一带，报丧者可以入报丧对象的家门，并一定要吃些东西，至少要抽根烟、喝杯茶才可离去。但在鼓浪屿，报丧的人不入人家门，待人家出了门才报告死讯。在大田，报丧者手持雨伞径直走进报丧对象的大厅中，将雨伞倒置在厅堂的神案下，对方便知道亲戚家发生丧事，必须赶快用米粉和红蛋招待来者。吃完点心后，报丧者才详告有关情况。如果是到死者的出嫁女家中报丧，其女儿应痛哭一场，否则，报丧者会以为不吉，需要咬掉上衣的一颗纽扣以禳解。

一般而言，如果是父丧，子女要到叔伯、姑姑家报丧，其他的亲友家可派人去。母丧通常要由孝子亲自去通知母亲的娘家。其他的亲属和亲戚，都可以请别人代为报丧。现在对这些亲戚也可以用邮寄讣闻的方式或通过电话报丧。

在福建的闽南人当中，如果是母丧，到舅舅家报丧时，孝男要亲自带一白一黑两块布去，到达时，不能进门，只能在门外跪着哭喊："娘礼！娘礼！"母舅闻声而出，扶他起身，收下白布退回黑布，并请他喝水漱口，此表示母舅将前往吊丧。而这块黑布则留到出殡日母舅来祭奠时，作为"压担"的"转祖裙"用。如果母舅只收下黑布，则表示断绝来往，这时孝子要哀求母舅宽宥。在华安县，报丧者进入外祖家时须脱鞋，将讣告压在大厅里的香炉下，不能直接呈递。外祖家要送给报丧者两个红蛋、一条毛巾。

四、选材

在闽南地区，人死报丧后，那些事先没有准备寿木的人家就要派人去买棺木，此俗称"买大厝"或"买柴"或"出寿板"。通常是父丧由伯叔一人陪孝子去，母丧由外家一人陪孝男去，并指挥孝男购买。另外，还可以请一位懂得木材之道的亲友作陪，以便选择。过去，闽南人很讲究棺木的好坏，特别是已经找好风水宝地，准备一次性葬完，不再捡骨进行二次迁葬的家庭，更要讲究棺木的好坏。一般而言，闽南人使用的棺材主要都是杉木的，有些巨富人家也会使用楠木棺，并使用椁木。除了讲究木料的好坏之外，还讲究棺木是由整木板制成还是用拼接木板制成的。闽南人的棺木，由 4 块木板制成的俗称"四甲"或"全成板"，6 块木板做成的称"六甲"或"六合板"，8 块木板制作的谓"八甲"或"八合板"，此外，还有用小块木板七拼八凑而成的"薄板仔"或"四角仔"。"四甲"为上等，"薄板仔"最次。有的有钱人家和华侨家庭也会事先就准备好棺木，"竖生寿"或"寄寿板"在祖厝、公厅或护厝中，入殓时使用。

五、选墓地

闽南人认为墓地风水的好坏与丧家今后的人丁、财富与前途关系密切，因此十分重视墓的选择。如南靖一带，"葬必择地，山多风患水蚁，必以灰隔"。而营造坟墓时，"俗多侈，富者筑以石或三合土，贵者树华表、石柱及翁仲、五兽之属"[①]。漳州则还需在墓圹边设立一个"妇人喔"。在安溪，事先就择好地者，在出葬前需先做好墓圹。其"作圹之法，凡有力者皆同"，先"量柩大小，三面及盖顶以三合土灰舂筑，留前不筑，进葬后以砖砌

---

①　《南靖县志》卷二，清乾隆八年刻本。

塞"。此外，还要"设志铭，立坟碑、酒台。墓左立后土碑，有官者另立墓道碑"。而"无力者不能春灰，只开土三面，宽八九寸，以灰土泥填实及盖顶，俟灰土干时将中土取出，存留灰墙，葬之亦坚固可久"。"若随择随葬者，棺外裹草，下窆即实以灰土泥，久之草朽，灰土亦不粘棺也。"①多数地方都要请地理师或师公"牵罗经"寻找最佳风水，并确定地下没有旧坟。只有"散赤之家"才由土工以扔锄头的方式来确定墓向。地理师在确定坟墓的"分金"等时，主要依据的是死者的"先令"（生辰八字），并配合"葬日"和"落圹时辰"等来确定坟墓的分金，并做上标记。而后孝男须准备金纸、焚香、蜡烛及祭品，向土地或后土买地，并动锄破土。土公或"土水师傅"就可以"开井"，开始挖墓穴。他们必须严格遵照地理师确定的地点、方位和深度挖"金井"，不得有丝毫差错。

六、遮神与布置帏堂

在闽南许多地方，人死后，先要砸碎一个茶杯，然后把悬挂的天公炉取下来，并用白纸等把正厅神案上的神龛或祖先神龛以及红色的对联等遮盖起来或移开，并把厅堂布置成帏堂。布置帏堂俗称"吊九条"，即以一匹白布用竹竿架吊起来，弯9次后将尸床围起来，目的在于隔开内外。如在永春县，为死者小殓（衣殓）后，"置诸堂上帏之，其帏或用麻布，或棉布之薄者，亦古人缌帐帏堂之遗意也。中庭设幕，以便执事及来吊者。地下布稻草，家属处焉，哭无时，则居庐寝苫之遗也。亦有仅设于室内者，堂非其自有，不得专"②。现在多数人家办丧已无如此复杂了，有的只是用布帘隔开，或者连布帘都省却了。布置了帏堂

---

① 《安溪县志》（清乾隆丁丑版），厦门大学出版社2012年版，第140页。
② 《永春县志》十五，中华书局1930年版。

后，须将大厅的门扉关上一扇，以防止日月光照到尸身上。同时，在门外或大厅的一角设立供桌，摆上香炉、烛台以及写有死者名讳、死亡年月日的"魂帛"等，以便吊祭者叩拜。同时，请道士或僧尼来诵经开魂路，做一根俗称"幡仔"的招魂幡，上由僧道书写死者的姓名、生卒年月日时等。通常男亡者用绿色装饰，女亡者用黄色装饰。葬仪时，由丧主执之，作为领先的标志，除灵时才焚化。

与此同时，在大门外也应贴出俗称"讣白"的白纸黑字的讣闻，家中最老辈的男性逝世，写"严制"，家中最老辈的女性去世，写"慈制"，有的人家三世或四世同堂，最老的长辈还在，但第二代或第三代晚辈却不幸去世，这时，只能写"丧中"。大门、房门上的红对联都要撕掉。大门扇上用油漆写的永久性红色"门心"联，也需要用白纸条贴上。一般而言，男性逝世，白纸需斜贴成"八"字形。若女性去世，则贴成倒八字形。如果大门为单扇，男丧斜贴成"/"形，女丧则反之。如果夫妻皆殁，则在大门上贴一个叉，其中男性先殁，则先贴"/"形，然后再贴"＼"形，反之亦然，此俗称"挂孝"。另外，由于办丧事难免要干扰到邻居，或要向他们借用东西等，为了敦睦邻居，丧家应为附近邻居的大门贴上红纸，以示凶吉有别，此俗称"为人挂红"。这些红纸在出殡日起灵后才可以撕掉，并要请道士为其做"洗净"仪式和贴上"净符"。

七、守铺

在闽南地区，帷堂布置好后，孝子们就开始守铺。他们在厅堂里铺些稻草，坐在上面守着躺在水铺上的死者。守铺的孝子白天烧些"脚尾银"或折叠"烧脚尾库"的纸钱，夜里席地而坐或睡在稻草上；孝眷则早晚需哭奠，此保留了古代"寝苦枕块"的遗风。

守铺期间，亲戚朋友闻耗会来向遗体告别，赠送赙仪，焚香致奠，此俗称"探丧"或"觅丧"等。如果有亲友来探丧，孝男要向其禀报，女眷则需举哀。如果是母丧，当其娘家人来凭吊时，孝男等必须到门外跪接。出嫁女儿闻耗回来奔丧，离家还有一段路时，须号哭而入，此称"哭路头"。凡长辈咽气时未随侍在侧的子孙，从外地赶回奔丧入大门时，需要匍匐入门，以表示自己的不孝和奉养无状。

有的人家，在守铺期间就敦请僧道来念经，此俗称"念脚尾经"。有的则俟入殓后才举行，这俗称"入木法事"。

八、易服

在漳州、泉州、厦门等地，丧家的卑亲属在初丧时也需要易服，这主要是去华饰，被发跣足，男踊女擗，不食，"斩衰三日不食，期、九月三不食，五月再不食"，虽不必马上穿仪式性的丧服，但需要换上素色的衣裤。而在小殓，也就是衣殓时，男子袒，妇人不袒，即"卷其衣袂而露其臂，便作事且哀甚也"。此外，需"括发免髺"，"斩衰男子以麻括发，齐衰以下同，五世祖者免"用麻，而"以布缠头"。"斩衰妇人以麻髺，余皆以布髺。"并在大殓后穿上仪式性的丧服，待下葬后，再换成戴孝章的形式。

九、成服仪式

在闽南地区，通常是在大殓后，布置好孝堂，就可以举行成服之礼了。做仪式时，"设奠加盛"，"五服之人各服其服，男女分东西，重服在前，轻服在后"，一同奠祭亡魂、叩首、举哀，才算完成成服之礼仪。在举行成服仪式时，祭桌左右两边各站着一个礼生，由他们主持完成。

第三节　入殓前诸俗

一、接大厝、放板仔

在入殓前，需要把原先预备好的或刚从棺材铺里买好的棺材运到丧家。在闽南，把棺材运到丧家俗称"放板仔"或"放寿板"，也称"接板"或"接大寿"、"接大厝"等。有些大户人家，甚至要请吹鼓乐队到棺材铺去迎接。

寿板运到离丧家几十米远的地方要先停放一下，以便举行接板的仪式。接板时，孝子们穿着丧服，哀号着出来跪接。他们用丧服的衣裙捧着一些"库钱"（折叠成元宝形的纸钱），为首的孝子，则带着一袋内有铜币的米（现在改为红包）、一副桶箍和一支新扫把。到了棺材边上，孝子把米与桶箍放在寿板上，拜几拜，此俗称"碛棺"，用新扫把从寿板的天尾到天头打扫一下，然后，孝子们把纸钱和纸扎的库官、库吏等堆在寿板前烧化，此俗称"烧围库钱"。烧完后，金灰收起来，待出山时埋于墓侧，或放于棺内。

库钱烧完之后，棺材才可以抬进门去。抬进去时，棺材需在埕上或天井内转头，使其头朝内尾朝外地抬进厅堂，这一是方便入殓时尸体头内脚外地放置，另外也省却入厅堂后转头的困难。此外，如果死者生前竖有"生寿"或寄有"寿板"，此时也需从寄存处如祖厝、公厅、护厝等放倒后运到家中来；如果已在祖厝里搬铺"打厅边"，则需把生寿放倒，在那里入殓。

在这个仪节中，子孙在门口跪接，象征他们对先人寿板的重视，同时也是一种验收。"碛棺"用钱与米，表示家中不进空材（财），也象征死者的子孙有得吃有得用。上放桶箍，则强调死者的子孙必须团结在一起，有如桶箍把木桶板紧紧箍住。而用新扫帚清扫棺木，则象征崭新与洁净。

二、哭路头与迎外家

当某家有老人过世，丧家一般都需要立即通知相关亲戚，让他们赶来参加入殓仪式。而在必须到场的亲戚中，有两类人有比较特殊的习俗。首先是出嫁的女儿。她们由于出嫁在外村，所以，接到讣音后，应马上卸妆赶回娘家，而且须沿途号哭，或者至少是一进村口或巷口就开始号哭，用当地方言唱着丧歌或哭丧调回娘家。

在闽南，这种现象称孝女哭路头。而娘家人听见渐渐接近的号哭声，也知道是自家的出嫁女回来奔丧，也需要派人到门口迎接，并发给她丧服，陪她一起直接到灵堂中哭丧。这种哭丧调与词，有的也成为一种民间文学的创作。如有的闽南人孝女哭父亲时会拉长调子哭道："我苦啊！我爸喔！亦无倘加食（不肯多活）十年八年，也好成子成孙啊！我爸喔！"之类，而且哭丧时是一把鼻涕一把眼泪的，有的甚至哭得死去活来，其哀痛之声凄凄惨惨，无不直戳听者的心窝。

如果是母丧，需先到母亲的娘家报丧。外祖或舅舅等接讣闻后，如果来丧家亲视含殓，丧家等均需在门前摆上香案，案上摆着香烛，却不点燃，孝子等则跪哭迎接，要外家人搀扶后才可以起身，此俗称接外祖或接外家。外祖家的人到后，对自己家女儿的死因等要详细查明，而其外孙或外甥们也需跪着陈述其母亲的死因及其他情况。如果外祖认为自己女儿的过世是由于外孙子女忤逆或疏忽造成的，外祖会举起手中的木杖边骂边抽打他们，加以惩罚和训斥，并且让他们长跪不起，以忏悔自己的罪过。等他觉得惩罚够了，才会叫他们起身去办其他应办的事情。

在闽南地区，人死未殓时，除了上述两类人外，其他亲友闻讣，也需来探丧并参加入殓仪式，此方言俗称"埋（取其音）

丧"，他们来到丧家，以挽联、挽幛、大银烛、糕仔封（白蜡烛、银纸、焚香、糕仔等，用白纸包裹封好）等，赙赠丧家，此俗称"送礼敬"。有的则以金钱赠予丧家，是买银纸烧给死者之意，实际上是以金钱帮助丧家办丧，此俗称为香奠或奠仪，古称赙仪。奠仪的钱数应少于贺仪，而且只能用单数，这有避免丧家再死人的意思。旧时，奠仪用白封套装之，同时需附上一纸帖，上写："谨具赙仪一封，尚人弛上某某亲公灵前，伏乞贮纳，不胜慰仰之至，大孝某亲老先生苫次，眷某某某鞠躬。"奉上奠仪等后，凭吊亲友即到灵前点上两炷香（丧事只能烧两根香条）祭拜，然后等待入殓仪式的举行。现在多到公祭时，才去吊唁，并为死者送行。

三、买水或乞水

人死后，闽南人需到河里或井里打水来为死者沐浴，此俗称"买水"或"乞水"。昔日乞水都是在河边，因为人们认为那里的水是活水，而井水则是死水。去乞水时，孝子贤孙身着孝服哀哭着到河边，为首的孝子要带着一个装有白布条的瓦钵或新水桶、线香、四方金和2枚硬币或铜钱等。到了水边，先在河边点香，站着或跪着向水神祷告，然后，用钱币"卜贝"请示神明此水是否可以使用，如不可就换个地方乞水，如可以就把焚香插在河岸上，把硬币或铜钱扔到河里，表示向河神买水，并在河边烧掉四方金后，跪着用瓦钵顺流舀水。因为民间认为是不可以逆流舀水的。在舀水时，不能重复舀，只能一次性完成。如用新水桶，返家时，水桶上的绳索要在地上拖着走。回到家门口时，其余孝眷要伫立在门前迎水入宅，并在门口烧纸钱。去乞水的人要跨过火而进，将水倒入新陶盆中，放在风炉上加热后，再用此乞来的水为死者沐浴。另外，倒进陶盆后剩下来的水，要倒在阶前，此谓之"上水"，寓意整洁卫生。现在，有的丧家嫌河水太脏，或有的人家居处离河太远等缘故，事先用水桶装些自来水放在露天的地方，然后就在桶边举行乞水的仪式。

四、沐浴净身

闽南人乞水返回家后，需用风炉将此水加热，才可以举行沐浴的仪节。沐浴就是为死者净身，俗信浴尸将方便死者前往极乐世界。实际上可能是因为人咽气时，有时大小便会失禁，污染死者的身子，故需要净身。通常父丧由孝子孝孙来沐浴，女眷回避；母丧则由媳妇或女儿来沐浴梳洗，孝男孝孙则回避。有的地方则由村内专门负责丧事的"土公"或者殡仪馆的"土公"来执行；有的地方则请"好命人"来执行。

五、换寿衣

以衣衾裹尸或换寿衣也称"小殓"或"衣殓"。在闽南，给死者沐浴完后就可以给其换上寿衣，此俗称"穿寿衣"或"张穿"。此外，在闽南人当中，寿衣算层、算重不算件，像西装、夹克之类，因有夹里，可算是两层或两重。根据传统习惯，闽南人寿衣层数忌偶数，一般的寿终正寝者所穿的上衣需6件7层，裤子5重；高寿者的上衣可多达11或13层，而年轻亡者只能穿4件5层。同时，由于闽南方言中，"九"字与"狗"字同音，因此，寿衣忌讳9层。在泉州一带则根据三代、五代或七代的代数来确定穿寿衣的层数。

另外，在闽南，死者的脚上多数是穿白色袜子再套上黑布鞋，而忌穿皮鞋。如果不得已穿皮鞋，须在鞋底贴上纸张。头上，过去是男的戴帽，女的绑乌巾，现在有的人家因举行现代式丧礼，而省却帽子与乌巾。作为寿衣的这些衣物不必是全新的，只要是丧者平日喜爱的而且洗涤干净的即可。一般的情况下，贴身穿的必须是白色的丝质或棉布衣裤，此称"贴肉绫"，男性的

"贴肉绫"为衬衫、衬裤与袜子，多由孝女负担，一般用柔软的白绫或白棉布制作。女性的"贴肉绫"多为其结婚时的白色"上头衣"。据说贴身穿白色的衣裤，日后捡骨重葬时，骨头才会洁白。在过去，最外面一层通常是长衫马褂，现在有的已改用西装了，而中间的衣服就可以随便穿。由于在过去有的人出嫁时就备有寿衣，而且在老人过 60 岁以后的生日时，闽南民间也有子女送寿衣为贺礼的习惯，所以，有的人的寿衣实际上放置了几十年。因此，闽台的闽南人通常把寿衣称为"老衫仔裤"，称换寿衣为"张老衫仔裤"或"张老寿衣"。

穿寿衣时，孝子、孝眷都要在场。一边穿一边哭喊，告诉亡者穿第几层了。寿衣里面几层不用纽扣，而是用带子打死结。在诏安县，给寿衣打结时，口中要念道："活人打活结，死人打死结，剩下的由子孙得。"然后，把打结剩下来的布条分给孝子、孝眷。穿好寿衣后，外面多用带子或绳子将死者的双手固定在胸前。

由于给死者换多层衣服比较费时费力，在闽南，过去通常在给咽气后的死者穿寿衣之前，有"套衫礼"的仪节，即在活人身上先把多层衣裤套在一起备着，当死者断气以后再一次性地给死者套上。习惯上父死由子孙换衣，母死由媳妇女儿换衣，所以，父亲的寿衣由长男来当"套衫礼"的衣架子，母亲的寿衣则由长女或长媳来当衣架子。如在厦门，"以长男或长女头戴竹笠，足踏竹椅，手执竹竿（盖厦为郑氏抗清根据地，寓有民族思想，头戴笠，不戴清天；足踏椅，不履清地；手执竹竿，示当揭竿起义也）。将死者应穿衣服，一一穿身，以红绳由两袖贯之，置米筛上，曰套衣"[①]。

寿衣换好后，要由媳妇给死者梳头戴帽或乌巾，由女儿给死

---

① 《厦门市志（民国）》，方志出版社 1999 年版，第 456 页。

者穿袜着鞋，这就是闽南方言所讲的"媳妇头，查某仔脚"俗语的意义。过去，通常还在这时给死者嘴里放一点金银或玉石、金箔等，此俗称"金嘴银舌"或饭含、含玉。在漳州一带，"饭含，用米数粒、珠银屑含于口中"。① 另外，在过去，大户人家在穿寿衣之外，还要给死者戴上许多金银首饰，这种厚葬的风气也常招致劫墓盗棺的事情发生，所以，现在已不再以贵重东西陪葬了。

在过去，有的地方在穿完寿衣后，还有布条裹尸的捆殓之俗，如在漳州一带，"殓衣多寡随贫富，不拘新旧，多不过十九称，半铺尸上，半铺尸下，颠倒铺之，惟取正方。绞用绸或用布，横三幅，直一幅，每幅南头皆折为三片。横者周身相结，直者掩首至足而结于身中，先结直者，后结横者"②，最后在死者的腹部打一个莲花结。

六、辞生

闽南人给死者换完寿衣后，就可以跟亡者"辞生"了。在厦门"为死者更衣毕，即具殽致祭，曰辞生"③。泉州人称辞生为"事生"，此取事死如生之义。辞生是家人看见亡者仪容的最后一次祭奠，也是死者当面辞别家人的最后一次盛宴和祭奠。辞生时，必须准备12碗菜，如鸡、猪肝、猪肉、花生、韭菜、豆腐等供祭死者，通常需半荤半素，若死者是信佛教的居士，则12碗全是素菜。辞生时，长子站在竹椅上，余皆跪于地上，由道士或俗称"雕虎者"的土公或"好命人"，逐一拿起每碗菜，用竹筷代死者夹菜，做喂食状，将每道菜均敬献给死者。每夹一道菜时，得念一句吉利话，如"食鸡子孙大家好起家；食猪肝，子孙代代做大官"，等等。

---

① 《光绪漳州府志》，上海书店出版社2000年版，第924页。
② 《光绪漳州府志》，上海书店出版社2000年版，第924—925页。
③ 《厦门市志（民国）》，方志出版社1999年版，第456页。

七、放手尾钱

闽南人在辞生后，即可"乞手尾钱"或"放手尾钱"。就是预先在死者的衣袋或袖子中放一些（如 120 枚）硬币，辞生完可以拿出来分给子孙每人一枚，一方面象征着死者留下财产分给众子孙，另一方面也象征着传宗接代责任的传承，具有祝福亡者子孙得到其福荫而富贵的意义。在厦门，乞手尾钱时，"以银钱由死者袖中放出，承之以斗，曰放手尾钱，示遗财给子孙也"①。或由道士或"好命人"将铜钱经由死者之手，溜放于米斗中，然后，再将铜钱分发给死者的孝子贤孙们。在泉州一带，此俗称"散手尾"，即辞生时在死者遗体脚下放置一个米斗，内放一些预先准备好的硬币和五谷之类，辞生结束后，由从事仪式的僧道或土公等，从米斗中拿出硬币，散发给死者的子孙和亲属。

在"放手尾钱"时，主事者需念一些吉祥语，如"米斗响，有钱千万来买田；放手尾，子孙得家伙（家产）"；或"放手尾钱，子孙富贵万万年"等，此象征死者将财富留给子孙后代。子孙拿到手尾钱后，要用带子穿过铜钱，系在手腕上，这象征着死者将富贵的吉兆传给他们。在厦门，结手尾钱时，孝男用麻带子，其他人用白、青带子。在泉州，孝男用白带子，其他人用青带子。这俗谓"结手尾钱"或"带手尾钱"。此外，若是父丧，手尾钱绑在左手，若是母丧则绑在右手，直到"合炉"脱孝为止。

此外，在闽南地区，放完手尾钱后，丧家还需从事"割阄"的仪式。在各地闽南人当中，割阄仪式通常是用麻丝一端缚在死者的袖口，一端则由亡者的遗族所持，道士一边念着经文、咒语，一边用菜刀把麻丝割断。然后，由道士将遗族手上所持的一段麻丝连同银纸一起烧掉，以表示与亡者从此诀别。

---

① 《厦门市志（民国）》，方志出版社 1999 年版，第 456 页。

第四节 大殓诸俗

一、大殓

大殓俗称"入殓"、"入棺"、"入木"、"入大厝"、"收棺"等，是将尸身装殓入棺的仪式。在不同地区，大殓的时间不同，入殓的程序也有一点不同。在闽南地区，不论在什么季节，通常都在咽气后 24 小时内选择吉时大殓。

入殓时，先把从邻居那里乞讨来的草木灰铺在棺底，铺的时候，主事者需要用方言念几句吉祥韵语，如"一斗变十斗，一石变十石，富贵有啊，子孙吃得到"等。铺完草木灰，再铺冥币（银纸）和库钱（金纸），有的也铺些茶叶和俗称"纸脚"的碎纸等，然后放进俗称"寿内席"的灯草席。如果死者的配偶还健在，应把这种草席割一半留下，以后当其配偶过世时使用，以象征夫妻到阴间后还能同床共梦。在闽南人聚居的台湾，昔日先放"草丝"、"草节"或"草碎"，现在则放茶叶。接着也需放进"七星板"，其长约 1 米，宽约 0.2 米，上面雕刻有北斗七星，或七个圆孔，有的在七星上还镶嵌有铜板或银圆。放七星板时也需要用方言念吉祥语，如"安古铜，代代子孙中状元"，或"安七星，子孙富贵万万年"等。在台湾，七星板下面还要放些"库钱"，谓之"随身库"。此后，才移尸入棺。入棺时需用雨伞、斗笠之类的雨具遮盖死者的头部。入棺时，死者的遗属可以围观，亲视含殓，但需注意不能让悲痛的眼泪滴到死者的遗体上。

遗体放入棺时，一般由孝男抱头，孝妇、孝女抱脚，其他亲属扶双手。入棺后，需居中调整好，而且俗语云"男顶天，女立地"，也就是说，若是男尸，其头部要顶着棺材的上端，若是女尸，则脚部要紧靠棺材的下端。遗体调整好后，要用纸钱、棉絮等塞紧，使其不会在棺内移动，并在左脚下垫金纸，右脚下垫银纸。而后，盖上"水被"，并要在其脸上蒙一块二尺见方的"面布"。据说此俗源于清初，其表示作为明代的遗民无颜去见九泉之下的列祖列宗。

在闽南大多数地区，水被通常是由死者的子孙准备。但在某些地方，水被多由亲友赠送，如在漳平县，亲友奔丧所送的奠仪中，就有当地俗称"被仔"的水被，入棺时，这些水被要逐条盖在遗体上。主事者在盖这些"被仔"时，要对死者唱明某条"被仔"是某人送的。不过，唱到某人时，也不能唱其名字，而只能唱其称谓。

盖完水被后，需将写有亡者姓名、生辰年月等的木制神主牌覆在死者身上，并呼死者之名，请其灵魂附在木主上，再请出木主，供于灵堂中。此外，还需要放一些随葬品，诸如手帕、头梳、玉器、金银、纸糊的金童玉女等，还有死者生前喜爱的小用品和小玩意等，以及饭团、桃枝或柳枝、熟鸭蛋、豆豉、卵石等。

在闽南，入棺时，除了遗属外，也要请堂亲或亲戚等来视殓，但有些生肖相冲的亲属和亲戚则要回避，而这些需要回避者的生肖情况，通常在殃榜上会写明。过去，男性去世，须请叔伯或族长来视殓；如是女眷亡故，则须请外祖家来视殓，否则不能入殓，俗谓"男死怕亲堂，女死怕外家"。有的地方甚至要请"视殓官"来视殓，如在泉州一带，过去官绅人家在入殓时，要请"观殓官"来观殓。其意思是因为孝男惨遭大故，精神紊乱，恐会疏忽礼节，所以要请有功名的人在场监督。观殓时，观殓官身穿公服，坐在公案后，孝男跪在案前，所有入殓之物逐一列单，一人逐件唱过，观殓官朱笔点过，孝男件件唱有，然后由观殓官批数句吉祥语于单后，即告礼毕，此单也放入棺内。①

① 《泉州旧风俗资料汇编》，泉州市民政局、泉州志编纂委员会办公室1985年版。

二、封钉

闽南人办丧事时，将尸体入殓安置固定好后，如果棺材要久停待葬，则经由子孙亲友最后一次瞻仰，就可以加盖封钉了。但如果不日就要出葬，则待出葬前才举行封钉仪式。在封钉时，如果是母丧，特别要等母舅等外祖家人来看过，认为满意才可以盖棺封钉。因此，民间流行一句俗语云"父死扛去埋，母死等候母舅来"，讲的就是这种情况。另外，当人家的养子或养女的，除非死者有特别的交代，通常都需要请死者的亲兄弟来审视后，才能封钉。所以，通常的情况是，父丧由亡者的亲堂兄弟或他们的后代中的"好命人"主钉，母丧则由母亲娘家的人如舅舅等主钉。有的地方也请土公或士绅来钉。如在厦门，灵柩如要停殡待葬，在做完祭棺仪式后，则"请士绅执斧打棺盖之钉，曰点斧"①。而无法请士绅的，则由土公来封钉，封钉完，丧主应给土公红包。如果请和尚或道士来做道场，在钉棺时，要请他们敲钟鼓念"收乌"经文。钉棺用的棺钉共五根，四角各钉一根加有红布的长钉，棺材天头中间的一根则是加有五色小布条的小钉，此称"子孙钉"。

在临封钉时，念吉祥语者（司仪或道士）要先让孝子请斧，其念："吉日良时，天地开张，奉请鲁班先师，伊是仙人来赐斧，万事大吉昌。"接着念："请孝男围四边，手拿金斧卜点枝，丁兰刻木为父母，孟宗哭竹冬发枝。"请孝子孝孙们来到棺柩周围，然后，死者的长子背上插一根末梢有竹叶的竹子，手持一个装有一把扎着红布的斧头、系有红布的钉子、一块红布披带和两份红包的盘子，率领其兄弟和长孙走到封钉者面前，举哀顶盘跪请打钉者点钉。点钉者手缠头白，披上红布条，右手拿起斧头，左手

---

① 《厦门市志（民国）》，方志出版社1999版，第456页。

随即扶起孝子。然后由孝子请引到灵柩边。孝子们走到离灵柩尾部几尺远时，面对灵柩跪下曰："双膝跪落时，黄金铺满地，四时无灾殃，万年大吉利。"这时，念吉祥语者（司仪或道士）手里拿着钉子，并引导打钉者依序安钉。打钉者在钉之前，要先念道："手持斧头，高高在上，持斧点钉，世代出丁。"孝子们说"多谢!"并对灵柩行礼后，点钉者才开始封钉。

封钉要按一定的次序封钉。先把灵柩天头右边角的一根俗称"福钉"的钉子全部打入。接着要从灵柩的地头处绕过去，钉天头左边角的第二根俗称"禄钉"的钉子。然后再绕过灵柩的地头处，打地头右边角俗称"寿钉"的棺钉，接着再从地头处绕到地头左边角，去钉第四根俗称"全钉"的棺钉。最后再转到灵柩的天头处，在天头的中央钉"子孙钉"。钉"子孙钉"时只要轻敲一下即可，不用钉死。整个点钉的路线就像是写了个"出"字。另外，如果点钉者比亡者低一辈，点钉时需用一张小凳子垫脚。如低两辈则需垫两层，这样身份才够格。

封钉好后，死者的长子起身用牙齿把子孙钉咬起，此谓之"出钉（丁）"，这钉要保持到除灵后才可以舍弃。同时，也要从棺材头上削下一小木片，一起放进灵桌上的香炉中，待除服时焚之；有的地方在出山后火化之。这些都表示希望该家以后会"出丁"，子孙世代昌盛。

当封钉好后，孝子贤孙和亲友需在灵柩前举行祭奠仪式。其程序如：（1）奏哀乐（如无乐队则免）；（2）上香；（3）奠爵；（4）向灵位叩拜四次或行三鞠躬礼；（5）举哀；（6）奏哀乐；（7）礼成。然后，在道士或执事的引导下，在磬钹声中，绕灵柩三周，表示对故人眷恋之意。仪式举行后，要送红包给封棺者和念吉祥语者，但他们通常只收下红纸，退还红包中的钱。在厦门市，盖上棺盖封钉后，要举行"祭棺"仪式，死者的亲属按辈分依次向灵柩跪拜，并把门外的"过山轿"焚化，这以后，亲友不能再送丧家金银纸钱，但可以送挽联等。而在澎湖，封钉后要以三碗红圆和五味碗置于棺板上拜棺，祭毕后的红圆和五味碗要排成圆形放于灶上。

三、停枢暂厝

停灵也称"停枢"、"停殡"、"停棺"、"搁棺"或"殡"等。在闽台，闽南人办丧事，通常棺木封钉后就可以出殡了，但有的丧家因要择吉地吉日或做功德或有其他原因，因此，封钉后没有马上出殡，还得等上几日或更长的时间。如在泉州，首先因为注重风水，想择佳穴，虽有少数人预先做好生圹，但多数丧家是在亲人去世后才找寻坟地。由于找风水宝地需花费时日，所以必需停枢待地。其次，泉州是侨乡，多有人出洋，有些丧家要等出洋子孙回国奔丧，所以也需停枢。因此，在泉州多有停枢的现象，少则数天，多则数年、数十年。而在厦门，一般人家都要过头七后才落葬。除上述原因外，还因民间认为，停枢越久，表示子孙越孝顺。因此有些富者可能停枢几个月甚至几年、几十年。

一般而言，如果停枢等待的时间超过三天，通常就需要"打桶"，即把棺材上的所有缝隙用油灰抹严，并漆以生漆，以防止尸体腐烂的臭味溢出。在漳州，盖棺之后，富家的棺材外面用瓷器舂成的细末灰和着生漆涂之，先粗，后细，使其坚润胶固无比。贫家则用瓷器舂碎和着生猪血涂之，先粗后细，"周棺数次，亦省费而坚固也"[1]。厦门人打桶时，先用油灰填棺材的缝隙，再裱以纱布，然后再涂上生漆密封。泉州人打桶时，先用麻布裱褙封口，再用猪血混合着桐油、石灰涂上，外表再重重加油漆，多的甚至可至数十遍。而且，多在停枢期间的祭奠日子如做七、百日、对年等重新油漆，以表示卑亲的孝心。此外，该地的棺木外

---

① 《光绪漳州府志》，上海书店出版社2000年版，第925页。

表一般漆以朱红色，讲究一些的，还要用金粉装点，棺头上写金字，男为"福"，女为"寿"，边上加上蝙蝠等图案装饰，有的也写上死者的名衔。还有的棺木用彩绘来装饰。

闽南民间停枢时，灵枢一般停在家里的厅堂中，通常灵枢要搁在俗称"仙椅"的长凳上。但也有些人家不把灵枢放在家中，而是停放在家外。如在安溪县，因房屋浅小无处停枢者，则另盖棺屋停枢，谓之"寄攒"。在厦门，由于特殊的原因不能停枢于家中的，则在附近另搭小屋停枢，或者干脆寄枢于寺院中。[①] 在泉州，有些情况是不能停枢在家中的，如有地位者恶疾而亡，或客死泉州需运棺回籍待葬者，都不得停枢于家中，在这种情况下，丧家不是在住所附近搭建俗称"湿厝"的简陋瓦房或茅屋停枢，就是将灵枢寄放在泉州东门外东岳山之李公祠或佟公总督祠中，后者通常俗称"寄祠"。

第五节 殓后杂俗

一、送草

在闽南一带，大殓后，通常都有俗称"送草"的"送脚尾"的仪式。这种仪式通常在大殓后举行。如惠东地区在出葬前，必须由孝子孝女等将死者生前所用的草席、鞋、陶罐及两碗饭、蛋，连同一些槁草、纸箔等，送到村外海滩或某个固定地点丢弃或焚烧。这种习俗俗称"送脚尾"，其意也是给亡者送去生活必需品。去"送草"时，孝子领头，他们身穿正式的孝服，依次排列，每人手上拿一样东西以及一根或几根稻草，在锣鼓的伴奏下，哭哭啼啼前往"送脚尾"的场所，气氛甚为悲切。到了送脚

---

① 见陈耕、吴安辉编著：《厦门民俗》，鹭江出版社 1993 年版，第 96 页。

尾的地点，大家或把东西丢弃在那里，或集中在一起，然后放火焚烧。丢完或烧完后，孝子们原路返家，准备出葬。在泉州也一样，入殓封钉后，孝男等需将死者生前所用之药瓶、药炉、草席、碗筷等物，送到住宅所在的铺境的一处固定地方烧毁，此俗称送草。

二、跳过棺

在闽南地区，尸体入殓后还有一些很独特的杂俗。如果死者是女性，其丈夫又准备再娶，那么，丧家就要举行"跳过棺"的仪式。届时，死者的丈夫身背包袱，手持雨伞，从灵柩上跨跳过去，并高喊一声："我去番边（南洋）!"或念道："汝去奈何桥，阮要去番边，汝阮情分尽，下世再相见。"过去到南洋谋生的人，很难每年回来，许多人除了在家乡娶有"正妻"外，在南洋也多娶有妻或妾，所以，去南洋者多有至少娶妻妾两房的现象。因此，有的地方的闽南人以此跳过棺的仪式和说要"去番边"的象征话语，来体现死者之夫将再娶之意。

三、洗净与收乌

在闽南地区，入殓盖棺后，有的还需做俗称"洗净"的仪式，该仪式由师公（道士）主持，他们在一碗清水中滴入黑麻油，并用此黑麻油水给死者的亲属"洗净"。在洗净时，师公（或师公、道士）边念着咒语，一边用手指沾一点黑麻油水，在丧家亲属的眉毛下面点上一点，为他们襄解洁净。"洗净"后，亲族中无事者可以先回家，所以，该仪式有避免死者族亲与亲戚被煞气缠绕的意义。而在泉州一带，当入殓、封钉诸事处理完毕后，丧家还需要请师公（道士）做法事，用桃枝蘸着符水遍洒室内外，撒盐米洁净，并用菜刀砍门槛几下，以驱逐凶邪，此俗称"收乌"。然后，来亲视含殓的亲友再到灵柩前行奠祭礼，此俗称"拜乌"。

第六节　守灵诸俗

一、布置灵堂

在闽南地区，入殓打桶后，要撤掉脚尾饭、脚尾纸等，此俗称"拼脚尾物"。然后开始布置灵堂。以白布遮柩，设灵帏，架遗像，把亡者的衣服鞋袜等置于一张椅子上，意思是供死者之魂换洗之用。而且要在灵柩前放置一张灵桌，上面供奉用高尺许，宽三寸余之厚纸制成的临时神主——魂帛、遗像、魂幡，并摆上一对蜡烛，放些鲜花，设香案，供果品、饭菜等，长明灯的灯火日夜不熄，以备亲友吊唁。

在惠安一带，收殓后，将灵柩置于厅堂正中，并布置灵堂或搭棚做法事。灵堂内挂着帷幕，神案和供桌上则摆着纸做的魂帛、供品与点燃的香烛。在同安，"殓后设灵堂及孝帏，早晚饭必哭"[1]。在漳州等地，入殓后也需要布置灵堂，首先是设布帷，用白布横挂在厅堂之半，内可以容纳灵柩与灵床，客人来吊祭时，妇女哭于内。灵柩多摆在正中，其东为灵床，其上帐、枕、衾，和床下之履，及床边的盥沐之具，尽如死者生前。其次，设置灵座，上安放白绢制的魂帛和死者的遗衣物等。最后，立铭旌，安置在灵座的西边，用绛帛为之，上书写"某官某公之柩"。[2]

二、守灵

在出葬前，孝子、孝眷等都需在棺材边上守灵，朝夕哭拜。同时，中等以上的人家多延请僧道做功德，有一日、三日或七日

---

① 《民国同安县志》，上海书店出版社 2000 年版，第 157 页。
② 《光绪漳州府志》，上海书店出版社 2000 年版，第 925 页。

之分，最隆重的甚至可以多至十日或四十九日。这期间也是亲友吊唁的时期。亲友接到讣闻，多会亲自来吊奠。所以，丧属守灵，一方面可以配合僧尼或道士做法事，另一方面，当有人来吊唁，也可以陪祭和致谢。到了夜里，未婚的子女还需轮流在棺材边上睡觉守灵，此俗称"睏棺脚"。据说这是不忍心让死者遽尔孤零；也有人说，亡者在死后的第七天会返家察看子孙们是否能生活下去，而子孙则缅思昔日生育鞠养之恩。实际上这也有担心亡者是因休克而误认死亡，因此子孙们需要守在灵柩边上听声音，注意棺内的动静。

在泉州、晋江等地，有的亲友也会来吊祭并参与守灵，这俗称"坐冥"。待守灵结束，要由道士用桃树枝蘸符水淋洒厅堂和撒盐米，以驱凶辟邪。在惠安一带，灵堂布置好后，也需守灵，有的亲戚朋友会在这期间来祭奠，并参与守灵。来祭奠时需送"头乌钱"（赙礼）或挽轴、花圈等，后者通常需挂在灵堂上，送葬时派人抬着列入送葬队伍。

三、朝夕奠

在守灵期间，丧家需从事朝夕奠。如漳州丧家在守灵期间，仍需每日举行朝夕奠，"凡质明，先奉魂帛就灵座，然后设奠"。"奠用羹饭、果馔。"晚上从事夕奠时，"则奉魂帛就灵床"。闽南有的地方中午还需要给死者"上食"。在祭奠时，孝妇多会用哭丧调唱"哭丧歌"。有的人家也会请专门的"哭灵人"来哭灵，甚至有些唱词都形成了传统的曲目，如《二十四拜》、《十八送》、《五子哭母》、《十月怀胎》等。守灵期间，"孝子始食粥，哭无时"。如果遇到朔日，"则于朝奠设馔"，用比较丰盛的饭菜祭奠死者。如果在守灵期间遇到收获季节，有刚收获的粮食、水果、蔬菜等，则以"新物""荐之"。① 泉州人守灵期间，丧属每日三

---

① 《光绪漳州府志》，上海书店出版社 2000 年版，第 925 页。

餐都应在灵前敬奉饭菜并举哀，此俗称"捧饭"，其天数则以死者穿几重寿衣而定，如七重衣则捧饭七日，到期则"散饭"。厦门人在守灵期间，孝妇每日在灵前敬奉茶饭与哭奠也称"捧饭"，但每日只需在清晨与晚上供奉与哭奠一次。"捧饭"时，孝妇要放声号哭，并呼唤死者"起来吃哦！"由于哭奠时的声音很响，所以也有提醒其他丧属起床和睡觉的作用，故此也俗称"叫醒叫眠"。而澎湖的闽南人守灵期间，孝妇需每日早晚轮流在灵前供饭与号哭，并放置一盆水及毛巾一条，让死者之魂盥洗，此俗也称"叫起叫眠"。

第七节　发引

在闽南地区，发引也称出殡、出葬、出山、出丧、出灵、上山等。

一、出堂或转棺

在闽南，丧家出殡的日期通常都是由择日师选择的，而出殡的仪式往往请族中长老或僧道来主持。出堂的时辰到时，师公（道士）或和尚敲着帝钟、吹着牛角或敲着木鱼等法器，念着经文；抬棺的族亲或土公用绳索等把厅堂中的灵柩抬起来，踢倒搁棺的"仙椅"，将棺材抬出厅堂，抬到将举行公祭的场所。在抬棺出门时，要注意不要让棺材撞到门框，否则会给丧家带来不幸。旁边的执事者则捡起仙椅，先拿到庭院或村中的广场或新设立的公祭场所如礼堂等地摆好，族亲或土公抬出的灵柩仍搁在上面，这种出堂仪式也俗称"转柩"或"转棺"。有的丧家选择的出殡时辰是在半夜，这样就需要在选定的时辰中先把棺材动一动，以象征已经转柩，隔天早上才将其正式移到举行出殡仪式的场所。有的人家用其厅堂作为祭奠的场所，这也需要在选定的时辰里把棺材移动一下，以象征已经做过转柩的仪式。

当灵柩抬出原停棺的厅堂后，首先要请一位父母双全者或福禄双全的"好命人"，持扫帚、畚斗打扫棺位，扫完后在原放灵柩的地方放一个炭火炽旺的烘炉，此俗称"压棺位"或"压棺底"，以制煞、除湿、取旺。其次，有几个儿子，就在原放灵柩的地方放几副碗筷。最后，放一桶内有钱币的水在该处，以祈求"钱水活络"，三天内都用此水煮饭。还有，放一个竹制的簸箕在该处，内放发糕和12粒丁仔粿或红圆子（闰年则加一粒）和一束桶箍竹篾，以祈求添丁发财和子孙团结。

二、公奠或公祭

闽南有的地方的丧家在出殡前常需要转柩至广场上致祭，此俗称"起柴头"、"起车头"或"棺头祭"。凡参加送葬的亲友都要按顺序至灵柩前行跪拜礼或鞠躬礼。如在厦门、同安一带，转柩之后，要举行俗称"起车头"、"起灵"的祭奠仪式，其为送灵柩出葬之祭。举行仪式时，在灵柩前排起供桌或长案。桌上排列着子孙、外家、亲戚等所奉献的祭品，点烛焚香。孝子先三跪九叩地祭拜；接着丧家其他本家人祭拜。家祭完毕，丧主钻进桌下，向接着跪拜祭典的女婿等外亲跪拜答谢。当这些外亲跪拜时，有司仪代他们读祭文。祭文读完，外亲也要三跪九叩，跪伏在地上哭祭，这时丧主从供桌下爬出来，跪在他们后面随拜。内外亲跪拜后，丧主继续跪在灵侧，答谢其他亲友的祭拜。祭拜结束后，如果入殓时没有封钉，这时就举行封钉仪式。如果死者是男性，就请族中长辈封钉。如果死者是女性，就请外家长辈象征性地先敲一下。封钉结束后，在鼓乐的伴奏下，丧家子孙亲友等排成长串，在道士率领下，绕棺三周，此俗称"旋棺"或"转西风"。旋棺毕，孝妇孝女又围着灵柩痛哭哀号，而请来的西乐队或车鼓戏等则在旁边表演，为此公祭活动助兴。

三、起灵

"旋棺"后，土公就可以开始"绞棺"，即用绳索将灵柩绑在俗称"独龙杠"的棺杠上，独龙杠的两端又连上小杠，以便抬棺。绑好独龙杠后，罩上棺罩。棺罩顶上男用麒麟，女用凤凰，象征着不死的灵魂将由吉祥的麒麟或凤鸟陪伴西去。一切准备好后，孝眷仍围着灵柩号哭，此俗称"哭棺材头"。待"起灵"时刻一到，道士或和尚"祭起马"后，吹起牛角号，鼓声也响了起来，随后锣、钹、鼓、唢呐齐鸣，土工或本族的青壮年宗亲听令将灵柩起身，有的人踢倒搁棺的凳子。出葬队伍开始出发了。在泉州，出堂即"起灵"，在此之前，要先宴请抬棺的棺夫（族亲或请来的土公），吃时孝子等要跪地叩首，其意为先人丧葬烦渎诸人，应预先向棺夫道劳。待时刻一到，抬棺出门，孝眷等均需跪地哭送。

四、出殡

出殡时，闽南各地的情况略有一些差别，如惠东出殡开始时，先鸣鞭炮驱邪，然后起棺出发。其出殡的队伍一般为：（1）出殡横联，其为一幅横穿在竹竿上的白布条，上贴纸，写上"某某老伯父（母）出殡仪式"几个字，由死者亲属中的壮年人拿。（2）铭旌，其为竹篾编制框架，糊纸为饰，并写上"中华显考（妣）某代大父（母）某某龄某某（谥号）某公（孺人）铭旌"，亦由亲属中壮年人执。（3）两盏白色的圆筒形纸糊提灯，其上一面写着"郡号"、"灯号"与姓氏，另一面则写上"某代大父（母）"；通常由亲属中年长者提。（4）彩旗与花篮等，由小孩举着和挑着，挑花篮的小孩还得穿上古代的戏装。（5）西乐队，他们边行走边吹奏哀乐等。（6）"挽轴"、"孝男吹"。挽轴多为被面等，由小孩扛着或提着；孝男吹即锣鼓唢呐班的吹鼓手们，由孝子出资雇请，他们也吹打着哀伤的曲牌。（7）道士，他们边走边敲打着法器或吹牛角驱邪制煞。（8）像亭和撒纸钱的执事。像亭也是纸糊的，内有亡故者的遗像，由两人抬着。两个撒纸钱的执事跟随其后，一位边走边撒纸钱，而另一位则在过桥、上山时，撒金纸，向桥神、山神买路。（9）灵柩，通常由8人抬，有的用16人或更多的人；抬棺的人不是亲堂就是孝子的结拜兄弟。（10）拔龙尾（执绋）之亲人。在灵柩上连有一条白布往后，俗称龙尾，由所有穿白带孝的直系亲属手执随行。（11）送葬之宾客，其中孝子的结拜兄弟均穿长白衫，头扎中有一点红的头帛，在他们的前头，有人拿着花圈；孝女的结拜姐妹也穿着相同的服饰一起来送葬；走在送葬宾客最后的是老人协会的成员。（12）歌仔戏班、南音队等。除西乐队、南音队是雇请的，其余执客多由同姓宗亲担当。小孩执五彩旗，老人提灯和抬像亭等，余皆由青壮年来干。送葬路上颇为热闹，西乐队、锣鼓吹奏敲打不停。到村中广场时，出殡队伍还需要停下来，让西乐队表演约半个小时，然后，再上路。过桥、上山时，还要放鞭炮，撒金银纸，一路上只有丧家的女眷始终哀哭着。送葬的队伍有时长达一里路。通常到了山脚下，送葬的宾客在孝子们的拜谢下返回，只有孝子们及其结拜兄弟等和一些仪仗如出殡横幅、铭旌、花圈、南音队等跟着上山，因为在坟前还有一些祭祀仪式要办。

泉州出山行列以横彩一幅为前导，近改为用纸牌写某某人出殡或归虞仪式；次为红白姓氏灯各一对，去时白灯在前，归时白灯在后；再次为俗称"大鼓吹"的开道鼓乐；复次为铭旌，此外，还有一位俗称"督铭旌"的骑马武职官员；再来是魂轿两顶，一放亡者的相片，一放死者的神主牌位，所以俗称"主亭"，它们通常是由出嫁女儿出钱做的；接着是僧道沿途引魂；然后是送葬的亲友，他们在棺前执绋而行；其后为灵柩与孝眷，灵柩上罩着棺罩，布者系租用，纸者系女婿糊赠。灵柩后拉出两条布

条，孝眷挽布条而行，俗称"拔龙须"，龙须最前面两人是女婿
或侄婿或孙婿，他们俗称"龙目"。最后是俗称"棺后吹"的鼓
乐。此外，队伍旁或里面还有人沿途散发纸钱。还有，祀后土和
点主的士绅，或坐轿随送葬队伍而行，或径直先到墓地等待。而
当送葬队伍出城门，需停棺一下。送客一般到此向灵枢行礼后散
归，孝子也在这里"辞客"，然后再起灵出发。[①]

五、路祭

在出殡的途中，有些戚友会在路边祭典，对此各地说法不
一，如在晋江一带，俗称"半路祭"，在厦门则俗称"摆路祭"。
出殡队伍每逢路祭，必停下来，灵枢由抬棺者用杠棒撑着，吹鼓
手吹奏鼓乐，摆祭者祭祀，孝子等向摆祭者跪拜致谢，并赠以白
布和红丝线为谢。

第八节 安葬与安主

一、下葬

下葬也称安葬、入土等，指的是在墓地将灵枢放入墓穴或掩
埋的过程。在这一过程中，也有一系列的仪式，而且各地的情况
也不尽相同。

如惠安一带下葬时，通常是棺头朝坡上地放进墓穴中。接着
在墓穴左边，设一祭桌，祭祀墓地土地公。然后，地理先生在棺
头处放一罗盘，并拉一根线至棺尾来校准灵枢的方向，若有些偏
差，由其指挥土工用木棍校准。之后，孝子用前衣襟装些墓穴挖

[①] 《泉州旧风俗资料汇编》，泉州市民政局、泉州志编纂委员会办公
室 1985 年版。

出来的坟土，跪于墓前叩首，拜毕起身，围着墓穴走几圈，并将衣襟中的泥土撒进墓穴中。此时，边上的土工则喊"培土安葬，子孙兴旺"等吉祥语。孝子撒完土后，土工用锄头将事先备好的石灰等与墓穴挖出来的土拌匀，填进墓穴，并垒起坟包，洒上水，略为拍打而初步成型。然后，将铭旌放在坟墓顶，花圈等铺在坟墓后面的墓山上。接着，从事点主仪式。由村里有声望的人担任点主官，孝子、孝孙跪在坟前。点主官用毛笔在弄破的鸡冠上蘸点鸡血，或蘸孝子手上刺出的血后，双手捧笔，笔尖举向太阳，然后让孝子各在其上呵一口气，此谓之"取日之精华，借阳人之气"，继而在神主牌上的"王"字的正上方点上一点，使成"主"字。点主时需念点主口诀，如："指日高升，科甲连丁。此笔非凡笔，乃是孔门传授心法之笔。点天天清，点地地灵，点人人长生，点主主能兴。主字添上一点红，代代子孙状元王。朱笔坠地府，某某某三魂七魄归神主。孝男请起，哀哉！"点主仪式后，执事们将祭桌移到坟墓的右边，把刚点完主的神主牌供奉于桌上，开始由南音队从事的"三奠酒"仪式。在这个仪式上，孝子们站在墓左聆听，南音队的女演员穿着戏装，跪在供桌前唱着南音的"三奠酒"祭奠死者，为死者奠酒三巡。祭奠结束后，孝子、孝妇将腰上系的麻绳和草鞋解下来，丢弃在墓地上，将供桌撤除，神主请到像亭中，大家绕墓一周后，从另一条路返回家中。

泉州的出山队伍到达墓地后，按择定的时刻下棺入穴，纳墓志铭等到墓内。在复土时，先由孝男等各以裾掬一些土绕墓一周撒之，然后，再由土公掩埋。接着，由点主官在墓地点主：孝男抱主向东方跪着，点主官先点朱笔，再点墨笔。礼毕，孝男奉神主升神轿，这才返回家中。

在晋江，当灵柩到达墓地，待祀后土、祭棺头、点主等仪式完毕，棺木才入土，孝眷用衣裙各兜些土，边哭边绕墓圹慢慢洒入，此俗称"帕土"。封盖墓穴时，孝男要取一块墓土放于魂轿中木主的座上，引魂入主，然后取另道"归虞"返主。返主时，孝眷等要反向为魂轿执绋，把死者之亡魂引入祖厅宗祠。[①]

厦门的出殡队伍抵达墓地后，卸下棺罩，抬到已挖好的墓穴前，孝子孝女分列左右，跪拜、号哭、诀别。僧或道则在旁诵经。风水师则在墓穴中用罗经定棺木位置、方向等，及在墓地上定墓碑位置等。入葬时，先放墓志铭于棺尾底部位置，然后，土公拔掉棺木的通气木栓，抬棺入穴，上盖灵旐。孝男将木主覆在棺盖上一会儿后取出，以便让亡魂附于木主上。接着，由孝男覆第一抔土，然后掩土立碑。灵柩掩埋后，由点主官用三牲等祭祀后土神或土地神（此时烧金纸）。接着举行点主仪式。孝男把木制的神主反背在背上，向着太阳的方向跪下，由点主官用朱笔与墨笔先对着太阳方向比画一下，借点阳气后才点主。厦门一带的点主，都是在神主或遗像的上下先点红，再点墨，点主时，点主官也要口念吉祥祷语，如："点天天青，点地地灵，点眼眼明，点耳耳聪，点主子孙兴旺。"点完朱笔后，将朱笔向太阳的方向掷去，墨笔则可留下。点主毕，孝子等向点主官拜谢，然后将神主放回装有五谷和棺钉的米斗中，米斗放在墓碑前，把祭过后土的牲醴移到米斗前，跪拜祭坟，然后烧银纸。祭墓完毕后，将带来的五谷撒些在坟上，剩下的带回，以兆子孙丰收富足。接着，孝子等绕墓一周，再拾一块墓土放在米斗内。最后，神主由孝孙捧着，乘轿回家返主。

在闽南人聚居地的澎湖，下葬习俗又有不同。棺木入土前风水师须先进入墓穴内"塞金井"。他在穴底面对未来墓碑方向的左上角和右上角处各排两块垂直相靠的红砖，形成『』状，每砖

---

① 见《晋江市志》编纂组：《晋江风俗志》，陈国强主编：《福建侨乡民俗》，厦门大学出版社 1994 年版。

上再各放一个有孔的铜钱。排砖及钱时要注意"出丁入宝"：先放沿穴之长边竖块的砖块，再在此砖之另一面的长边上放横置的砖，垂直的两砖仿若一"丁"字；放在长边之砖上的铜钱有"通宝"二字的一面朝下，短边砖上的铜钱则朝上，如此两个"宝"字呈一正一反相靠。棺木入圹即置于此四块砖上。放好砖、钱后，风水师还需念祷词如下：

> 手把罗经八卦神，盘谷初分天地人，九天仙女阴阳法，曾度凡间杨救贫。南山石象凤凰飞，正是杨公安葬时，年通月利无禁忌，今日打开生龙嘴。轻轻引进大封君，前面有山山拱秀，背后有屏镇龙基。手把罗经摇一摇，二十四山都来朝，手把罗经照一照，二十四山都荣耀。前有朱雀人丁旺，后有玄武镇明堂，左有青龙送财宝，右有白虎进田庄，鹿到山前人富贵，马到山后旺儿孙。此是我葬听我断，亦是孝子所需要。

此时，风水师从"散土"仪式将用的盘中取出五谷、钱币、木炭、铁钉、铅钱等物分送给丧家每个人，边送还边念祷词如下：

> 一要人丁千万口，二要财宝自盈丰，三要子孙螽斯盛，四要头角倍峥嵘，五要登科及第早，六要牛马自成群，七要南北山府库，八要寿命好延长，九要家资石崇富，十要贵显永无疆，发啊！

孝子这时则全体大声答以"有喔"。

接着，风水师进行"散土"（也称"喊山龙"）的仪式。他手持盛着五谷、钱币等物的盘子，抓起盘中物向墓穴四周抛撒，边撒边念祷词，如：

> 一散东方甲乙木，代代子孙受天禄；二散西方庚辛金，代代子孙入翰林；三散南方丙丁火，福荫儿孙进四宝；四散

北方壬癸水，代代子孙都富贵；五散中央戊己土，代代子孙
同彭祖。散天天清，散地地灵，散人人长生，散土土成龙，
五谷堕落墓，代代子孙大兴旺，发！棺进！

在场的孝子全体人等，听到风水师念到"发啊！"时，也需
要应答"有喔！"或"发啊！"跟进，土公们听到"棺进！"的命
令，即将棺木安置到墓穴中。接着，丧家大小先用孝服兜些土，
沿墓穴徐行，将土洒于棺上，土公再挖土填满墓穴，开始做墓
龟。埋葬毕，将招魂幡、哭杖依于墓前，长子背负神主牌跪于墓
前，由风水师点主。风水师将神主牌的上下比作天地，左右比作
日月，中央比作人。点主前，将沾朱砂之笔对着太阳比一下，然
后边念祷词，如："我奉祖师令，举起文笔一点红，吉日良时点
开光，点天天苍苍，点地地皇皇，点日日增光，点月月明朗，点
人人兴旺，点主主归堂，点孝男孝孙代代出有状元王。"边依次
在神主牌的上下左右虚点一下，然后用朱笔在神主牌上的"王"
字上实实在在地点上一点而使"王"字成为"主"字。① 点毕，
大声喊道"发啊！"将朱笔朝太阳方向掷出。此时，孝男孝孙们
也得应答"有喔！"或"发啊！"等以呼应。点主结束后，丧属即
可在僧道诵经的引导下，引魂返家，留下土公们在那里做墓。

二、返主安灵的虞祭

惠安县一带，那些没有送到墓地的宾客可以各自回家。而上
墓地的送葬者等要先返回祖厝。在祖厝门口，放着一盆沙，并烧
一堆火，返回祖厝的人需在盆里踩一下，并跨过火堆，洁净一
下，才可以进入祖厝。进入祖厝后，将从墓地上抬回的像亭安置
在祖厝厅堂的中间，内有死者的神主牌位。请来的西乐队在祖厝

---

① 《续修澎湖县志》卷十二《宗教志》，澎湖县政府 2005 年版，第
129—131 页。

外奏乐，孝子们则跪在像亭前举行安主仪式。仪式完毕后，由执事或道士在祖厝内外放鞭炮和撒符水和盐米驱邪制煞。然后，众人才离开祖厝，去参加丧家的丧宴，吃一些面线，以禳解参加丧礼所沾上的"衰气"。此后，直至头七，每天需在像亭前供饭菜，做朝夕奠。

泉州、晋江人将下葬结束返回家中称"归虞"，俗称"返主"。在归虞时，孝眷要携红米圆、面线、碗糕等到村边，或本铺与他铺交界处哭接，此称"接主"。然后，为魂轿或像亭牵龙尾。到了家中以后，先安神位于家中厅堂或祖厝中，并备祭品进行祭祀，此俗称"安位"或"安魂"，也即古代的虞礼。祭毕，丧家请送殡者就席用餐，吃"安位席"，其主要的食品为面线，即便富家有能力设宴请客，但第一道食品也一定是面线，此俗称吃"彩气"，主要以面线的细长来象征长寿之意，以禳解送葬者参加丧礼时沾上的"衰气"。对于送殡者来说，当晚不得留宿丧家，而且回去时也不能辞别。此外，如果丧事是在农历七月举行，由于七月是"鬼月"，不得归虞返主，引魂返主诸事就要等到农历八月才可以进行。此后至死者丧后的第七日，要在祖厝中糊一个纸厝供奉。这期间，每日清晨在灵前供以汤、茶水、点心等供品，此俗称"捧茶"。中午、晚上则供奉饭菜，此俗称"捧饭"。捧茶、捧饭时，来施供者都要呼叫死者来进餐、用茶、用饭，此俗称"叫茶"、"叫饭"。至第七日做七后，这种朝夕奠才结束，同时，丧家要做咸米粿和粽子去答谢送赙礼的亲友，此俗称"答金银礼"。

厦门一带返主时，当到村口或巷口时，在家的孝眷要到路头哭接。到了家中，将从坟地上请回的神主，安放在正厅或祖厅的临时灵桌上，带回的坟土放在香炉里，供桌上摆上祭品和纸糊人物，点燃香烛，举行安灵仪式。到墓地上送葬返回者都要依次在木制的神主前点香跪拜。安灵之后，丧家要宴请来送葬的亲友。

宴席的最后一道菜必为"红糟肉"，人们认为参加葬礼后吃红糟肉吉利，能禳解参加葬礼所沾染的衰气。所以丧礼中请吃这种宴席，也俗称"吃红糟肉"。①

漳州地区的丧家，下葬后即奉神主升车返回。进村见到家门时需哭泣。进门以后除了做洗净仪式外，需"设灵座，遂虞祭"。实际上，"虞祭则行祭礼矣"，丧家人员按服丧的等次，站立于灵座前，哭着"降神进馔，初献、亚献、终献，侑食，辞神"，并读祝文："惟年月日，孤子某敢昭告于某考（妣）某官府君（封孺人）之灵曰：日月不居，爰及初虞，夙兴夜寐，哀慕不宁，谨以洁牲粢盛庶品，哀荐虞事，尚飨！"祭祀完，孝子们不再穿丧服，而只是戴孝，同时，从此时开始，孝子可以"蔬食"，也不用寝苫枕块，但还需要寝席枕木居丧。

在澎湖，送葬者返家以后，也需安主竖灵。其神桌围着麻布桌裙，招魂幡绑于桌脚上，神桌上除神主牌位与香炉、供品外，还与厦门一样，要在神主牌两旁安放"桌头婢"（一男一女两纸偶），同时也需安放一盏油灯，此油灯以花生油为燃料，装于小碟中，放在一铁罐上，铁罐中则装着与死者同寿数的圆瓦片。

三、巡山、圆坟

在闽南，通常在出殡安葬后的七天内，五服内的亲属均得到墓地上"省墓"，并进行供奉与祭祀，此古称"三虞"，但俗称"巡山"。如在厦门，巡山或在出山安葬后的第一二天，或在第七天。去巡山时，亡人的遗属要披麻戴孝，并带着牲醴、香烛、金银纸等祭祀用品去。到了墓地，先焚香、点红烛、上供、跪拜叩首、烧金纸祭祀后土。接着，为坟墓培些土，然后，点白烛、焚

---

①　见陈耕、吴安辉编著：《厦门民俗》，鹭江出版社1993年版，第103页。

香、上供、跪拜、烧银纸祭祀坟墓。由于贫困人家的坟墓较小且简单，一般也不修墓园，因此，巡山也即"圆坟"，以后不再另举行圆坟仪式。所以巡山就算是安葬过程的最后礼仪了。而富庶的人家除了筑墓龟外，通常还要修筑墓园，而要完成这些工程，在短短的几天内是没法做到的。所以，在巡山后，待墓园修筑完毕，他们还要择吉日举行圆坟的仪式。届时，还得像巡山那样，再进行一次祭祀，而且其祭祀仪式的规模远胜于巡山。

在澎湖的闽南人也一样，埋葬后的第二、三日，丧家要派人去巡山，探视坟墓是否完好等。坟墓做好后，丧家也要准备牲醴、龟粿等，到墓前祭拜，此俗称"福三"。比较特殊的是，澎湖人圆坟时的祭品中一定要有蛤蜊之类的祭品，特别是血蚶，子孙祭毕要在墓边分食，并将贝壳散弃在墓龟之上。[①]

第九节　葬后祭典

一、做七

在闽南，人死后每七日丧家需备牲醴哭祭死者，直至七个七日为止，这些祭奠仪式统称"做七"或"做旬"。通常人死后的第一个七天称首七或头七或头旬，这天祭奠的费用由孝子打理。丧家在该日的午夜以后开始号哭，到正午时，则致祭供奉。有的人家还延请僧或道来做道场。僧道在丧家设坛，悬挂三清或三宝佛像、十八地狱图等，为死者举行法忏、诵经、超度、开魂路，丧家则随僧道的仪式过程献敬。二七为小七，也由孝子办理。

三七的祭奠通常由出嫁女负责，按俗该日由女儿、女婿备办

---

① 《续修澎湖县志》卷十二《宗教志》，澎湖县政府 2005 年版，第131 页。

丰富的牲醴来哭祭，故该日的祭祀也称"查某团七"或"查某子旬"。中产以上的家庭多请僧道来做道场，少则一昼夜，多则三昼夜。先由僧道诵经做功德，继而，由礼生司仪，女婿致祭读祭文等，仪式极隆重。在做功德时常有"打虎练度"和"目连救母"等的表演，这些故事均为宣扬孝道。前者的内容为：一行者为寻觅吉地安葬父母，途中遇到猛虎，与之搏斗，老虎终为其孝思所感动，放其通行。后者则讲目连尊者如何救出在地狱受苦之母的故事。此外，在做功德之后，有时还有"弄铙"的技艺表演等。而在该夜，丧主也需设宴酬谢女婿等。

四七俗称乞丐七，按习俗应由亲友备办牲醴前来祭拜，丧家不备供品，当天只备一碗水，及准备一个红包放在灵桌上。亲友来祭拜时，丧家也不参与，而且不和来祭吊的亲友见面。亲友祭拜毕，径自拿走丧主所预备的作为答谢礼的红包。而五七则由出嫁的孙女、侄女负责祭祀的费用，所以也称"查某孙（女孙）七"或"查某孙旬"。

七七第四十九日称"满七"、"圆七"、"尾七"或"尾旬"，也必须有比较隆重的祭奠仪式。做完了尾旬祭祀，丧家止吊，亲友不必再来吊祭了。尾七仪式的费用也需由孝子来负责，以表示有始有终，功德圆满。"尾旬"的祭祀，入夜通常都有烧灵厝之俗。灵厝为纸扎的家屋模型，其制作美观精巧，宛如权贵富户的宅第。该夜，灵厝与按死者生前形象制作的坐像"魂身"、库钱、出嫁女赠送的金山银山等一起在仪式结束时焚化。

一般而言头七、三七和尾七为"大七"，其余为"小七"。"大七"比较隆重，"小七"则做一般的祭礼。做七祭时，丧家要准备俗称"祭坟头粿"的白色米粿两盘，供奉于灵位前。每盘交互叠放 13 块白粿，其中一盘最上面一块做成笔架形，其为丧家孝子所供奉，另一盘的最上面一块做成馒头形，为丧家孝女所供奉。丧家在做七祭时，还须备办一份牲醴祭祀"王炉"，这里所谓的王，指的是十殿阎罗。七祭时祭王，是请求各殿阎王在死者之魂抵达该殿时，让死者之魂顺利通过，因此，这个祭祀仪式也称"过王"。

另外，闽南有的地方七祭不止做到七七结束，如同安县，"每七日必祭，族戚友来吊祭，至九七乃已"。而且在做"九七"时，"多延僧演经忏，糊纸屋、器皿焚化，甚有演剧者，俗曰暖丧"①。有的地方做七祭也不按七日为期的规矩办。这主要与死者死亡时的年龄有关。做七的整个周期通常是 49 天，但如果某人是在 49 岁前去世，丧家就不一定按常例的情况做七祭，而是缩短时间，以全部七祭做完的日期不超过死者年龄为原则。如可以每隔三四天做一次七祭，或者有的甚至在首七做完的当天下午做二七、三七，隔天做四七、五七，第三天做六七、七七。此外，在这种状况下，七祭完成后也需要马上做"百日祭"。这种提早完成七祭的做法也称"偷七"。

在惠安，由于大多数人入殓后停一两天即出葬，所以在头七时，要备一些菜碗，到墓地和祖厝供奉的像亭前祭祀。祭毕，将像亭中的遗像挂于祖厝正面的厅壁上，并把像亭烧化。同时，在这个日子里，孝子们脱去孝服，改换守孝的标志。孝子以滚黑边的白布条挂在衣袋或胸口；孝女、孝妇在头上缠上绿色棉线作为标志；死者的妻子则以白线缠在牙骨制的头发簪上，插在发髻上；孙辈的人则在手腕上带上用蓝布条或黑布条制作的"手尾带子"。这些到百日祭后才能除掉。此后，在死者归天后的第 49 天和 100 天，都需要在死者遗像前供奉饭菜，并进行祭祀。

二、做百日

在闽南，老人去世后的第 100 天通常都要举行俗称"卒哭祭"

---

① 《民国同安县志》，上海书店出版社 2000 年版，第 157 页。

或"做百日"的百日祭。在该日,丧家除准备牲醴、猪羊、馒头等外,也需要准备供死者享用的物品,例如一小袋米、一小碗花生油、一小碟盐、一盒火柴、一小捆烧火用的木柴(木柴是用晒干的龙眼树枝条劈成四五寸长的小柴片,然后取五六根,用红丝线绑好而上供,俗谓龙眼树表示好晚景之意)、一小束韭菜(取五六根,用红丝线绑住,以象征久远长寿之意)。上述这些东西准备好后,即与牲醴一起供奉于灵桌上,桌下再放一桶清水,内放一枚铜钱。然后,举行哭祭仪式。祭祀时,自然少不了上香、献祭、烧纸等程序。另外,如果在丧礼过程中本欲烧给死者的纸糊房屋、家具等尚未全部焚化,则在这天的祭奠中全部焚化。有的富裕家庭在百日祭里也会请僧道来做道场或主持祭祀活动。百日祭做完后,丧家就不必从事每日两餐或三餐为死者供孝饭和哭祭的"朝夕奠"了。因为上述这些油、盐、米、柴等物品,就是丧家为死者之魂可以独立处理自己的伙食而准备与供奉的,所以,这个仪式和这些祭品象征着殓期与葬期中的每日"朝夕奠"的结束。不过,在除灵之前,每月的初一、十五,丧家仍需要备孝饭供奉死者,并哭祭一下,此为古礼所说的"朔祭"。另外,百日祭做过后,孝子等所戴的孝章也要更换一次。

百日祭仪式做完,在有的地方也象征葬期的结束。由于丧家在殓期与葬期中接受了亲友的奠仪与挽轴等,因此,在百日祭后,丧家需要还礼,此俗称"答银纸份"。在清代,丧家还礼是用"龟粿"与"桃粿",即在制作的米粿上印龟形与桃形两种,前者代表男性,后者代表女性。假如丧家有3男、2女、2孙子、1孙女,则需为每位亲友准备5块龟粿、3块桃粿作为回赠的"答银纸份"。民国以后,不用米粿而改用米糕。再后来,由于回赠的糕点数量太大,改成在同一块糕上分别印上龟形与桃形,并以一块作为总代表。现在,则多改用日常用品来回赠,其中尤以毛巾、肥皂最为普遍。而且,这种"答银纸份"的回礼时间,也改为亲友送来奠仪的当天，或稍后几天，而不必等到百日祭后了。

百日祭的时间大致是在丧后三个月左右，但具体的日子则需要择日而定。但有的也可能无法按俗例的时间举行。其一，这可能与百日祭所处的月份有关。在闽南人的观念中，一年中有几个月份是不宜举行百日祭的，如双月和九月。俗信如果在双月中为死者举行百日祭，死者的子孙会致病，甚至有死亡的可能。而九月的"九"字意味着"九头空"，而"九头空"是不吉利的，因此，九月也忌讳举行百日祭。这样，百日祭的时间就不得不提前或延后。由于闽南人认为人活至50岁以上才算上寿，而上寿者亡故一般都采用延期的方式来处理，而且还得视月份的情况而定。例如某位上寿的老人在六月里亡故，按俗其百日祭本应在八月举行，但八月是双月，须延后一个月，而九月也属于应忌讳的月份，所以，还得推迟至十月，但十月又逢双月，因此必须再推迟到下个月，也即十一月才能为死者举行百日祭。如此折腾，实际举行百日祭的日子已距亡者死亡时间有半年了。

其二，这种不按期举行百日祭也可能与死者的年岁有关。如果亡者死亡时还未到上寿的年龄，即不满50岁，则丧家也不能依俗例在其死后三个月举行百日祭。在这种情况下，通常是提早举行，而且其年岁越小，百日祭的时间与做七祭的时间越接近。

其三，不按时举行百日祭也可能与丧家子孙的嫁娶有关。闽南人的习惯是：订有婚约但尚未娶过门的准媳妇或准孙媳妇，得知男家有丧时，必须前来参加丧礼。葬期结束，丧家有时会将准媳妇或孙媳妇留下，当天晚上使他们成婚。如果没有留下成婚而让其回女家，则需要另外再择日娶进。按照地方的习俗，这种婚礼都需要在百日祭之内完成，因为，民间认为百日祭之内为"孝头"，吉利，而百日祭之后为"孝尾"，不吉。而如果丧家订过婚的子女不在这一期间结婚的话，就得拖至三年守孝结束后才可以成婚。由于在这种情况下需要重新选择吉日成婚，而有时无法择到吉日，因此就不得不把百日祭的日期延后，以便择到吉日使其成婚。

还有一种情况，丧家有可婚但还未订有婚约的子女或孙子女，也有在百日祭之内临时物色对象成婚者，在这种情况下，由于一时无法物色到适合的对象，往往也会将百日祭延后，直到娶进媳妇后再举行百日祭。

如果百日祭的日期需要延缓，丧家在做满七时，应该同时为死者准备百日祭所需要准备的食用祭品，如米、油、盐、柴、菜等，在满七时供祭死者，祭毕，还要把这些东西放在一个布袋中，挂在灵桌上，此俗称"寄饭"，直到举行百日祭时，再用这些俗称"寄饭"的食品与用品祭拜死者，并焚化给死者。

三、周年祭

周年祭实际上是亡者的死忌日的祭祀，如果完全按照传统，它通常得举行三次，即周年、二周年、三周年，也即古代所说的期年、再周、三周，其祭祀古代称为小祥、大祥、禫祭。但实际上，闽南各地的民间只做两次，或者将大祥与禫祭合起来一起做。

1. 做对年

人死后的第一个忌日古称小祥或期年，闽南民间则把它称作"对年"。该日需要做祭祀仪式，闽南人有的俗称其为"做对年"，如泉州、晋江等地，而同安一带俗称"做头忌"。在这一天，死者的遗属需备牲醴拜灵，死者的出嫁女儿和远亲在这一天仪式做完后脱孝；其他近亲仍戴孝，但需换孝。在对年祭的前三天，丧家就需开始准备"红龟粿"和牲醴，而这几天夜里，众孝子要跪于灵前哭拜。至忌日，同样有祭祀活动，仪式做完后，丧主送还女婿或孙女婿的铭旌。当天晚上，再进行"兑孝"仪式，将出嫁女和孙辈的青孝等都换成红孝，他们在这个仪式后就不必再戴孝

了；而孝子与孝妇则把白孝改为青孝。有的地方，对年祭须由
"出嫁女备办祭品祭祀"，而且，死者的出嫁女也在"此日脱孝"。
同安人则在"做头忌"期间，"择日奉主入龛"。[①]

2. 除灵、脱孝

人死后的第二个忌日，古称大祥或再期年。有的地方在这个
日子里做的是所谓的三周年祭。因为有的地方的民间认为头尾加
起来算，丧后二周年的忌日实际已有三年，或者死者气绝时算一
个忌日，周年实际是第二个忌日，而二周年过的是第三个忌日。
在龙岩，大祥做完祭祀后"撤灵，遍请亲知，会送香火祔祖，谓
之上火"[②]。在闽南的许多地方，对年祭做完后的再一年忌辰祭
奠，就称作三年祭。在这个忌日里，除备牲醴、庶馐供奉死者
外，还需要准备红龟粿，同时，做大祥祭祀时不必再像"对年
祭"那样要哭祭，而是一般的祭祀即可。所以，民间有"对年泪
哀哀，三年无人知"的俗话。在这种所谓的三年祭时通常还有除
服脱孝的仪式。在这仪式中，孝子和孝妇把作为"细孝"的"白
孝"兑换为"红孝"，挂几日后彻底脱孝，门联等也可以换成红
色的了。此前，如果是男性亡故，贴青纸联，而如果是女性亡故
则贴黄纸联。如在福建晋江一带，实际的二周年祭俗称"三载"，
即所谓的三年祭，在这个仪式上，除供奉与祭祀并设宴招待亲友
外，也需要在此时除服，此俗称"脱麻"，标志此后可以穿平常
的衣裳。这以后碰到春节，门上又可以贴出红联。

此外，最迟在这个祭祀仪式中，应从事俗称"合炉"的"除
灵"仪式。所谓"合炉"，即在纸制的死者魂帛前上供、烧香祭
祀后，把魂帛前香炉的香灰拿一点放进祖先香炉中，并插几根香
脚入祖先炉中即可。此后，魂帛前的香炉撤除，以后就在祖先神

---

① 《民国同安县志》，上海书店出版社 2000 年版，第 157 页。
② 《龙岩州志》卷七，清光绪十六年张文治补刻本。

龛或神主前的香炉上香祭祀，不再单独供奉死者，而归入祖先的行列一起祭祀。死者的魂帛连同金纸等一起烧掉，或收藏于匣子中，并在祖先总牌上，添写上亡者的名讳等。所以，此相当于将供奉魂帛的香炉与供奉祖先牌位的香炉合二为一，故称"合炉"。合炉后，应撤掉灵桌，这时，应由属龙与属虎的两人推倒灵桌（即"除灵"），因为民间认为龙虎斗才能避凶，否则会殃及丧家遗族或搬动灵桌的人。除灵后隔日，孝子们可以将刚换上的红孝脱掉，丧家妇女则可以换上素服，至寺庙行香禳解，此俗称"行圆"，这以后她们才算从"丧中"的不洁中解脱出来，才可以回娘家省亲。

这以后，每逢死者的生日要祭祀，此俗称为"做生日忌"；逢死者的亡故日也要祭祀，此俗称"冥忌"。届时，亡者的子孙齐聚一堂，上供、焚香、点烛，用丰盛的饭菜祭祀亡者，烧了金纸和银纸后，大家宴饮而散。

第十节　捡骨葬

闽南也像四川、贵州、湖南、广东、广西、福建其他地方一样，多有捡骨葬的习俗，俗称"捡金"、"捡风水"、"拾骨葬"、"洗骨葬"、"吉葬"。通常在葬后五至八年，估计死者的尸体已经腐烂完毕，乃请地理先生择吉日打开墓圹，拾洗遗骨，再装入高约 1 米的俗称"金瓮"、"皇金瓮"、"黄金瓮"、"金斗"的陶罐或瓷罐中，然后，再另择吉日而葬之。如福建闽南的永春县等地，"因初葬地不吉，数年后拾遗骸迁葬他所，其器以瓷为之，曰瓦棺，土人美其名曰藏金罐，谓蔽于杨筠松、曾文辿诸地师之术，信然，诋之者比之发冢戮尸则过矣"[①]。

其原因据说有：1. 困惑于风水的关系。死者埋葬后，如果该

[①] 《永春县志》卷十五，中华书局 1930 年版。

家的家境不顺利或其家属中有凶事发生等，就认为该坟墓风水有问题，就会捡骨找风水师迁址另葬。2. 原葬地地势低洼而潮湿，或正当风口、山边等，地理位置不理想。葬后数年因墓地浸水，或受虫害或塌陷等，这才拾骨重葬。3. 有的认为闽南人等的祖先均来自中原，自称"下南人"，历史上经常迁徙，一旦迁徙，也需要把上辈人的坟墓迁走，便于迁徙到新的居地，而如果要返回祖籍地时，也便于带骨殖返回迁葬，从而形成这种拾骨二次葬的习俗。实际上，就目前的情况看，多数的二次拾骨葬是因为葬后家中不顺才改葬，因此似乎最重要的还是风水的原因。换言之，闽南人如果认为所葬之墓的风水没有问题，该家中没有出什么大事情，一般就不会捡骨再葬。也就是说，并非每座墓都需要捡骨再葬。不过，在台湾拾骨葬的现象多些，并形成一些规矩，如：1. 十六岁以下未成年亡者的坟墓，不拾骨；2. 三十岁以下亡者之墓，于埋葬五年后拾骨；3. 四十、五十岁的亡者之墓，于下葬六年后捡骨；4. 六十岁以上死者之墓，于埋葬后六年、八年、十年或十二年捡骨。

当闽南人决定捡骨再葬后，通常需请堪舆师择日发墓开棺，并请风水先生或土公仔（专门处理丧事的人）来捡骨，先把骨殖按人形排在铺于墓埕上的草席中，用朱笔点过，以串其"神"。而后从脚部开始，依人骨顺序把骨骼一一放进"金瓮"中，并在瓮盖内写上该死者的生卒年月等，或在瓮外写上死者的姓名等，以后再择日选地，重新埋葬。而且，在未找到风水宝地安葬前，往往把"皇金瓮"寄于他处。

骨头装进骨坛，捡骨完成以后，由家属在新选择的地点做墓穴，马上安葬；或者择日择时择地再重新安葬金斗，其礼仪和出殡的"入圹"相同，只是不用再兴师动众，也不再哀哭罢了。而且，葬金斗时，不烧银纸，而是烧金纸，并认为哭丧反而对主家不吉。这种埋葬金斗的过程俗称"进金"，或也称"吉葬"、"金葬"和"骨葬"，其坟墓的形式与所谓的"凶葬"（第一次葬）相比，也有所不同，其墓龟不再是椭圆形的，而是圆形的，而且墓碑上的字也有所改变，通常不再写"某某之墓"，而是写"某某之坟"。

第五章

民间艺阵

艺阵指的是闽南民间民俗活动如迎神赛会中的游艺表演与宗教性的阵头，自古以来，它们都是闽南人"迎闹热"的主力，不仅具有酬神娱人、营造热闹气氛的功能；而且各地寺庙或村落也可以借着为他庙、他村的庆典提供艺阵的机会，增强寺庙、村落的相互来往，以达成联络人们之间的情感等作用。同时，在"输人不输阵，输人番薯面"的心理支配下，相互良性竞争，各村、各庙都想方设法去创造发明风格迥异的艺阵，从而也促使民间文化朝更加丰富多彩的方向发展、变化。

第一节　龙阵

龙是传说中的神异动物，至少从唐宋以后，它就形成蛇身或鳄鱼身、鹿角、鹰爪、马脸，全身披有金灿灿的鲤鱼鳞片，两根龙须宛若飘逸飞带的形象，是中国人的最重要的文化象征符号之一。在中国民间传统中，它是消灾降福的瑞兽，可以保佑人们平安顺遂，给人们带来吉祥与福分，所以，每逢春节、元宵或其他一些民间的或官方的庆典盛会，中国各处都有舞龙活动，闽台各地的闽南人也不例外，凡有节庆，尤其是元宵节，闽台各地的城

乡中也多有舞龙表演，以祈求风调雨顺、五谷丰登、百姓平安顺利。（图24）

图24　龙阵

在闽南方言中，舞龙俗称"弄龙"或"龙阵"，而不称舞龙，它是一种结合武术与舞蹈的游艺形式。闽南人操弄的龙有多种，有的地方有纯用稻草扎成的"草龙"，或者在其身上插满香火的"香火龙"或"火龙"，有的地方有用蝴蝶组成的"百叶龙"，有的地方则有用板凳串联起来的"板凳龙"，有的地方有用灯笼串起来的"灯笼龙"等，但最常见的是用竹、木、纸、布等扎成的"布龙"与"龙灯"，两者的区别在于前者龙身内不点烛或灯，后者则每节龙身内可以点烛或灯。前者在白天使用，后者多在元宵节夜里闹腾。此外，布龙通常有黄龙、青龙、白龙等几种，其中黄龙、青龙多用于喜庆的庆典中，而白龙多用于白事仪式中。还有，不管是什么样的龙，或无论是多少节数的龙，闽南人民间的规矩是：其节数为单数，以象征阳数。

不同的龙，制作方法各有不同，但除了"草龙"及其变体"香火龙"的龙头是用稻草临时扎成外，其他各种龙的龙头，小者可以用木头雕刻而成，大者都需用竹木等塑形，再蒙上布或纸，并加以彩绘而形成，所不同的主要是龙身以不同的物质构成，如"灯笼龙"是由龙头、龙尾与几十盏灯笼组成的龙身合成的；"板凳龙"则由龙头、龙尾与几十块板凳的龙身组成；布龙和龙灯则以长长的布条连接龙身，以便大幅度地舞动。

制作布龙或龙灯时，其龙头、龙尾需以雕塑手段塑形，通常都是以竹篾或铁丝扎出空心龙头的框架，连以便于手擎的撑竿，表层蒙上纸或布，然后再加以彩绘和装饰，如额头安放以红绸扎成的大红花，下颌粘以红色的髯须。龙尾则先制作一个大小与龙头相配合的类似水牛角形的框架，内也需要穿以撑杆，而后蒙纸或布彩绘装饰即可。龙身的制作则比较简单，它由龙节与布条构成，龙节是用竹篾或铁丝扎成的空心大圆筒，中间也穿有木柄撑杆以便手擎。龙身则由长条的彩绘布条缝制并彩绘、装饰，如加上三角形的背鳍与腹鳍等。最后用布条龙身将龙头、龙尾、龙节串联起来，就是一条可以舞弄的布龙了。

现在，龙艺的制作技艺已有很大的提高，有的地方自扎的大型龙灯，龙头高达三米，整条龙长可达五十来米，有二十多节。用竹篾、铁丝等扎成龙头、龙节、龙尾骨架，蒙以绘有花斑龙鳞并缝有背鳍、腹鳍的布条，就成了一条硕大无比的巨龙。有的也用充气的气球来支撑龙头、龙节、龙尾。有的龙头制作得十分精巧，龙嘴可以开合，有黄色的峥嵘龙角，有圆睁的龙目，有红色的长鼻子，有五颜六色的巨大腮片；有的在龙头里还安装有各种机关，可以吐出写有吉祥语的"舌头"或喷出焰火等；有的则在龙目中装上大号手电筒，按动开关，龙眼就可以射出强光，显现出其威猛的性格；有的龙灯的每节身体内也装有灯泡，点亮后，龙鳞五光十色，整条龙灯金光闪闪，威风凛凛。

舞龙表演时，有单龙戏珠、双龙抢珠、群龙呈祥等多种形式。但每条龙的舞龙人数均为单数，其中一人持彩球舞龙、戏龙，是谓游龙戏珠，撑龙头者和撑龙节者则擎着龙身，随着戏龙者的指挥，或变换，或移位，或摆动，或造型，或前进，同舞龙者默契配合。舞龙的技法分"穿"、"抬"、"捆"、"小"等四类，每类中又各有一些根据民间传说与神话故事而命名的技法，如"穿"指龙身的穿行，其有：杨八姐过关、八仙过海、文王脱靴、孔明借箭等。"抬"指龙身的抬举技法，其有：观音坐殿、寿星骑鹤、青龙转底等。"捆"指龙身的盘结状，其有：翻筒车、九牛推磨、盛开莲花等。"小"指戏龙者年龄要小，善于翻筋斗，比较灵活，其技法有：银珠吐泉、七星点斗、美女梳头、过火焰山等。除了这些技法外，舞龙常见的动作有：引龙出洞、龙头穿花、双龙抢珠、金龙绕柱、青龙上升、龙脱壳、滚龙、盘龙、走四角、开四门等。由于舞龙是件既讲究技法，又需要体力的活，所以舞龙时，旁边都应该有人候着可以随时替换。另外，有的地方舞龙时，不仅有戏龙者引导，而且有持刀执棍的武术练家协同戏龙，他们运用南拳特别是白鹤拳的拳法，从旁协同舞弄，以白鹤独立、白鹤展翅、白鹤踏雪、白鹤脚等模拟白鹤姿势的形意武技与龙相搏，技艺高超的弄龙者也以自身练就的白鹤拳平马、勒马站法站立、移动，以踢、扭、钩等腿法等，以静制动，以气推力，与戏龙者抗衡。如此一来，整场"弄龙"的操演就更加精彩与热闹了。在欢快的锣鼓声和震天的鞭炮声中，巨龙或昂首摇头摆尾，沿街浩浩荡荡地逶迤前行，或在广场上左右摆动、翻滚、起伏、飞腾、穿梭、回旋，忽而高耸，似飞冲云霄，忽而低盘，像蛟龙入海。身形既灵活又多变，表演既热情又奔放，使人觉得这龙真是活灵活现，有翻江倒海、地动山摇的磅礴气势。

第二节　狮阵

在中国人眼里，狮子是骁勇强悍的百兽之王，具有威武、勇猛的形象，与龙一样是中国文化中的瑞兽之一，一种象征中国的重要文化符号。同时，它也被人们视为护法神兽，擅于驱魔镇邪，长于看门守户，能驱邪、除煞、逐魔，所以深受中国人喜爱与崇敬。在民间，人们常将它们安放在大门口，或有"路冲"、"风煞"的地方，目的就是借助狮子的这种超自然力量来避邪、驱邪、除煞、逐魔。闽台的闽南人在年节、迎神赛会中有舞狮的表演，并借此来驱邪、除煞、祈福。

在闽南语中，舞狮表演称"弄狮"或"狮阵"，意即舞弄狮子，其意是借用狮子的威武勇猛的超自然力量来除煞、驱魔、避邪，以祈今后日子过得平安顺利。各地的闽南人所使用的狮子有开口狮、闭口狮、醒狮、俗称"北京狮"的北狮等几类，前三类都属于南狮的范畴，其中前两类是闽南人特有的，醒狮与北狮都是后来传入的，其中醒狮来自广东，尤以佛山、鹤山的醒狮为最，北京狮则来自北方地区，所以也称北狮。

图 25　闽南狮之一：开口狮

开口狮俗称"笼子狮"，整个狮子头部都雕塑出来，比较立体，而且张着大口，但与醒狮和北狮相比，因其塑形固定，嘴、眼、耳不能活动，表演起来，狮子的面部表情比较单调。（图 25）闭口狮俗称"鸡笼狮"，它只雕塑狮头的面部，因而像个面具或盾牌，由于它的形状很像农家罩鸡用的鸡笼，故名。（图 26）这两种闽南人特有的狮子的狮面一般都塑得比较威严、凶猛，有长长的犬齿外露，尤其是青面白眉的狮面更是凶相毕露，其形象跟人们用来避邪的"吞口"几乎一样。这种凶巴巴的样子与过去闽南人的狮阵都是武馆组织的，以及弄狮时操演的主要是与狮子搏击的拳脚功夫等有关，甚至闽南人称这类狮阵为"刣狮阵"或宋江狮，弄狮的表演称为"刣狮"。这种狮阵注重的是威猛之气，鲜有表演狮子各种动作与表情等的花哨技巧，所以狮面表情单一，也用不着装上许多机关来操弄嘴、眼、耳，过去甚至在簸箕或竹畚斗上画个狮面再装饰一下就可以做狮头，因此这类狮子操演时，其舞蹈性与娱乐性也要相对弱些。近年来越来越少用闽南人特有的这类狮子了，而多使用表情比较丰富的醒狮与北狮。

图 26　闽南狮之一：闭口狮

　　醒狮与北狮的狮头都是立体塑形的，其嘴、眼、耳等都可以活动，而且憨态可掬，不同的是，醒狮的头顶上有一个独立而起的角，北狮则没有。此外，在狮子的装饰方面也有些不同，醒狮的嘴、眼、耳等都围饰绒毛，狮被上也饰以条状的绒毛，而且颜色各异，有黄、橙、黑、青、红、花、金等。北狮的狮头都漆成金黄色，而且嘴、眼、耳也不围饰绒毛，其狮被上披以长长的黄毛，一身黄灿灿的。

除了北狮外，南狮都分不同的颜色，而且不同颜色的狮子具有不同的意义，如开口狮、闭口狮中黄色的是文狮，青狮则是武狮，特别能斗，民间甚至有"青狮白目眉，认栽由你来"的俚语，表明青狮的好斗性。在醒狮中也是如此，不同颜色和装饰的狮子也各有代表，如黄色底、七彩面、长须、竹笋角的黄狮子称刘备狮，属于文狮；金色面或银色面、长须的狮子称华佗狮，属于文狮；红青面、长须、竹笋角的狮子称关公狮，属于文武双全的狮子；黑白面、青鼻、黑角、短须的狮子称张飞狮，属于冲锋陷阵的战狮；花青面、铁角、牙刷须的狮子称赵云狮，属于战狮；橙色底、花面、银白须的狮子称黄忠狮，属于战狮；青色或蓝色底、花面、牙刷须的狮子称马超狮，也属于战狮；如果一个狮阵中有金面或银面的狮子，也表明该武馆中的武师有接骨、推拿、拔罐等功夫，可以为人治疗伤科疾病。在不同场合演出时，也需要出不同的狮子，如一般的喜庆事和店铺等开张时，通常是单狮挑大梁，出一头狮子去表演。比较隆重的庆典，则出双狮，代表着成双成对，象征圆满吉祥。庙宇或宗祠的庆成醮或平安醮，通常由黄、红、黑三只狮子组成狮队去表演与庆贺，这也表示"桃园三结义"的意义。而在过年、贺岁的表演时通常要出黄、红、黑、花四只狮子，象征"忠、孝、节、义"，其中刘备狮代表仁民爱物，大忠大孝；关公狮代表忠义千秋，义薄云天；张飞狮代表忠心耿耿，心性单纯；赵云狮则代表力扶幼主，进退有节。如果狮队有足够的人数舞动七只狮子，在这种场合都会一起上阵，以壮声势。

弄狮是一种体力与功力的展示，由两人穿上"狮衣"表演，一人狮头，一人狮尾，这两人一定要很默契，前后之间的步法（俗称"脚路"）要协调一致，弄狮头者重灵巧，主要表现狮子情绪，弄狮尾者重腰力，配合狮头完成各种动作，如此狮身才会灵活。此外，不论出场有几只狮子，通常还要有一个俗称"狮鬼"或"引狮郎"的弄狮者，他具有引导与指挥等作用。

弄狮团使用的乐器通常都是大鼓、金锣、金钹等武乐器，以显示狮子的雄壮、威武、勇猛。鼓声是弄狮的精神总指挥，鼓手可以通过鼓声的抑扬顿挫来指挥狮子做不同的表情及动作上的变化。不论哪类狮子，在操弄表演时，都要听从鼓声的指挥，如前进、后退、翻滚、腾越、上高台，甚至搏击等，都有一定的节奏与步法。

弄狮也有一定的程式，一般在舞弄之前，要先：

1. 请狮：弄狮者面向狮子拱手行礼，表示迎请之意。拱手行礼时，右手抱拳，左手拇指内扣，四指平伸。这是因为右手为武，左手为文，此即代表文的左手包住代表武的右手，向对方表达善意。

2. 起狮：表示狮子即将上阵操演。

3. 拜狮：向神明或店主等事主拜上三拜。

4. 上阵表演：在上阵操演之前，狮子要表演整肃仪容等的动作，如提脚扫须、打哈欠、洗眉毛、洗脸、探耳、整理皮毛等，以便让沉睡的狮子清醒过来，精神抖擞地从事操演。

在操演中其也有程式性的"脚路"，如在俗称"踏场"的开场时，走"麒麟步"；行走与奔跑时用"短七星步"与"长七星步"；欲进还退的跳跃动作称"三抛狮"。狮头上扬，狮身做人立姿态，以凸显狮子的威猛的动作称"上肩"。弄狮头者跳到弄狮尾者双腿上的动作谓之"马步上架"，其还分单、双马步上架，即单脚站与双脚站的区别。而当弄狮头者用双腿夹住弄狮尾者的腰部操演探阵、旋转等时，此称"夹狮"。

弄狮时，要求弄狮者全身心投入，以达到"狮人合一"的境界，才能将号称"百兽之王"的狮子的情绪、神韵惟妙惟肖地展现出来。根据有些弄狮师傅的不完全归纳，表达狮子情绪的方法有如下几种：

1. 狮子搔耳、眨眼、理须、打哈欠、抓痒等初醒时的动作，表现的是狮子的安逸、慵懒。

2. 左视右探，前弓后箭的大马步行走，表现的是狮子的威武。

3. 狮子摇头晃脑，动作由夸大转趋缓慢，咬尾、玩物等，表现的是狮子的顽皮。

4. 狮子张大嘴巴、神色不定的动作，表达的是狮子的恐惧。

5. 快速眨着狮眼和踩着快捷、细腻的碎步，表现的是狮子的惊疑。

6. 踢单腿、磨角、持须、狮头突然弹起等动作，表达的是狮子的愤怒。

7. 以高举着狮头，做多次跳跃的动作，表达狮子喜悦的情绪。

8. 以迅速跑动、微晃等动作，表达狮子的兴奋，在操演结束与采青之后的表情与情绪尤其如此。

如果弄狮者能按照要求将自己的心灵融入操演中，达到"狮人合一"的境界，人们就可以看到狮子的蹲、躺、滚、理毛、咬尾、舔脚、抓痒、饮水、喘息、人立、跳跃等动作和威武、凶猛、安逸、慵懒、顽皮、兴奋、惊疑、恐惧、愤怒、疲乏等各种神态与神韵。

弄狮时也有一些狮阵操演的礼节与禁忌需要遵守，否则就会引起纠纷，甚至引起不必要的争斗，并预示着不吉利。这些操演时需遵守的礼节有：

1. 双方狮队见面时，应以狮子的脸颊相贴打招呼，以示友善。

2. 双方狮队见面时，队员要互相对拜。

3. 为了对神明或事主表达敬意，狮子应循序渐进，不可贸然直闯。

4. 遇见柱子、对联，或护卫狮时，应以狮头先吻对方，接着表演"三抛狮"，即先探门，向后跳跃三步，然后高举狮头，面向事主，接着再退回原位。

5. 进门时，不可践踏门槛，以示尊重。

6. 前进、后退应遵循"头进、尾退"的准则，不可造次。

除此外，弄狮时也有一些禁忌，如：

1. 双方狮阵相会时，不可将狮头举高做挑衅动作。

2. 黑狮或青狮与花狮子作为前锋军时，有驱邪降魔的功能，同时也含有挑衅、战斗的意味，一般在拼阵时才用这两种颜色的狮子打头阵。为了向对方表示友善，初次与其他狮队见面时，最好不要贸然亮出这几类色系的狮子。

3. 引狮郎不提单腿，因为单腿表示准备冲锋陷阵，具有挑衅的意思。

4. 遇见其他狮队时，狮子不眨眼睛，不吻对方的狮尾，因为这些都是轻视对方的动作。

在过去，不同种类的狮阵有不同的表演特点，如北狮以形意为主，它模仿狮子的神韵惟妙惟肖，也富有俏皮、活泼的神韵，常见的表演有狮子滚球，或滚球过跷跷板等。而闽南狮阵由于狮头是由模型翻印出来的，比较死板，表现不出狮子的动物灵性，所以它与武打结合得较紧，表演的多是"刣狮"的过程，除了人弄狮，人与狮子斗外，还表演刀、枪、剑、戟、斧等兵器的功夫，不以花哨的技巧取胜。有时它的程序是：狮敬礼，太祖拳弄狮，白步敲镰打狮，徒手打狮，狮弄球，徒手弄狮等。醒狮则既有一定的武技，也有花哨的一面，狮子比较活泼，会闹情绪，会眨眼睛，顽皮好动。其也表演一些需真功夫的节目，如在俗称"地上青"的地上采青时，会有蜈蚣青、五福临门、七星阵等节目。而表演俗称"高青"的上高处采青时，则会在垒起的高台或梯子上表演高难度动作，如一柱擎天、过三山、上梯、过天桥、悬崖采灵芝等绝技。（图 27）此外，昔时弄狮还有文武之别，一般而言，文狮重表情，有搔痒、舔毛、打滚、抖毛等动作，细腻而诙谐，刻画温驯活泼的神态。武狮则重技巧，有跳跃、跌扑、登高、腾转、踩球等动作，勇猛而灵活，表现其威武雄壮的性格。

图 27 醒狮

现在，不同类型狮阵表演已发生融合，纯粹用来表现武技、面部表情比较凶狠与呆板的闽南狮已较少使用。闽南人或者多使用广东型与北方型的狮子来操演，或者学习前者，将闽南狮的呆板狮头加以改造，使其嘴、眼、耳等能活动，可以表现狮子的不同表情与情绪，而且也较少表演纯武的功夫，多与醒狮、北狮操演一样，更多地表演能反映狮子这一瑞兽神韵的节目，从而也使其娱乐性有了很大的提高。现在的表演程序一般为：狮咬脚、狮咬蚤、睡狮、狮翻身、跳七星、跳八卦、狮过桥、杀狮、救狮、桌上功夫、桌上探井、狮叼血、咬水果、抢金钱、咬星、狮接礼、拜庙、四门到庭等。

此外，也有创新，他们在狮阵中加入龙与凤，形成"龙凤狮阵"，不过，在"龙凤狮阵"中，除了狮子仍由两人操演外，龙与凤皆由单人操演，他们将装饰漂亮的龙、凤穿戴在头上表演，旁边另有人执武器随从护卫。这种阵头虽没有单纯的龙阵或狮阵庞大，却有小巧的趣味。同时，在表演时，他们并没有很好地互相配合与协作，而是各自由其护卫或"笑佛"前导，各据一角表演，彼此互不干扰，也不配合，而且阵法简单，变化不多。不过，由于它集中了龙、凤、狮三种瑞兽一起表演，形式比较新颖少见，所以也相当吸引人们的眼球。

第三节 宋江阵

宋江阵也称"套宋江"、"宋江仔"等。在迎神赛会等表演中，由乡民装扮成梁山泊好汉，如呼保义宋江、玉麒麟卢俊义、豹子头林冲、浪子燕青、行者武松、花和尚鲁智深、青面兽杨志、小旋风柴进、大刀关胜、黑旋风李逵、母大虫顾大嫂、母夜叉孙二娘（多用男扮）、鼓上蚤时迁等，仿照梁山好汉的阵容进行操练与表演，故俗称"套宋江"。后来，有人把这种民间的武术表演搬到俗称"野台子"的戏台上演出，俗称"宋江仔"，据说闽南地方戏高甲（戈）戏就是从这种野台子上的宋江仔演化来的。

宋江阵的人数可多可少，一般有 36 人或 42 人、56 人、72 人，最多则有 108 人，以便与水浒英雄三十六天罡星与七十二地煞星的 108 术数相配。有的地方所使用的兵器主要有正旗（呼保义宋江）、副旗（豹子头林冲）、双斧（黑旋风李逵）、大刀（大刀关胜）、单斧（青面兽杨志）、单刀（霹雳火秦明）、雨伞（母大虫顾大嫂）、双棍（玉麒麟卢俊义）、双剑（一丈青扈三娘）、铁鞭（双鞭呼延灼）、双刀（母夜叉孙二娘）、三步尺（小旋风柴进、没羽箭张清）、敢挑尺（行者武松、金枪手徐宁）、藤牌（地太岁阮小二、短命二郎阮小五、活阎罗阮小七、九尾龟陶宗旺）、四门尺（浪子燕青、花和尚鲁智深）、叫吓尺（船火儿张横、拼命三郎石秀）、趟刀（九纹龙史进、混江龙李俊）、耙子（三叉）（两头蛇解珍、双尾蝎解宝）、扣仔（钩镰刀）（插翅虎雷横、青眼虎李云）、九尺（神行太保戴宗、病关索杨雄、小李广花荣、急先锋索超）、丈二（入云龙公孙胜、赤发鬼刘唐、小霸王周通、金眼彪施恩、小尉迟孙新、白花蛇杨春、独火星孔亮）等，以及各种农具如扁担、锄头等。所演练与表演的阵形据说有：开门巡城，龙吐耳，跳四门，走蛇泅，跳中尊，开斧，蛇脱壳，田螺阵，双套，连环套，蜈蚣阵，排城，破城，跳城，交五花，四梅花，七星阵、连环阵、八卦阵，黄蜂结巢，黄蜂出巢等十几种。在迎神赛会上表演时，扮演呼保义宋江者执掌正旗，他是发号施令的灵魂人物，宋江阵形的进攻、防守、走阵等操演都由其指挥调度。此外，在表演时，通常也有锣、鼓、钹的配合，其中锣为指挥，鼓、钹则用于烘托热闹气氛。（图28）

图 28　宋江阵

　　闽台两地的闽南人中，有许多村落都有这种宋江阵的阵头，如在台湾中、南部的许多闽南人村落中都有宋江阵，如高雄内门顺贤宫就有宋江阵的阵头。在厦门，高殿村、泥金村、新垵村等都有宋江阵，而且相当有名。在小金门岛上，上林村、后头村、双口村、青歧村、西方村等五个村落都有各自的宋江阵组织。而在同安，翔安，西柯镇的丙洲村、洪塘郭山村，新民镇的西湖塘村、橄榄岭村，新圩镇的下市村，内厝镇的莲塘村、赵岗村，汀溪镇的造水村，莲花镇的沃溪村的宋江阵都很有名气，他们武艺超群，其中尤以"郭山锄头，西湖塘棍"闻名。而在翔安内厝镇莲塘村，因该村的宋江阵有着深远的历史，建有闽台宋江阵博物馆，翔安区宋江阵文化研究会的会址也设立于此。在厦门岛、同安、翔安的一些岁时节日与迎神赛会等的民俗活动中，如在春节、元宵、同安北山庙会、翔安香山庙会、西山割香、吕厝送王时多会出阵表演。

关于宋江阵的形成，有人认为源自戚家军的"藤牌阵"和"鸳鸯阵"。有的人认为源于明代理学名臣林希元奠基的武阵头，并由郑成功军队传播至台湾。有的人认为源于郑成功军队的"藤牌兵"或"五花操兵法"。有的人认为源自南少林的"实拳"。有的认为是南少林五祖鹤阳拳师蔡玉鸣创立的。蔡玉鸣，福建晋江人，祖居罗山镇花果山村一带，他家从商，家资颇丰，但他无意经营工商行业，而是酷爱武术并专心拜师学艺，后来自己创立了五祖鹤阳拳，成为一代著名南少林拳师，徒弟遍布闽南各地。他为了教青少年学习基本武功，创设了宋江阵，并流传开来。有的人则认为来源于《水浒传》中宋江率梁山好汉攻城略地时所用的阵形、阵法。还有的人认为源自闽南地方所组织的自卫性团练。前几种说法主要是追溯宋江阵的武术来源，而最后一种说法则是追溯其组织的来源。

实际上，把这些说法归纳起来观之，源自戚继光军队或郑成功军队阵法的观点，表明宋江阵大体是出现在明末。在那个年代，闽南地方多有战乱的困扰，如戚继光率明军抵御倭患，郑成功抗清等。由于战乱多，手无寸铁的闽南百姓为了保护自身的安全，不得已只能组织起自卫性的团体——团练、武馆等，请练家特别是南少林的拳师教习武艺，以便防卫与保家。因此，在当时的境况下，闽南民间所习之武术与阵法，自然应首先模仿当时的军队里的武术与阵法，如戚继光军队或郑成功军队的阵法等，或者请南少林的武僧、俗家拳师来教授武艺、阵法。从宋江阵中所使用的藤牌与郑成功军队使用的极为类似，就可以推测这一可能。但由于这种武馆或团练毕竟是乡民自己的自卫团体，不是军队，也不能让人误会是军事组织，所以就把这种民间练武组织与人们耳熟能详并且在明代成书的水浒英雄的故事联结起来，把这种民间练武行为，说成是模仿梁山好汉的举动，所演练的武术技艺与阵法是来源于梁山好汉的传承，并把民间团练或武馆所演练的武艺与阵法托词为宋江阵或套宋江。这可能是因为，梁山好汉也是民间兴起的英雄好汉，他们宣扬的是效忠朝廷，"替天行道"，而不是对抗朝廷。所以，宋江阵的形成，应该是在明晚期社会纷扰时代，闽南人为了自保而形成的一种传统再发明的过程。实际上，从早期宋江阵纯粹是一种武馆或团练组织，以及宋江阵队员所使用的武器与水浒英雄不完全一致的情况，如水浒传中两头蛇解珍与双尾蝎解宝因是猎户出身，他们所用的武器是钢叉，而在宋江阵中，他们使用的是耙子的情况，水浒传中的鲁智深使用的是禅杖，而宋江阵中的鲁智深使用的是四门尺等情况，我们也可以大体归纳出以上的形成过程。

后来宋江阵由于参与一些巡境、迎神赛会等民间信仰活动，而逐步具有某些驱邪除煞的功能，从而也逐步蒙上一层宗教色彩，如在表演前，每件兵器都要贴上一张符箓，才能拉开阵势演练。又如在表演前，所有队员都要跨越烘炉过火，以便洁净身体，然后再以逆时针的方向打圈敬拜祖师爷，以发彩、讨吉利。出发前，还要撒盐米除煞，表演场地也需撒盐米，等等，以从心理上保证操演不出意外。同时，现在宋江阵也已经成了闽南人庙会、割香、出巡活动的一种常见的艺阵表演。

在外出表演时，通常由正副旗手举着绣有"替天行道"的大旗前导，其余队员按所扮演的水浒人物顺序行进。到了表演场所，先用布条建构一个象征意义的城，队员藏匿于城内。当锣鼓钹急切敲响后，队伍分两路出城，这俗称"黄蜂出巢"或"开门巡城"。然后就在正旗的指挥下，先从事单兵操演，如有刘唐耍丈二（棍）、关胜舞大刀、李逵使双斧、秦明舞单刀等。有时也穿插些如时迁偷鸡、武松打虎等的水浒故事表演和一些硬气功或轻功的表演，如脖子缠钢筋，在俗称"集销"的煎药罐上走拳等。单人表演后就进行对打表演，如有正旗对双斧，副旗对三步尺，关刀对单斧，单刀对雨伞，双棍对趟刀，三步尺对藤牌，四门尺对二藤牌，双剑对敢挑尺，雨伞套大刀，单枪套双剑，趟刀套铁耙等，就连锄头、扁担等农业工具也可以用作武器上场表演，而且这种俗称"锄头花"的武术套路也是经常表演的节目之一。此外，也有三至五人成组的格斗，甚至是阵法的操演。有些地方的宋江阵表演在快结束时，还要加上"刣（杀）狮"的节目，人们将这种与宋江阵结合的弄狮称作"宋江狮阵"。所谓"刣（杀）狮"就是宋江阵的队员与狮子的格斗，以此来表现宋江阵队员的勇猛与顽强，这通常是整场表演的高潮以及结尾。表演到此时，锣鼓、金钹齐鸣，鞭炮声、呐喊声震天，异常热闹。当凶猛的狮子被制服后，宋江阵的队员就收兵入城，结束整套表演程序。

有的地方单人演练时，开场是"宋江舞大旗"，在锣鼓钹的节奏中，呼保义宋江挥舞绣着替天行道的大旗（正旗），时而卷地而起，时而漫天挥舞，大有"横扫千军如卷席"的气势。随后，黑旗招展，黑旋风李逵挥舞双斧杀将出来。接着是"花和尚鲁智深舞禅杖"、"金枪手徐宁使钩镰枪"、"赤发鬼刘唐耍朴刀"，然后双头蛇解珍、双尾蝎解宝兄弟舞弄托天叉，一丈青扈三娘、母大虫顾大嫂舞单刀……梁山好汉轮流出场，十八般武器各显神通，场面非常壮观。

个人演练后，则是32人演练的"八卦阵"。表演时，四人为一组，其中一人一手持刀，一手执藤牌，另三人则手握棍棒，三比一对打，然后，改变为刀盾对棍和棍棒对棍棒两组对打，最后则是集体循环对打，动作虽迅猛多变，但也整齐划一，一招一式，均按锣鼓的节奏进退，有板有眼，显示表演者训练有素，功夫纯熟。最后则以"大刀关胜舞大刀"收场。

第四节　蜈蚣阵

蜈蚣阵也称"蜈蚣阁"、"蜈蚣座"、"龙阁"等，是流行于福建闽南漳泉厦地区、金门、澎湖和台湾南部的一种民间艺阵。一条蜈蚣阁由龙头、龙尾和一节节串联起来的装阁龙身三部分构成。（图29）蜈蚣阵的龙头与弄龙用的布龙一模一样，只是它的体积通常比布龙的大，起码也得高约一米，才能与坐着人的装阁龙身相匹配。龙身一般有12节、16节、24节、48节几种，最长的甚至可以达到108节，如台湾台南佳里镇金唐宫举办"萧垅香"

图29　蜈蚣阁

时，他们装的蜈蚣阁就有 108 节。如 2007 年元宵节，漳州平和县制作了一条有 108 节的蜈蚣阁，参与政府组织的民俗踩街活动。蜈蚣阁的每一节都是一台长二米宽一米，或为二人抬，或为四人抬的艺阁。其阁棚有的像个开口的盒子，阁棚边上有围栏，阁棚上面装饰有制作精巧的纸扎亭台楼阁等，围栏上也装饰得五彩缤纷；有的则在平板的阁棚上安放带有凉伞的座位，座位上坐着两个身穿戏装的孩子，典雅而又美观。阁棚与阁棚之间都有活榫可以相接，一节一节阁棚串联起来，连接成长长的一串就成为龙身或蜈蚣身。由于其每节都有四人抬，整条龙像有许多脚似的，宛若百足之虫蜈蚣，故命名为蜈蚣阁。由于阁棚龙身的头尾用红布条或绘有龙鳞的布条与比布龙大一号的龙头和龙尾相连，远看也是一条巨大的蛟龙，所以也称"龙阁"。闽台的闽南人俗信蜈蚣阵具有驱邪逐魔、祛灾招祥的功用，所以闽台许多地方的大型割香活动，都需要请出蜈蚣阵作为割香的先锋部队。

蜈蚣阁上化装的戏码多以具有吉祥如意或大团圆结局的故事为主，根据某些老人的记忆，所扮演的戏出主要有：描绘薛丁山与樊梨花大战寒江关故事的"寒江关"或"樊江关"；描写狄青夺取珍珠旗故事的"珍珠烈火旗"；描述刘备入东吴招亲故事的"龙凤呈祥"；叙说魏、蜀、吴三分天下故事的"三国志"；叙述薛平贵身兼西凉王情节的"两国王"；陈述岳家军打西凉故事的"陆文龙回中原"；讲述唐玄奘师徒西天取经故事的"西游记"；讲述郭子仪七子八婿大团圆故事的"郭子仪大拜寿"；表现宋代杨家将一门忠烈故事的"杨家将"；表达狄青和五虎将故事的"万花楼"；展演哪吒在海边洗彩带，震撼东海龙宫神话故事的"哪吒反东海"或"哪吒闹海"；展示武王伐纣、姜子牙封神故事的"封神演义"或"封神榜"；展现梁山水泊英雄好汉替天行道故事的"水浒传"；反映隋唐之际英雄好汉反隋故事的"说唐"，等等。

蜈蚣阁上的化装展演的人一律由小孩担当。过去，有意坐在蜈蚣阁上担纲展演的孩童，事前应由家长陪同前往自己的村庙，以卜贝的形式上香请示境主公，只有境主公应允后才能参与。而且还有些烦琐的规矩，如在彩妆出演之前，孩童也需要沐浴斋戒；展演的当天，出演蜈蚣阁戏出的全部孩童还要集中到庙里统一跨越"净炉"，以示身心的洁净。如今，随着时代的变化，这些限制条件有所放宽，任何5～8岁之间的男女孩童，只要事先向主办单位如庙方报名，都可以获得化装参加巡行的资格。他们的家长虽不一定去扛蜈蚣阁，但却需要在蜈蚣阁边上协助照料，以免出差错。而在台湾的闽南人当中，仍保持传统，如"萧垅香"的108节蜈蚣阵，扮演的是108位天罡地煞神，需要"好生肖"的孩童扮演，虽然每位参加者要乐捐一万元新台币，但由于当地的闽南人认为装扮神灵的孩童可以得到神佑、消灾得福，并能给家人带来平安、健康、财运，所以报名者极为踊跃，以致还得以"卜贝"神选的方式来选择。

蜈蚣阁的组织者应该说都是民间的庙宇，有的庙宇置备了装配蜈蚣阁所需的设备，如戏装、阁棚、龙头、龙尾等，到需要用时，再请人装饰，并为孩童化装。由于财力的关系，在过去，蜈蚣阁都比较短，多数只十来节，而且每节阁棚也较短，上面只能坐一个彩妆的小孩，故昔日每一节蜈蚣阁只需两人扛。而现在，由于经济发展，蜈蚣阁也越做越大和越来越长，每个阁棚上现都可以坐两个彩妆的小孩，所以每节阁棚需四个人扛。近些年来，有的还进行了改造，将阁棚架在四轮车上，推着运行，演变成了半机械式的蜈蚣阁。这种半机械式的蜈蚣阁在平坦的马路上巡行具有省力的好处，其龙头也与传统的蜈蚣阁一样可以稍为舞弄舞弄，但也有缺点，即它难以在乡间小道上巡行，故许多乡村中仍保持具有古风的蜈蚣阁。

蜈蚣阁是在什么时候形成的，又是由谁创造发明的，现已很难考证了，不过在闽南泉州、晋江一带流传着一种说法，也许能引起我们的一些思考。据说明朝末年，晋江东石乡的乡亲移居台湾时，仿塑了一尊家乡人们顶礼膜拜的"九龙三公"带往台湾。在东石港出发时，家乡的父老乡亲举行了隆重的欢送仪式，为表达心意，乡亲们还把船装扮成泉州地区流行的"彩阁"，使得每艘船跟画舫一样漂亮，船上也像"彩阁"一样，有人打扮成各种戏曲人物，他们载歌载舞，为"九龙三公"神像和移居台湾的乡亲送行。因为海上风大浪急，几十只帆船就头尾相接，连成一长串，前一艘船头装上龙头，最后一只船尾装上龙尾，这样船队既稳定又雅观，远观恰似一条巨龙浮游于海面。这偶发的事件给闽台两地的东石人以启发，经过再创造、再发明，终于创作出现在这种形式的蜈蚣阁，并在闽南地区与台湾南部流传开来。[①]

第五节　艺阁

"艺阁"也称"诗意艺阁"、"扛艺"、"营艺"、"装阁"、"装台阁"、"艺棚"等，这里所谓的"阁"、"棚"指的是"台阁"或"阁棚"，其为单人床大小的一块木板，周边围以一尺多高的栅栏，板上安装有能转动或不能转动的座位或其他装置，形成一个装饰华丽的小小戏台或戏棚；而所谓的"艺"，则指在这个小型的活动舞台上的表演。通常每一个小小的阁棚上都有一两个人化装为某戏剧中的人物，坐在阁棚里表演。所以艺阁就是阁棚上的艺术表演，即在一装饰华丽的台阁上，由大人或小孩扮演各种故事的活动舞台。由于小型的艺棚多由人扛着展演，故也称扛艺。而"营"的意思是行走表演，因此，"营艺"就是扛着艺棚巡游

---

① 参见厦门市思明区文艺联合会编：《闽台民俗风情》，鹭江出版社1989年版，第238—239页。

的意思。至于"装阁"、"装台阁",则是台阁上的化装表演。"艺棚"则是阁棚上的艺术表演。如果好些台艺阁凑成一阵或串在一起,就成了"阁队"了。

一个阁队中通常都有若干个艺棚。每一个四人扛着的艺棚上,都坐着两个孩童扮饰的戏曲人物,俗称"阁旦",也分净、末、丑的不同形象扮演某戏出中的人物,坐在可以转动的座椅上,来回转动,做出某些戏曲程式动作或造型,进行表演,有的也会手执檀板清唱南音或歌仔戏,但如果要配器演唱,则阁队还需要配备既有丝弦、弹拨乐器,又有锣鼓等在内的文武乐队。艺棚上所扮演的戏出,都是闽南人喜闻乐见的历史与神话故事,如《陈三五娘》、《郑元和》、《白蛇传》、《樊梨花》、《井边会》、《狄青》、《梁山伯与祝英台》、《三国演义》、《水浒传》、《西游记》、《封神演义》、《哪吒闹海》、《楚留香》、《唐明皇游月宫》、《富贵寿考》、《观音收鲤鱼》、《苏东坡游赤壁》等。阁棚装饰得五彩缤纷,阁中各种人物装扮得惟妙惟肖,再加上南音清唱或弦管伴奏,所以艺阁具有相当的吸引力。(图30)

图30 艺阁

闽南人的艺阁有悠久的历史，至少在明代，闽南地区就有这种装阁游艺的活动。相传明代晋江进士秦钟震性格豁达不羁，有一年元宵节其家乡准备举行艺阁巡游活动，他主动向乡里应允要独自负责一台艺阁，只要为他准备好阁棚，阁棚内的角色等由他张罗。于是到了元宵之期，庙会的执事们叫人把一个装饰精致的阁棚抬到他家门口，只见秦钟震叫家人拿了几床雪白的棉絮，利用阁棚中的板凳堆叠，再把雪白的棉絮铺在上面，装成一个假山，家人又挂上"白雪满山高士卧"的阁名。此时，秦钟震酒意微醺，身穿长袍，手执书卷，登上阁棚，斜躺在那些雪白的棉絮之上，那些执事原来以为秦进士要准备什么好角色来装点阁棚，闹了半天，全没料到他装的竟是这样的艺阁。执事们看看挂在上面的阁名，再看看这位卧在棉絮中的泉州名士秦钟震，这一"白雪满山高士卧"的艺阁，倒也名实相符，而且颇有特点，所以无奈之下，也只好派人抬着他游玩了一天。此事后来在读书人中传为美谈。这故事一方面表明，艺阁至少在明代就已经很盛行，同时，也表明昔日艺阁上的人物有的是大人装扮的。而在台湾，有的艺阁则取材于台湾的史事，如《吴凤成仁》、《北港进香》等。

惠安崇武一带过去在元宵前后的"添香"日所举行的迎神赛会活动中，也有大人扮演阁旦的艺阁。在当地，艺阁俗称"架番棚"，这里的番棚由 12 块门板连接起来，有点类似蜈蚣阁，但却没有龙头与龙尾，番棚上所扮演的故事，则是昭君出塞去番邦，番人迎接昭君的故事。所以，12 块门板连接起来的番棚上，扮演的故事人物有番公、10 个番兵和王昭君等，比较特殊的是，扮演者均为青年小伙子，而且当番棚巡行到人多的地方，他们会在由人抬着的门板上，随着南音《出汉关》、《山险峻》的伴奏音乐，敲着打击乐器表演一番，而不怕摔下来。据说这是因为这些渔民汉子从小就在摇摇晃晃的大船、舢板、竹筏上生活，早已习惯在晃动中保持平衡，所以，他们敢站在晃动的番棚上敲锣、打鼓、舞金钹。崇武地方架番棚的艺阁表演，充分体现了渔民既粗野勇猛又机智灵活的性格。

台湾鹿港的闽南人，也有与崇武"番棚"类似的艺阁，俗称"七番弄阁"。"七番弄阁"也是在人扛着的装饰漂亮的台阁上站着表演"昭君出塞"的故事，不过，它只用 7 个台阁来表演，而非 12 台。每个台阁上分别站着一个穿着奇形怪状"番服"的人士，手中各操弄着金锣、铃鼓、四宝、响盏、柄鼓、拍板和唢呐等乐器，边巡行边演奏，由于服装奇形怪状，所演奏的乐曲又高亢热闹，所以，所到之处莫不引起人们的注目。

随着时代的进步以及经济的发展，有的地方的艺阁也发生了变化。由于财力的提高，人们有能力而且也不惜财力对艺阁进行精心的装饰，有的台阁的设计颇富巧思，不仅加宽搁板，而且台阁四面都有惟妙惟肖的花鸟人物、演义传说故事装饰，有的还饰以灯光等，以便夜晚巡游时照明或增加艺术效果；台上为配合所扮演的故事的演出，也都设计有各种活动的灵兽，或可以喷火，或可以洒水，如哪吒闹海，过去只是由孩童扮演哪吒形象坐在台阁上，现在，有的也在台阁上扎上可以旋转的龙太子，让哪吒骑在龙身上表演，更加直观、生动地让人知道这台戏出就是哪吒闹海。

有的则将阁棚设在小卡车或电动三轮车上，形成所谓的"车阁"。这种车上的阁棚空间更大，承重的条件也更强，所以可以更加精心地装饰与布置，不仅可以容纳多人在其上表演，也可以布置比较大的道具，如与现实相差无几的马匹、龙、虎、鹿等，让戏出人物固定在其上表演，从而使戏出的展演更加直观与生动。有的也将多部小车串联起来，用多个阁棚的展演形成一出戏剧故事情节的发展。有的则用两辆大车搭建一个超大型的艺阁，上面就形成一个可以展现一台戏的小舞台，这样，一个艺阁不仅可以展演一台戏，甚至也可以在上面表演折子戏。而这就已演变成现代踩街巡游的花车了，具有时代的气息。

第六节　大鼓凉伞

大鼓凉伞是主要流行于闽南漳州地区的一种民间舞蹈，也是迎神赛会中常见的艺阵之一。在漳州地区的迎神赛会队伍中，如正月十五左右到三平寺进香的队伍，或走尪的队伍中，到处都可以见到他们的身影与翩翩舞姿。他们或在迎神赛会队伍行进中表演，或在神庙前的广场上表演，嘭、嘭的鼓点，镲、镲的金铙声交织在一起，热闹而粗犷。

跳大鼓凉伞，通常有下面几种人物形象，其一为前导的老旦，他（她）穿着大红袄，手上拿着一把扇子作为道具，装扮成老太婆的形象，带领或指挥着表演的队形变换与节奏。其二为老旦的副手，其形象为年轻小伙子，他身着汉装，挑着一担畚箕，一头放一只大茶壶，一头则放着水果之类的慰问品，他配合着老旦表演。其三为大鼓手，他们均由彪悍、健壮的年轻小伙子担任，不过，现在有的也由女性来扮演。他们身穿颜色鲜艳的丝绸汉装，外面反穿羊羔裘，腰系腰带，头包头巾，一几十斤重的双面大鼓系于胸前，鼓面左右向，双手各执一鼓槌交互敲击鼓面，打着各种鼓点和走着、跳着各种步子，如绕鼓、软鼓、咬鼓、蹈鼓、播鼓、大小门、穿花、自转对跳、翻车轮、观山静止、莲花转、龙吐须、昭君出塞等。其四为凉伞手，她们均为妙龄少女担任，她们身着小旦装，头梳双髻，上身穿镶边绣花的丝绸大襟衣，下身为裤脚镶花边的丝绸裤子，腰系绣花的大纺绸围裙，手执一柄长约 1 米的彩绸凉伞。她们随着金、鼓音乐的节奏，配合着大鼓手进退舞动，顺序有致，一边舞还要一边上下捻转手中的凉伞，使凉伞上下飘动，亮相造型时，通常站在鼓手后面，为其打着凉伞。其五为金铙手，通常有四人，均为少女打扮，她们位于大鼓凉伞队的最后，在行进表演时，她们两个并排在一起，走在大鼓凉伞队伍后面。在庙宇广场穿花式表演时，她们一字排开，上下舞动手中的金钹，与鼓声配合。大鼓凉伞的舞蹈动作有凉伞翻鼓、凉伞穿锣、仰腰开花、空穿什花、十字什花、交错过人、双人互跃、四人互跃、直立叠罗汉等。（图31）

图31　大鼓凉伞

相传大鼓凉伞形成于明末。当时，倭寇、海盗入侵闽南地区。明代大将、抗倭英雄戚继光率领戚家军来福建抗倭，他们在福建重整卫所军队防御、抵抗，并集中各种力量抗击、围歼、追歼入侵的倭寇。班师时，途经漳州城，漳州城的老百姓感激戚家军为他们扫除了困扰多时的倭患，扶老携幼，带着各种慰问品，焚香顶礼到城外迎接戚家军的凯旋。漳州南门烧灰巷一带的几个青年小伙子不知从哪里弄来几面大鼓，用彩绸系在胸前，嘭、嘭、嘭地敲着欢快的节奏也来到城外迎接。

戚继光骑着高头战马率领着凯旋的戚家军浩浩荡荡地来到城边，看到这几个小伙子顶着火一样的烈日，系着几十斤重的大鼓，敲打得汗流浃背，就回头命令为自己撑凉伞的士兵为敲鼓的小伙子遮阴。敲鼓的小伙子敲到哪里，凉伞也跟到哪里，来迎接戚家军的老百姓看在眼里，喜在心中，无不赞赏与感戴戚继光将军体恤百姓的深情。

后来，漳州人就根据此情景加以改造与再发明，形成如今的大鼓凉伞舞。大鼓凉伞中前导的老太婆象征着人们扶老携幼倾城而出。其后跟着的挑担小伙子则象征百姓带慰问品来慰劳为民除害的戚家军，担子一头里的水壶装的是酒，而另一头装的水果等则象征着犒军的慰问品。只是撑凉伞者由男士兵变成妙龄少女，而使其舞步增添不少柔美的风格。此外也增加了金钹手，以便与鼓声配合，使音乐更加和谐与铿锵。

在台湾的闽南人中，大鼓凉伞称"大鼓阵"、"鼓花阵"、"大鼓弄"、"跳鼓阵"等，它的阵头与大陆的有一点变化，其成员有8—10人，前导为一头旗手，手执头旗指挥；其后为凉伞手，但凉伞比大陆上的小；其后为一两个大鼓手，其胸前也是背着大鼓；最后是3—4个锣手。表演时以激越的鼓声主导，锣声随着鼓声变化，其表演程式有三开四门、凉伞翻鼓、空穿什花、仰腰开花、交错过人、叠罗汉等。昔日，跳鼓阵主要由男性扮演，现在则多由女性担当。

第七节 车鼓弄与车鼓阵

车鼓弄也称"弄车鼓"和"同安车鼓"。它是流行于福建厦门一带的一种富有浓郁地方色彩的民间演艺形式。昔日这些地方的闽南人逢年过节或举行红白喜事，多会请车鼓弄的艺人来演出，这些地方的迎神赛会上也常有他们的身影，弄车鼓之诙谐表演到处可见，车鼓调随处可闻。现在车鼓弄虽还存在，但其演出状况已大不如前，艺人没剩几个，而且后继无人，已接近濒危状况。

　　车鼓弄的表演形式、人物、道具、乐器等都比较简单。主要演员为车鼓公、车鼓婆两个人，车鼓公头戴瓜皮帽，鼻子夹着八字胡，身着长衫马褂，或头戴礼帽，身着对襟短衫，如果是后者的装扮，还需在腰上扎以布腰带或围以彩条拼缝的短围裙，手上的道具则是一支可以转动的、特制的长烟杆。车鼓婆头后梳着"牛屎巴"髻，两鬓各戴朵大花，嘴角点颗美人痣，类似戏剧中丑角媒婆的打扮，上身穿着长至膝盖的红色大襟裳，有的镶着花边，下身着黑色或红色镶边的绸裙或绸裤，脚穿绣花鞋，右手拿着蒲扇，左手捻一块手帕。两人抬着一口敞口朝下，上用红绸结朵大红花遮盖并插有花朵的簸斗篮，斗篮边上绑两根用色纸条缠裹的细竹竿为竹扛。竹扛两端各系有红带子，一头挂在车鼓公的肩上，一头挂在车鼓婆的肩上，即车鼓公、车鼓婆两人扛着簸编的斗篮，车转着身子，走"三步进，两步退"的秧歌步伐，摇晃着斗篮，进行表演。除此之外，现在车鼓弄的表演还有四或六个伴舞者，她们均为女性，身着浅颜色的短装大襟裳，手执折扇与手帕，为车鼓公和车鼓婆的演唱伴舞。有的则为一个挑着暖手炉与白菜的老太婆和三四个小孩伴舞。其他就是伴奏者，车鼓弄使用的乐器通常有二胡或板胡、三弦、唢呐、笛子、拍板和锣鼓等。所演奏的曲调为民间常用的曲牌，如车鼓调、更鼓调、四季歌调、乞丐调等，其戏阵主要有"车鼓弄"和"得胜回"等。

　　关于车鼓弄的形成有两种说法，其一是认为来源于梁山好汉救宋江的故事，据说，梁山好汉为了救宋江，化装成表演各种杂耍的队伍进城，其中有两个人抬着一面大鼓，里面暗藏短兵刃，边表演边混进法场，然后，从中抽出兵器劫法场，将宋江救了出来。后来，民间就保留了这种"耍鼓"的形式，慢慢又将其演变成了车鼓弄。其二是认为，过去同安新圩有一对开豆腐店的老夫妇，他们半夜就得起身磨豆腐，由于闷得发慌，老夫妇俩就编歌对唱，互相打趣，以减轻单调的磨豆腐工作的烦闷。后来邻居听到老夫妇诙谐的歌唱，觉得生动有趣，就纷纷邀请他们到家中以此磨豆腐对唱的形式唱歌。由于石磨很重，他们不能背着石磨去，就想出一个主意，用竹篾编的斗篮来代替石磨。由于石磨代表大鼓，"车"在闽南语中是"车转"的意思，也即旋转的意思，所以就称此形式为车鼓弄，意思就是抬着鼓，转动着身体，像磨磨那样转动着石磨，扭动身体的表演。

车鼓弄表演时，车鼓公、车鼓婆肩扛着斗篮，扭着秧歌步，摇晃着所谓的鼓表演，对唱着民间歌谣。表演者轻盈的体态、风趣的唱词、诙谐的表情与动作往往使观众开怀大笑，乐而忘返，故深受人们的喜爱。

昔日，车鼓弄常唱的民谣有《十月病子歌》、《十二碗菜歌》、《百花歌》等，歌词也多涉及男女之间戏谑的内容，如《十月病子歌》中有这样一段对唱：

女唱：阮（我）今五个月，男女分，出门脚手恰（较）慢钝，
有时心头会郁闷，爱吃鲜蚝炒赤根（菠菜）。

男唱：汝要吃赤根自己有，我人家门前一大丘，
待阮自己来去取，汝去洗锅阮来犁（扒）火灰（草木灰）。

又如《恋某（老婆）歌》开头唱：

正月里来是新正，少年恋某真歹命，

阮某归心注汝走，放阮干埔（男人）腰（照顾）细囝（小孩）。

有的则是表现昔日生活艰难内容，如：

男唱：我人老公婆做把戏，为着家穷（依都）来到此，

女唱：赚有单薄（一些）钱来粜米，我人公婆才来度日子
呀，度日（呀）子。

现在，民间艺人在传统车鼓弄的基础上进行了改造与提炼，一台车鼓弄的演员人数，由原只有二人边舞边唱，变成除了主演主唱者外，还增加一些人伴舞，以增添热闹气氛。现在一台车鼓弄约有8到10人，形成了既有民歌演唱又有伴舞的形式，歌词也

多为健康向上、对人们的新生活的歌颂等内容。不过，因电视、流行歌曲的冲击，近年来，同安车鼓弄虽还存在，但也出现危机，这主要表现在艺人已所剩无几，后继乏人。（图 32）

图 32 车鼓弄

而在泉州、晋江一带，车鼓阵又是另一种风味。该地的车鼓阵俗称"车鼓唱"，通常演唱组合由 8—16 人组成，全由女性来操演，所使用的乐器有琵琶、洞箫、横笛、唢呐、三弦、拍板、锣、钹、小铃、铜钟、响盏等，演出时以唱为主，鲜有舞姿，她们人人手持铜铃，随着音乐，每四拍响一下铜铃，边行进，边演唱弦管南音或民间小调，铃声铿锵，音乐悠扬婉约，歌曲柔美动听。车鼓唱的另一个显著特征是她们的穿着打扮。她们的服饰仍保留传统泉州妇女的装束，上身统一穿着蓝色或红色的大襟衫，下穿宽筒黑绸裤，脚上穿着钮边的黑色布鞋，近年来也穿起黑色的皮鞋，此与脖子上围着的五彩丝巾，反映了时代的特征。她们的头饰仍保持传统，头上梳着光洁油润的田螺髻，髻的周围还环插一圈含笑、茉莉或金盏菊等花朵作为装饰；髻中垫有一块用白银或黄金打制装饰的发冠，将发髻高高驾起，髻头插上银簪或长条牙簪押发或固定，看起来十分别致。昔日，额头上束以一条古代俗称"步摇"的黑色绸巾，现则押束一圈花饰。耳垂上还挂着一对类似鱼钩的纯金大耳环，衬着鬓发轻轻摇动。如此化妆打扮后，她们额前刘海掩覆，两边鬓发下垂，头上、髻周满饰鲜花，耳环闪闪发亮，整个头饰花团锦簇，别具一种独特的风格，也给观众带来惊喜与美的享受，所以此俗长期沿袭，至今流传不衰。

在台湾闽南人中，也流行着"车鼓阵"，但其表现形式与同安车鼓有一点区别，即虽然台湾的车鼓阵也是一男丑一女旦，或一男丑双女旦配合演出，但台湾的车鼓阵的演出不用肩扛所谓的"鼓"进行表演，男丑角（或女性装扮成男丑）的道具也不是长烟筒，而是俗称"四宝"的竹板。此外，伴奏的乐器除了俗称二弦的二胡和俗称壳仔弦的板胡一样外，台湾的车鼓还有月琴等。表演时，演员穿着民国初年的汉装，丑角双手打"四宝"，旦角一手持扇，一手挥手绢，扭着秧歌步，或互相调笑，或互送秋波，或打骂逗趣，俚俗活泼，诙谐机警，剧目多为涉及男女私情、打情骂俏的《桃花搭渡》、《病子歌》、《五更鼓》、《失恋亭》、《十八摸》等。

另外，在台湾的闽南人当中，还有一种结合采茶歌与车鼓小戏形成的"挽茶车鼓阵"，其剧目与表演和车鼓阵相差无几，只是道具增加了由采茶的篮子演化出来的小篮子，在演出时，常以一只甩篮作为和观众打成一片的桥梁，以挑逗观众的情绪，观众也以此小竹篮装上小礼物或红包回应，所以这种形式的车鼓阵具有非常浓厚的可亲近性。

第八节　拍胸舞

拍胸舞主要流行于闽南泉州地区，在该地区各县市的许多迎神赛会上，常可以见到他们的表演。如现厦门市翔安区（原泉州府同安县）新店镇金柄村就有拍胸舞的表演队。2005年5月，厦门市文化局授予该村"民俗文化表演基地"称号；2007年6月，金柄村拍胸舞被厦门市政府公布为第一批市级非物质文化遗产项目，编入名录；2007年9月被编入福建省级非物质文化遗产名录中；该村拍胸舞的主要表演者和组织者黄欲国（亦名黄奕国、黄谷，1953—2016年）被确认为省级非物质文化遗产项目代表性传承人。

传统的拍胸舞阵一般为五人至九人，从舞者赤裸着上身或身着坎肩，下身着短裤或束腿的长裤，赤脚或穿草鞋，头上戴着一草索编的草箍，草索在额前伸出一小段如蛇头，末端扎以红绸条或红髻索，整个草箍的形状犹如一条盘于头顶的蛇。由此形象看，拍胸舞者的打扮是乞丐的装束，故拍胸舞也俗称为"乞丐舞"、"打猴拳"，也戏称为"闽南迪斯科"。（图33）

图33　拍胸舞

相传拍胸舞源于梨园戏《郑元和》中的一个情节。主角郑元和因故流落于乞丐队伍中，在卑田院与乞丐为伍，以编唱"莲花落"等小曲乞讨为生，随行的乞丐则跳拍胸舞以配合之。所以，过去的拍胸舞阵中有一人扮演郑元和，他容颜憔悴，衣衫褴褛，手执拍板或渔鼓而唱"莲花落"等小调，其他四人则为乞丐装扮，他们赤裸上身，头戴草箍，赤脚，在郑元和所唱的南音"莲花落"、"三千两金"等乐曲的伴奏下，双手依节奏拍打胸膛、大腿等处，用双肘夹拍腋窝，头部微微地晃动，神态诙谐，时而上跳，时而下蹲，做出种种跳跃、旋转、颠动等动作，舞姿雄浑、粗犷、刚健、轻松、明快、酣畅，舞者的脸上充满无忧无虑的欢笑，体现了劳动人民雄健、勤劳、豪爽的风姿。由此看来，拍胸舞最初是歌舞结合的一种民间表演形式。有的人根据拍胸舞者头上戴的蛇形草箍将其源头追溯到古代越族，这有点过度阐释之嫌。

现在，有的地方可能还保持原初的形式，而有的地方则把阵头里的郑元和的形象变换为媒婆与红娘的形象，以穿着全身大红大襟衫的媒婆和穿着丫鬟服装的红娘代替郑元和，这样的阵头组合也少了演唱，更多的是舞蹈。有的地方的拍胸舞阵则将主唱的郑元和省去，而增加几个拍打莲花落竹筒的女子，以此和跳拍胸舞者配合。有的地方的拍胸舞阵的人数也有大幅度增加，有的甚至可以二三十人或四五十人一起跳，而且全是上身赤裸或穿一小坎肩的男子跳，而没有女子配合。同时，在长期的演出中，拍胸舞的动作与步法也逐步固定下来，一般而言有：击掌回音、八拍雄姿、玉驴颠步、金鸡倒立、善才抢牌、青蛙出洞、半月斜影、小阉鸡行、大阉鸡行等。

第九节　火鼎公婆与公背婆

火鼎公婆也俗称火鼎公、火鼎婆，它是流行在闽南泉州一带的一种唱民间小调的艺阵，多在正月十五元宵节的迎神赛会中出演。其由两位男性丑角扮演成一对老公婆，扛着一个内燃有木炭火的大鼎，边扭边唱，十分诙谐有趣。

火鼎公为男性丑角打扮，他鼻梁上涂着白色，绘着俗称"鸟屎脸"的戏剧丑角脸谱，鼻子下面挂着两撇长长的八字胡须，鼻梁上架着一副又小又圆的老式眼镜，头戴深色的毡绒帽，身着长衫，束着腰带，腰上挂一个特大的烟袋，手拿一根长长的旱烟杆，脚穿布鞋、皮鞋或舞台上用的戏鞋。火鼎婆面庞涂得粉白，仅在脸的两颊上各饰一圆圆的大红胭脂，头上戴着妇女的假发髻，上面插满了鲜花和"熟花"，耳朵上挂着饰有玻璃珠的大耳钩，身穿右襟押胸绳边的大红袄，下穿宽大的大红裤，裤脚绳边，脚上穿特号大红弓鞋，腰间系一红织带，挂上一串马铃铛，手拿一把大号的芭蕉扇。总之，两人的扮相均比较夸张、滑稽。此外，他们俩的另一重要道具是一只内燃烧着炽热木炭的大鼎，其放在一只"五斗篮"中或架子上，据说大鼎中的炭火象征红火发达，有的五斗篮的两侧还贴有表达吉祥如意意义的对联，如"扫去千灾，迎来百福"等。有的在抬杠上饰有八仙彩。

　　表演时，火鼎公、火鼎婆合抬着放在五斗篮或架子中的大鼎，走着秧歌步，走两步，退一步。火鼎婆腰间的铃铛随着脚步，有节奏地发出清脆的铃铛声。他们边扭边对唱着民间歌谣，歌词通常都比较俚俗，如《十月病子歌》唱道：

　　　女：正月算来罗桃花开，娘今病子伊都无人知。

　　　男：阮（我）今问娘罗，汝爱食什么？

　　　女：爱食山东香水梨。

　　　男：爱食阮就来去买。

　　　女：好，汝买给阮食。

　　　男：哎哟呵某喂！女：咿！

　　　女：二月算来罗田青青，娘今病子伊都面青青。

　　　男：阮今问娘罗，汝爱食啥也？

　　　女：爱食蚵仔来打青。

　　　男：爱食阮来去买。

　　　女：好，汝买给阮食。

男：哎哟太太喂！女：咿！

女：三月算来罗人播田，娘今病子伊都心艰难。

男：阮今问娘罗，汝爱食啥也？

女：爱吃老酒儿卡大瓶。

男：爱吃阮来去买。

女：好，汝买给阮食。

男：哎哟阿娘喂！女：咿！

女：四月算来罗日头长，娘今病子伊都面黄黄。

男：阮今问娘罗，汝爱食啥也？

女：爱食仙草渗白糖。

男：爱吃阮来去买。

女：好，汝买给阮食。

男：哎哟心肝喂！女：咿！

女：五月算来罗人摇船，娘今病子伊都心郁闷。

男：阮今问娘罗，汝爱吃什么？

女：阮爱食五香双糕润。

男：爱食阮来去买。

女：好，汝买给阮食。

男：哎哟免惊无！女：咿！

女：六月算来罗是热天，娘今病子伊都无张迟。

男：阮今问娘罗，汝爱吃啥也？

女：爱食新出红荔枝。

男：爱食阮来去买。

女：好，汝买给阮食。

男：哎哟三八喂！女：咿！

女：七月算来罗秋风来，娘今病子伊都心碍碍。

男：阮今问娘罗，汝爱吃什么？

女：爱吃猪舌炒旺梨。

男：爱吃阮来去买。

女：好，汝买给阮食。

男：哎哟头贡贡！女：咿！

女：八月算来罗是中秋，娘今病子伊都面忧忧。

男：阮今问娘罗，汝爱食啥也？

女：爱食麻豆文旦柚。

男：爱食阮来去买。

女：好，汝买给阮食。

男：哎哟到来未！女：咿！

女：九月算来罗九葡萄，娘今病子伊都无奈何。

男：阮今问娘罗，汝爱食啥也？

女：爱食羊肉炒乌枣。

男：爱食阮来去买。

女：好，汝买给阮食。

男：哎哟免烦恼！女：咿！

女：十月算来罗人收冬，生子落地伊都腹肚空。

男：阮今问娘罗，汝爱食什么？

女：爱食麻油炒鸡角（公）。

男：爱食阮来去买。

女：好！汝去买来给阮食。

男：哎哟老婆喂！女：哎！

表演者也与围观者进行交流，围观者应景出题，火鼎公、火鼎婆随机应变，一问一答，妙语连珠，妙趣横生，常常引得围观者捧腹大笑。火鼎公、火鼎婆沿街串巷，逢场作戏，甚至到各家各户门前同主人大开玩笑，插科打诨，屋主人兴之所至，也常常赠予糖饼之类的礼品或红包，这时，火鼎公会取出一串"五二炮仔"燃放，并说几句吉利话，诙谐、活泼、有趣，为乡里带来无限热闹的气氛，而火鼎中燃烧着的红红炭火，在闽南人看来，也为寒冷的元宵夜带来无限的温暖与祥和。

"公背婆"主要也是流行于闽南的泉州地区，与火鼎公婆不一样之处在于，火鼎公婆由两个男性来扮演公婆俩，而公背婆则由一个人扮演公婆俩，并由一个人来表演公婆之间的对唱。公背婆的表演者上半身化装为老妇的模样，一手拿着蒲扇，一手拿着手帕，下半身则为老翁的装束；老翁的上半身用道具的形式套在老妇的胸前，老妇的下半身用道具的形式安装在老翁的背上，其双腿则伸向前方，如此化装后，就酷似老翁背着老妇，故命名为"公背婆"。但在实际的演出中，有的也有相反的化装，即化装成"婆背公"的形象。演出时，演出者要同时扮演逗乐的老翁与打俏的老妇这两种角色，一会儿以手帕掩嘴，蒲扇前指以女声来演唱，一会儿又摇晃着身体，以男声来对唱，所唱的内容大体与火鼎公婆一样，也是比较俚俗的歌谣，不时也同围观者进行对话与戏谑，其扮相花俏，演出自由，动作滑稽诙谐，言语俚俗，令人捧腹。在台湾南北各地的闽南人中，"公背婆"也是一种比较常见的艺阵。

第十节 献金

"献金"是闽南人民间的一种艺阵形式，它主要流行于闽南地区惠安县惠东的崇武渔区一带。"献金"中的"献"指的是在祭祀仪式中向神灵的奉献，"金"则指锣，因此，"献金"的原意应为敲打金锣向神灵奉献与述说。昔日，崇武的各种大船，如兵船、官船、大商船、大渔船上都备有金锣，在根据神示而定的出港与入澳时辰举行"开海门"与"关海门"的仪式中，船员们会站在船尾的倒八字尾花甲板上鸣锣献金。现在，在一些迎神赛会或节日踩街活动中也常见他们的身影与声音，1991 年，崇武镇曾组织数十名老渔民组成献金队，到泉州市区参加政府组织的元宵节踩街巡游，几十面金锣齐声鸣响，声震泉州大街小巷，其粗犷、激越、雄浑的表演气势，引起参加元宵节活动的海内外嘉宾的赞赏及文化界的关注。

崇武人表演"献金"时，人数不限，但至少得有一对，多则十几对，甚至几十对，对数越多，阵势越大，声势也越大。献金者在表演时需双双相对而立，一只脚在后，腿微屈以支撑身体的重量，一只脚前伸，腿斜直以维持身体的平衡；上身略微后仰，左手将锣举至齐胸高，右手则抢槌敲打金锣。这种以前后叉开腿站立的姿势来敲打金锣的架势很特别，其源于人在船上的站姿，船航行或停泊于海上，因海浪的作用，船常处于晃动之中，因此，要想在船上站稳脚跟，就必须叉开双腿站立。

献金操演时，锣槌在金锣面上的运行呈椭圆形走势，先自下方斜向上逐渐敲到金锣的圆心中，再向上斜往外绕圈逐渐至下方，如此操弄运行，循环不息；敲打的节奏通常都是由慢渐快，发出的声音则是由高而低，直至在紧凑低沉声中戛然而止；然后，再周而复始，如此三回而告一段落，以符合"无三不成礼"的民俗心理。

崇武的鸣锣献金虽只有一种敲击方法，虽比较单一，但其敲打也具有自己地方的特点，其先缓后急的敲击方法，可能是在航海的实际生活中提炼出来的，表达的是大船起锚、升帆、出港由慢渐快、渐渐远去的运行节奏，在当地，具有振奋人心、鼓舞斗志的作用，在传统观念中也具有驱除邪气、晦气的功效，自然受到"行船走马三分命"的船民与渔民的喜爱。

崇武最早的大船是明代初年的兵船与官船。在古代，官员出行要"鸣锣开道"，军队收军，也须"鸣金收兵"。明代初年，崇武建立了千户所，每个百户都配有一艘可乘百来名水军士兵的兵船。在当时的条件下，为增加海上运行平安顺利的保险系数，兵船的出港与入澳也需要向神灵请示日子与时辰，并根据神示的日子、时辰举行祭祀仪式。同时，由于兵船也是官船，所以当举行祭祀仪式后，船只起椗出海，这就与官吏出行一样，也需要"鸣锣开道"，一是表示此是官方的行为，显示官家的威严，同时，也用此锣声向神灵述说，即已经根据神示从事了祭祀，感谢神灵的眷顾与庇佑，希望神灵继续在整个航海过程中保佑船只与船上人员的安全。兵船返回入澳时，也是如此，通常也会按神灵所示的时间入澳，以持续保持人对神的感谢。兵船为了感谢神灵保佑大家平安回来，同时也需要体现兵船返回港口就是一种收兵举动，故也在此时敲响金锣，告知人们，特别是牵肠挂肚的家眷，兵船已安全巡逻返回，同时也告诉神灵，这次兵船已平安返回，感谢神灵的庇佑，也希望今后继续庇佑他们。所以，最初，这种献金的操演应该是出现在当地的兵船和官船上的。

后来，人们看到兵船如此操弄，具有保佑战船安全的功用，也在大船远航所举行的"开海门"和返回时的所举行的"关海门"仪式上，模仿官方的行为而献金，从而，使这种原先是官方的行为流传到民间，在大船的出海与入澳仪式上使用。这以后，岸上各庙宇的迎神祀神活动也效仿之，并在"输人不输阵"的心理推动下，人们竞相组成队伍，以壮观瞻，从而就使献金在整个崇武地方流行起来，成了当地一种富有地方特色的民间艺阵表演和文化遗产，并一直流传下来。

第十一节　马队

所谓马队，指扮演各种戏出人物，骑着高头大马组成的巡行阵头。在闽南各地的迎神赛会的巡行活动中常有马队参与，它们一般都走在"艺阁"队伍的后面，或者整个出巡队伍的后面。由于马队与艺阁队列既长又极华丽，如果走在整个巡行队伍的前面，观众看完这两个节目以后，可能会散去一半，为了使观众留下来，常常把艺阁与马队排在巡行队列的后面，并形成一种不成文的规矩，所以闽南民间也有"阁来，马队续来"的俚语。马队的看点是队伍的壮观与否，戏装人物的行头、扮相如何等。

一个马队由马、马上人物、马夫三部分组成。马夫实际是马的主人，养马供人们租用，并替马上人物牵马，马与马夫的装饰由马的主人自备。马主人也需要将马装扮得华丽，这样才会有人来租用。昔日，马夫也需要戏装打扮，一般以彩绸扎额或包头巾，身穿窄袖箭衣，腰上扎着带有丝缘的板带，腿上打着绑腿，足登平底靴子，以显示其精干壮武的姿态。马有白马、赤兔马、乌锥马、雪花青等，马的首尾皆有彩绸等装饰，马头系着声音清脆的马铃铛，马背上安放油漆鲜丽的马鞍、绣花鞍褥及马裙，马裙外垂着一对铮亮的铜制马镫，沿羁条加上一条五彩的羁索，把马装饰得光鲜亮丽、气派非凡。

马上的戏装人物则由村民自己组织。有财力的村落可以租用较多的马，也可以多租用或购置戏装，所以可以组织庞大的马队。在闽南地区，最长的马队大约是装扮成梁山 108 名好汉的马队，他们身着表现各人身份特征的戏装，手上也执各自惯用的武器，骑在装饰得华丽美观的马上，威风凛凛地游街，人多势重，特别壮观。如果财力不够，也可以只扮梁山 36 天罡，这也相当可观。有的则扮演其他戏出中的人物，如《三国演义》中的主要人物刘备、诸葛亮、关羽、张飞、赵云、黄忠、周瑜、鲁肃、小乔、司马懿、曹操等，有的也扮演《八仙拜寿》的中的八仙，如铁拐李、汉钟离、曹国舅、张果老、吕洞宾、何仙姑、韩湘子、蓝采和等，有的也会扮演《西游记》的主要人物，或者《陈三五娘》、《郑元和》中的人物，等等。

这些戏装人物骑在高头大马上，在马夫的牵引下，构成壮观的巡游阵头，非常吸引观众的眼球。同时，观众在欣赏之余，也常会对他们评头论足，以阵头队伍的壮观与否、戏装行头的优劣等，来评价这个村落人们的财力。

台湾南部地区的闽南人也有马队这种艺阵形式，不过当地不称马队，而称"八美图"。一个马队一般都有八匹马，每匹马上骑着一位由美女装扮成的古代侠女，也没有什么特别的表演，只是在迎神赛会的队伍中形成一块方阵，跟着队伍行进。由于通常都由八位美女组成，所以这种马队被人们俗称为"八美图"。

第十二节　大神尪仔

在闽台两地闽南人的迎神赛会出巡队伍中，经常可以看到民间所谓的大神尪仔队走在庙宇主祀神的神辇前面，通常比人体高出大半个身子，体形也大于人体。身体的内胎用竹子编就，外蒙丝绸制作的衣服。他们的头部有的是木材雕刻成的，有的用纸胎塑成，现在也有以硬的泡沫塑料做成的，不论用何种材质，都要表现出不同大神尪仔自身的造型特征，而且也要略有夸张，如千里眼的造型特征为面色蓝靛，眼大如灯泡，巨口獠牙，形如观看状；而顺风耳的造型特征为头顶生双角，面似瓜皮，脸色朱红，獠牙巨尖。

这些巡行队伍中的大神尪仔多是庙宇所供奉的主祀神麾下的部将，如某庙宇的主神为天上圣母妈祖，其出巡队伍中的大神尪仔常是左护驾金精将军千里眼和右护驾水精将军顺风耳。他们是妈祖座前的首席护法，每次妈祖出巡，都可以见到他们在前面为妈祖的銮驾开道。又如某庙宇的主神是中国的阎罗王东岳大帝、阎罗天子或是城隍爷，其出巡队伍中的大神尪仔就常会有七爷白无常谢将军（谢必安）、八爷黑无常范将军（范无救）、牛头、马面，有的还可能有比较罕见的日游巡、夜游巡、青面、獠牙、大鬼、小鬼等鬼卒，他们也是走在主神的神辇前面，为主神开道。七爷高瘦，八爷矮壮，他们的身上常斜挂一大串咸光饼，开道时，沿途分送给善信，俗信吃了七爷、八爷给的咸光饼，可以保佑身体健康、平安顺利。所以，每当他们出来，沿途的居民都竞相争讨咸光饼。再如某庙宇的主神是玄天上帝，其出巡队伍中的大神尪仔就是由他的脏与腑演变成的麾下赵元帅龟圣公与康元帅蛇圣公，他们走在玄天上帝神辇之前，开道护主。其他能装扮大神尪仔的神灵还有观音菩萨的随从金童、玉女和十八罗汉中的达摩祖师、弥勒尊者；田都元帅的麾下金鸡、玉犬；另外中坛元帅哪吒，二郎神杨戬，真正的开路神方相，经常被闽南人请出来驱除虫害、保护禾苗的神灵保仪尊王、保仪大夫张巡、许远等也常在巡行队伍中作为大神尪仔出现，甚至连土地公、土地婆、保正伯、保正婆，在台湾闽南人的巡行队伍中也曾作为大神尪仔的阵头出来表演。

从大神尪仔的个头以及其在出巡队伍中的功能看，大神尪仔的出现，可能受方相神的影响。据《三教源流搜神大全》讲："开路神君乃是《周礼》之方相氏也，相传轩辕黄帝周游九垓，元妃嫘祖死于道，令次妃好如监护，因买（方）相以防夜，盖其始也。"可见方相最早是为丧礼而产生的神灵。根据文献，方相也俗称险道神或阡陌将军，"神身长丈余，头广三尺，须长三尺五寸，头赤面蓝，左手执印，右手执戈……"他有逐邪制煞的功能，常为队伍的前导，可清除邪秽，为主神开道。也就是说，其个头很高大，又具有驱邪除煞的功能。所以在过去丧礼出殡的队伍中，常有按方相高大形象做成的开路神大神尪仔，来为出殡队伍开道、除煞。后来有些庙宇受此启发，就把该庙主神的麾下部将也模拟方相氏的高大形象制成大神尪仔，来为该庙的主神开道、除煞、驱邪，因此，才形成这种大神尪仔的阵头。

漳州浦南镇的大神尪仔与那些作为某主神的部将在出巡队伍中开道的不太一样。浦南的大神尪仔为两尊，一是七品县官，一是县官的书童，当地人称其"大尪"，此外，还有一个大头娃娃常在场插科打诨，他们的主要功能并非为主神开道，而是驱邪、除煞、除疫，也具有祈福、纳吉的功能。如传说浦南周边地区曾经出现瘟疫，夺走许多人的性命，浦南的百姓就请出大尪来巡夜，并燃放大量鞭炮，瘟疫没有蔓延到浦南，因此，浦南大尪声名鹊起，许多乡镇遇见类似的事件时，纷纷来邀请他们去驱魔逐疫。（图34）

图34　漳州浦南大尪

浦南大尪这种驱邪除疫的主要功能，与其来历有关。根据地方人士所说，唐代末年，浦南就开始以七品县官和其书童形象的大尪来驱邪除疫了。据说唐朝陈元光率军开漳后，被人们奉为开漳圣王，漳州一带的百姓感其恩，自发修建了许多庙宇供奉陈元光及其部将，而在漳州浦南地区，则以陈元光陵墓附近的松洲大庙为著名。当时，庙宇附近常有妖怪出来捣乱，唐末时期，有一位七品官到松洲大庙来祭拜陈元光，在浦南地区作恶的妖怪见到他便吓得落荒而逃，销声匿迹。而当他离开浦南后，妖怪又跑出来危害百姓。人们虽知道七品官可以驱魔，但无奈这位七品官已离开浦南。后来，定居在浦南的陈元光部将的后人想出一个办法，将他们家乡的木头面具的做法传授给当地人，要当地人用木头雕刻出那个能吓走妖怪的七品官头像，用竹条编出身躯，并穿上七品官的官服，称作大尪，后来又根据七品官书童的形象做了另一尊大尪，并用他们来驱魔除邪，这样一来，妖怪再不敢出现了。人们发现大尪竟然具有这种功用，因此，后来每逢过年过节，或当地出现什么不顺的事情，当地百姓就请这两尊大尪出巡制煞，以求平安顺遂、风调雨顺。久而久之，就成为地方的一种独特习俗，并一直流传到现在。

浦南大尪主要在当地的一些迎神赛会、节日庆典或一些祈福禳灾的仪式中表演。表演时，七品县官、书童、大头娃娃均需要上场，七品县官大尪手执写有"国泰民安"或"风调雨顺"的朝板，书童大尪手执扇子与榕树枝，大头娃娃则手执一根榕树枝。在一鼓、两锣、一钹组成的打击乐队的锣鼓声中，踩着锣鼓的点子，以七品县官为中心，在场上随意地踩着秧歌步舞动，如七品县官的动作以朝拜、驱赶东西为主，而书童大尪和大头娃娃则以七品县官为中心，在其周边穿行，并做出驱赶某东西的动作等。由于大尪头重脚轻，其行走时时快时慢，总是东倒西歪、摇摇晃晃的，并可以随意做出各种滑稽的动作，没有非常规范的动作与步法，所以整个表演构成都相当诙谐、风趣，节奏也比较欢快、活泼。

在泉州、晋江地区，这种大神尪仔称"大摇人"，但他们扮演的"大摇人"主要是八仙和福禄寿等，此外还有老公婆或者唐僧、孙悟空、猪八戒、沙僧等"大头尪仔"配合，并且有一人敲鼓，一人击钹，还有一人提着录音机播放音乐（早期则以锣鼓班配合）。其大体是表演八仙贺寿、天官赐福禄寿等象征意义的内容，此外，也用西游记故事的表演表示历经千辛万苦终能得到善果和成功之意。许多庙宇在神诞庆典或迎神赛会时会请他们去助兴。

第十三节　海底反

闽台沿海地区，每逢过年过节的庙会与迎神赛会中，常有民间游艺节目"海底反"的表演。海底反艺阵是化装成海里的鱼虾、贝类等水族和水边的禽类的形象进行表演的阵头，所以也有人称其为"水族舞"或"水族阵"。海底反的艺阵是扮演成各种拟人化的水族与水禽形象的化装表演，他们主要以帽子来区别并代表各自的水族身份。所扮演的水族种类没有太多的限制，这完全可以视道具的制作以及参与表演人数的多寡来决定，但其基本的成员至少应有：龙、鲤鱼、蚌、乌龟、螃蟹、虾、龙虾、乌贼、白鹭鸶、海鸟等。每种水族形象可以由1—3人装扮，人数越多，场面就越壮观、好看。

海底反这种艺阵的形成是与流传在闽台沿海一带的一个民间神话故事有关。这一民间神话故事说，海龙王是大海的统治者，但他生性贪婪，横行霸道。有一次，他出行遇见鲤鱼姑娘，见鲤鱼姑娘生得美丽，就强行将她抢入宫内，逼着她与自己成亲。鲤鱼姑娘宁死不从，极力反抗。海底的水族看到海龙王的暴虐行径，都义愤填膺，他们同情鲤鱼姑娘的遭遇，就起来造反，希望能解救出鲤鱼姑娘。他们以鳄鱼为大将，统率水禽反抗海龙王的暴虐统治。因此，这种装扮成各种水族、水禽形象表演的艺阵叫"海底反"，即海底的鱼虾等造反的意思。

海底反艺阵里的各种水族，在潮州音乐或歌仔戏、南音的音乐与锣鼓的伴奏下，都有其各自独特的表演动作与技艺，如鲂鱼舞大旗，墨鱼放乌烟（火号），鳊鱼使飞刀，鲢鱼舞大刀，梭子鱼使手箭，牛尾鱼使铁鞭，鱿鱼举大锯，海鳗使"丈二"棍棒，鲳鱼使刺，龙虾大展威，螃蟹使双钳，花螺吹号角，鲨鱼张利口或使长槊，蚌仔展蚌壳……他们使用的武器都有其自身的特点，如螃蟹就用双钳当武器；海鳗是长条状的，所以使长棍。动作也多模仿水族自身的特点，如扮演乌龟者，以手作鳍划水，头前伸后缩，都是仿生的表演，故海底反的操演相当诙谐有趣、生动活泼、引人入胜，同时以水族形象和仿生动作来表演也体现了闽台沿海的特色，是从沿海的社会生活中提炼出来的。

在这些水族中，最引人注目的是蚌仔精，她为古装的姑娘打扮，端庄而又美丽，人们也俗称其为"蛤蚌公主"。她两手各握着一个蚌壳，闭则防御他人的攻击，张则可以打击敌人。她的蚌壳是用竹条和纱布或色纸糊成的，并经过上色等加工程序，蚌壳里面呈粉红色，外面则与蛤蚌没有差别，有的外层涂以浅黄色。近年来，有的还在蚌壳中安装了小灯泡，装配了干电池，表演者只要按动开关，蚌壳就会闪闪发光，使得蚌仔精的形象更有神话般的感觉和神秘气氛，而且也更加耐看。

蛤蚌公主是海底反中的主要角色，担任海底反的主帅，通常在各种水族表演一番并分列两边后，她才出场表演一番，然后登上宝座，让众水族参拜主帅，参拜毕，蛤蚌公主就开始发号施令，说：东海龙王荒淫无道，龙宫之中已有不少宫妃，却还看上鲤鱼姑娘，强行将她抢入宫中，要逼她做妾。鲤鱼姑娘宁死不屈，生命危在旦夕，众鱼兵虾将，反入龙宫，救出鲤鱼姑娘，即刻出发。她发布命令后，众水族又逐一表演一番，冲入龙宫，打败龙王，救出鲤鱼姑娘。然后集体翩翩起舞，欢庆胜利，其中还配有鲤鱼姑娘单人舞，以表达获救后的喜悦。最后在众人的烘托下，鲤鱼姑娘还和蛤蚌公主一起对舞，以表达战胜恶势力后的喜悦。

第十四节　炮轰寒单爷与扛活佛

在台湾岛上流传着"北天灯，南蜂炮，东寒单"的俗语，这里所提到的"东寒单"指的就是台东市盛行的一种艺阵表演"炮轰寒单爷"。台东市在台湾东南部，背山面海，占据了整个卑南溪冲积平原的大部分。台东市的市区也是台湾的著名渔港之一，其居民以闽南人为最多。台东的闽南人有不少以海为田。在台东，最著名与独特的民俗艺阵就是元宵节中的"炮轰寒单爷"。

寒单爷有时也写成韩单、韩丹、寒丹、邯郸等，但这应该是口耳相传过程中形成的书写变异。实际上，从寒单爷右手持打神金鞭、左手拿风天印、脚踏黑虎的形象看，他就是玄坛真君赵公明，因此"寒单爷"应该是闽南方言"玄坛爷"的讹音误写。

玄坛爷出自《封神演义》，本名赵公明，商代鲁国（今山东）人，又称峨眉山罗浮洞主，周武王伐纣时，他下山协助闻太师抵抗周军的进攻，为姜太公设计所杀，后来姜子牙奉命封神时，将其封为"金龙如意正一龙虎玄坛真君"，民间则一般将其视为武财神。在台东的闽南人当中，人们认为寒单爷有心痛病，生性怕冷，天气寒冷时，他的心痛病就会发作，正月十五元宵节寒单爷出庙巡行时，正值一年中最冷的时刻，所以寒单爷的信众都要用点燃的鞭炮为财神爷驱寒取暖，并求得财神爷的眷顾，保佑他们能发财致富、兴旺发达，所以才会形成这种炮轰寒单爷的艺阵。另外，在当地还有一种说法则认为，寒单爷成神前的凡身是个流氓，专事欺压乡民、鱼肉百姓、耍狠好恶的勾当，后来有一天，他遇到一位仙人，得到仙人的感化与指点，大彻大悟，于是下决心要痛改前非。他站在辇轿上接受百姓的爆竹轰炸，忍受痛楚，以赎清过去所犯下的罪行，最后成为神灵，因此，人们才有这样的艺阵活动。

台东"炮轰寒单爷"并非用鞭炮轰炸寒单爷的本尊神像或神辇，而是用鞭炮轰击由活人扮演的"肉身寒单"，他们上身赤裸着，下身只穿一条短裤，为了防止鞭炮把头发烧光，头上包着包头布，额头上扎着头巾；为了保护眼睛，有的以巾蒙脸，有的就戴上一副摩托车风镜；手里通常都会拿着一根榕树枝，其功能是用来拨开袭来的鞭炮。他们以这样简陋的装备，在寒风凛冽中，稳稳当当地站在四名轿夫抬的、俗称"椅子轿"的辇上，勇敢地接受鞭炮轰击的挑战。当他们一个接一个地巡行在大街小巷里、广场中时，四面八方围观的民众则点燃成串的鞭炮向他们猛力扔去，轰击这些肉身寒单爷，此即所谓的为寒单爷驱寒取暖。他们凛然而立或坐于"椅子轿"上，全然没有躲闪的意思，只是偶尔用手上的榕树枝将飞到眼前的鞭炮扫开，无数的鞭炮在他们身上、头上炸开，火光迸射，噼啪作响，烟雾四起，震耳欲聋的隆隆鞭炮声在台东的大街小巷中回荡，响彻夜空。没有多久，地上就铺上一层鞭炮炸开后留下的纸屑。据说此俗具有驱邪除煞、迎祥纳福的功能，也会给施舍鞭炮给寒单爷驱寒的人们带来更多的财运。而作为寒单爷的替身、在神辇上接受鞭炮轰击的肉身寒单，也会因其勇敢而受到当地人的敬重。

台东闽南人认为，炮轰寒单爷的习俗来源于福建，但具体是从哪个地方传来的，则不太清楚。实际上，惠安崇武城内的"扛活佛"驱鬼逐疫仪式，可能就是炮轰寒单爷的起源。而厦门青礁万应庙在农历三月初九以鞭炮轰击邯郸爷乩童的过火仪式，也可能是台东炮轰寒单爷的另一个来源。

昔日在崇武城里，每逢元宵节夜里就有人组织"扛活佛"的艺阵上街巡行，以驱邪除煞。每一个"扛活佛"的艺阵里，通常都有一个年轻人扮演"活佛"，他赤裸着上身，穿着短裤，手上拿着一根榕树枝或松树枝，站在用竹床或大木板或八仙桌扎成的"椅子轿"上面，由4个青年抬着，在城里城外的大街小巷和一些旷地中缓缓巡游，旁边则有几个青年同行，以便替换扛夫。前面通常有一人按预定好的路线先行，沿途边敲铁皮桶边高喊"活佛来了！活佛来了！"向大家预告扛活佛的艺阵即将开始，让人们赶快出来参与活动。人们听到预告后，纷纷带着早已准备好的长串鞭炮出门，在路边或旷地中候着。当活佛经过身边时，人们就用点燃的长串鞭炮从四面八方投掷他，驱逐他。（按规矩不可使用单响的大鞭炮，如"二踢脚"等，因为这种鞭炮杀伤力较大，不适合在这种场合使用。）"活佛"站在椅子轿上，一边挥舞手上的树枝遮挡或将袭来的鞭炮拂去，一边还要喊着"子弟无炮！子弟无炮！"鼓励人们多向他扔鞭炮。巡游到人群集中的旷地时，还会在那里多绕几圈，直到人们的鞭炮扔完了才到其他地方去。就这样，这一个晚上全城燃放的鞭炮不知有多少，到处都是此起彼伏的鞭炮声，十分热闹。

据说这一艺阵的民俗活动始于明代中后期，它具有驱鬼逐疫之功能，同时，也有显示年轻人健壮体魄与勇敢气概的功能。虽没有专门的主事机构，但每年的元宵节前，就会有人发起组织。扮演活佛和抬椅子轿的青年不是渔民就是加工鱼产品的鱼寮工人，他们都是些未婚的毛头小伙子，因为当活佛可以让他们展示其肌肉结实的强壮体魄，也能表现他们大无畏的英勇气概，而这些都能吸引年轻姑娘的眼球，说不定还会因此而结成一门好姻缘。

在崇武，这种艺阵表演已失传几十年了。

厦门青礁万应庙坐落在青礁村的临海处，其内供奉的主神就是武财神赵公明，但青礁村的颜姓村民都俗称其为"邯郸爷"，这也应该是"玄坛爷"讹音的误写，因为该庙里挂的横幅上就写着邯郸爷的大号"玄坛元帅"，其左右对联则写道："手执金鞭常进宝，身骑黑虎广招财。"

该庙有悠久的历史，庙里有块牌匾是乾隆庚戌年（1790年）题写的，但民间认为该庙应肇始于宋代，而牌匾上的年代是后来历次重修的时间之一。因为邯郸爷是颜氏祖上从北方迁来时带来的，因此他一直是青礁村的保护神之一。

与台东寒单爷形象相比，该庙的邯郸爷形象同样为右手高举打神鞭，左手低持风天印，同样是气宇轩昂、威风凛凛。但与台东的寒单爷形象不同的是，这尊邯郸爷脸是黑色的，没有绿白红三色的太阳脸谱，而且这尊邯郸爷骑在老虎的身上，为坐姿，而不像台东的寒单爷是站姿，其左脚踏在黑虎上。这种形象可能更符合玄坛爷的原初形象，因为史书中记载，玄坛爷为黑面浓须，所以，台东的寒单爷的形象应是后来的变异或者是一种戏装。

玄坛爷的生日是农历三月十六日，但万应庙习惯提早举行玄坛爷圣诞庆典，他们在三月初九就举行邯郸爷的圣诞庙会。在这天，邯郸爷的乩童需站在"椅子轿"上，由四名轿夫抬着出巡、游境。与台东不同的是，他们在出巡前，需先"过火"，即轿夫要赤着脚，抬着站在椅子轿上的邯郸爷乩童踩过阴燃的炭火，才可以去巡境。而在他们"过火"时，周围的信众要从四周向他们投掷点燃的鞭炮，轮番轰炸他们。因此，当邯郸爷的椅子轿过火时，他们下面要忍受炭火的灼烫，上面则要承受四面八方飞来的鞭炮的轰炸，所以，这也是一种勇敢者的考验，也是邯郸爷乩童是否具有神性的一种考验。不过，在青礁村，人们并不认为这是为邯郸爷驱寒，而是认为邯郸爷是武财神，祭祀他的方法与祭拜文财神不同，对武财神只有用这种比较粗暴的武力方法，才能保佑信众发财，而且信徒施舍的鞭炮越多，越能发达兴旺，所以人们乐此不疲。由此看来，这种炮轰邯郸爷的奇特习俗才可能是台东炮轰寒单爷艺阵的正宗来源。

第十五节　八家将

在闽南人的聚居地台湾，流行着"八家将"这种宗教性的阵头，如在台湾的城隍庙、地藏王庙、狱帝爷庙、王爷庙等，都有八家将的组织以及八家将的阵头表演，据说台湾最早有八家将组织的庙宇是台南的白龙庵，该庙主神是五福大帝，是由福州籍的班兵在清代建立的，以后八家将才逐步扩散到闽南人的庙宇中。所以，八家将是在传播到台湾的福州系统的文化影响下，在台湾闽南人当中逐步形成的，故而，福建等地的闽南人没有这种组织与表演，只有福州地区的五福大帝的庙宇中有此组织与操演。

八家将的装扮大体为：脸上画着五颜六色的大花脸面谱，头戴戏装头冠，身穿戏袍，脚着系铃的草鞋，外手执或白或黑或花的扇子，内手执各式法器。他们扮演的主要是五福大帝的八位下属：甘爷、柳爷、谢爷、范爷、春神何爷、夏神张爷、秋神徐爷、冬神曹爷。但实际上，有的地方五人成阵，还有六人成阵、十人成阵、十一人成阵、十二人成阵、十三人成阵，所以也称"什家将"或"家将团"。这些家将除了上述八位外，还有什役、文差、武差、文判、武判等五人，所以，最完整的家将团阵头表演就是十三人均上场。

以最完整的十三人的阵头看，在阵头的最前面是"什役"，俗称杂役、使役，他挑着一担八家将使用的各种缩小的刑具或法器，可以化装，亦可以不化装。虽称"什役"，但却是全阵头的灵魂人物，阵头的行止、操演均由他以刑具的声响来指挥。

站在什役之后的是文武差，其中文差在左，武差在右。文差又称陈将军，红脸，由于其站左边，其内手（即右手，靠阵头里边的手）执一红色令牌，外手（即左手，靠阵头外边的手）执一羽毛扇。武差也称刘将军，白花脸，其内手执一红色令旗（即八家将的团旗），其外手执一羽毛扇。两人都身穿黄色的虎皮纹衣服，头戴盔帽，脚穿白袜着草鞋。他们俩合称"文武差"，属于小差角色，功能或任务是"文差接令，武差传令"，所以他们俩是八家将的传令兵，地位不是很重要，可以由小孩扮演。

文武差之后为甘爷、柳爷，甘爷居左，柳爷居右。甘爷又称甘将军，画着"章鱼足形目"的脸谱，外手执羽毛扇，内手执俗称"板批"的戒棍，其为一根系有铃铛的半边竹板。柳爷也称柳将军，画着"红黑阴阳目"脸谱，内手执戒棍，外手执羽毛扇。他们俩属于八家将编制中的定额成员，俗称"班头"，也称"撑刑"，主要任务是"遇恶即拿，不服惩罚"，为刑罚的执行者。他们都头戴盔帽，身上半穿黑衣，内手裸露，小腿打着裹腿，脚穿白袜着草鞋，平时走八卦步，遇有人犯则以七星步追赶。在热闹的场合，手上的戒棍也是阻挡人群，不让一般人接近主神神辇的最佳器具。

甘、柳爷后面为谢爷、范爷，谢爷居左，范爷居右。谢爷即俗称七爷、大爷或高爷的白无常谢必安，也称谢将军、捉神或捉大神，其头上戴写有"一见大吉"的长帽，脸上画白底黑蝙蝠脸谱，吐着红色的长舌，脖子上挂着"咸光饼"，身穿白长袍，内手拿鱼枷，外手执羽扇。谢爷俗称高爷，通常由个子高大的人扮演。范爷即俗称八爷、二爷或矮爷的黑无常范无救，也称范将军、拿神或拿大神，其头戴黑色的圆帽，脸上画着黑脸白睛的脸谱，身穿黑色或蓝色的长袍，内手执上写有"善恶分明"或"拿"的方牌，外手执羽扇。范爷俗称矮爷，故常由个子矮胖之人装扮。他们俩的功能是捉拿鬼魅和擒拿逃犯，所以两人也合称捉拿大神。此外，他们和甘将军、柳将军合称四将或四大将军，分掌刑罚与捉拿，是八家将中最主要的司法力量。他们四人，进攻时走七星步，围捕时则摆"八卦阵"和"踏四门"。

七爷、八爷之后是春、夏之神。春神居左，夏神居右。春神又称何将军，代表东方，属木，所以着青袍，脸上画着俗称"莲花面"的龙形面谱，外手执扇，内手执木桶，其内本应有水，为审讯犯人时，以水泼醒犯人之用，现因木桶单调，所以内插有一些花朵，加以美饰。夏神又称张将军，代表南方，属火，因此他身着红袍，由于南方的象征物为朱雀，故其脸上画鸟形面谱。夏神外手执扇，内手执火盆或火炉，此为加热审讯犯人所用的烙铁而备的。

春、夏之神的后面，排列的是秋、冬之神，秋神在左，冬神在右。秋神也称徐将军，因代表西方，属金，所以身着白袍，因西方的象征物为白虎，故脸上画虎形面谱。其外手执扇，内手执用来敲打犯人的金光锤或八角锤。冬神叫曹将军，因代表北方，属水，所以身着黑色袍子，因北方的象征物为玄武（龟蛇合体），故其脸上画俗称"葫芦面"的龟形面谱，内手则拿着一条蛇，其作用是吓拷犯人，外手同样执羽扇。由于拿着活蛇过于吓人和危险，现在有的用蛇棒来代替真蛇。

春夏秋冬四神也俗称四季神，在八家将中，他们的功能主要是审问犯人，所以，他们内手所执的法器都是刑具。

队伍最后一排是文判与武判，他们俗称文武判官、文武判，他们本是城隍爷的左右随从，后来也被八家将阵头吸纳而成为八家将中的成员。通常文判居左，武判居右。文判官叫康子典，他穿着文官服，内手执朱砂笔，外手执"生死簿"或"通缉簿"，其主要任务是记录口供。武判官叫庞元志，亦穿官服，手执铜或铁锤，其职司是收押犯人。

除此之外，八家将在表演时，还配有锣、长板、手提八卦鼓等乐器，乐手并不化装，他们敲打这些所谓的武乐器，以简单的锣鼓节奏来指挥与配合八家将的操演。

八家将是宗教性的阵头，其功能主要也在宗教方面，如它有解运祈安、安宅镇煞、出巡保境、维持秩序和晋庙拜神等多种功能，在履行多数宗教功能时，其操演没有多少花架子，有时也需履行乩童的职责，而只有在晋庙拜神的迎神赛会场合中，其表演才多具娱乐性，是一种融合民间音乐、戏剧、武术等的综合性艺术。

八家将在宗教中所具有的缉拿鬼魅的功能使其在迎神赛会的表演中，主要表演擒拿鬼魅、罪犯等的内容：

先是由"什役"代表八家将行"三川拜兄弟礼"，走着三进三退的步法，向庙宇主神作"晋庙"之礼。接着操演开始，在锣鼓声的节奏中，文武差、甘柳爷、谢范爷、春夏神、秋冬神、文武判一对一对顺序出场，相向轮番作"双打"表演，他们在行进与出场时走的是俗称"虎步"的"八字步"步法，微晃着头部，摇摆着双肩和手中法器，走着八字步，以表现八家将的威严与镇吓鬼魅等；操演时则走"七星步"，以北斗七星的排列行走与操演，并以斗柄为中心，移动阵形。实际上，他们在操演时，需想象鬼魅或罪犯就在两人的中间，故两人需面对面地相互配合，合力围捕鬼魅或罪犯。"双打"之后是表演"四打"，为甘、柳、谢、范四将军操演俗称"踏四门"的"四门阵"阵法，随着操演的进行，阵形变化有方形、菱形、中字等。"四打"结束后，则操演"齐打"节目。"齐打"时，八家将（四将与四季神）全都需要上阵表演，这时，他们八人操演的主要是"八卦阵"阵法，文武判等则退至阵外"监视"，而当八家将捉到所谓鬼魅等后，他们负责辑押。在八卦阵中，除了走阵外，甘、柳、谢、范四将还应表演他们各自所独练的武功，一般而言，甘爷与柳爷表演的是"太祖拳"或"花草拳"，七爷谢必安操演的是"白鹤拳"，八爷范无救操练的是"猴拳"。"齐打"结束，也意味着八家将的表演结束，这时，他们会在"什役"的指挥下，双双飞快地走到庙门前或神殿前，向该庙的神灵行半鞠躬的"谢神礼"，然后退场休息。

总之，八家将组织相对严密，但事实上并没有也不可能有绝对严格的格式与定制，所以，在不同的地方就有不同的组织形式，八家将的阵头操演也有着不同的变化。正因为这样，它才更加自然地流露出乡土文化的自由、活泼和可爱。

第十六节　其他艺阵

除了上述这些闽南人中常见的艺阵外，在闽台两地的闽南人中，还有许多其他形式的艺阵，如流行于泉州、漳州、台湾地区

的"开路鼓"就是其中之一。"开路鼓"也俗称"大开路"或
"盛世大开道"、"大鼓吹"等。这种艺阵的主要乐器为一面大鼓
和几只铜喇叭。过去，大鼓安放在四人抬的大鼓架上，由一位身
穿箭衣、虎背熊腰的大汉抡着鼓槌敲击，鼓声隆隆；其前面则至
少有两对吹鼓手，各自吹着五尺长的铜喇叭，此外还有一对钹
手，敲击着金钹。现在，大鼓多架在车上，擂鼓的人物也换成戏
装的女子，其前面有四五对吹手，身穿箭衣或其他武生装扮的戏
装，成双成对地分列两行，吹着五尺长的铜喇叭和敲打着金钹；
有的盛世大开道艺阵还增加了一两对特大的喇叭，其长有一丈
多，由于重，他们或将喇叭头搁在地上吹，或者在行进中，扛在
扛夫的肩上边走边吹；有的还增加了一骑驴的官员和肃静、回避
的仪仗牌，使之与昔日官府出巡的仪仗队伍更加接近。（图 35）

图 35　盛世大开道艺阵

"彩球舞"流行于泉州地区。彩球舞又称"贡球"、"亚仙踢
球"，据说来源于梨园戏传统剧目《李亚仙》或《郑元和》中的
一段故事情节。该剧描写的是唐代天宝年间，长安著名歌妓李亚
仙与到长安应试的举子郑元和之间的爱情故事。该剧中有一段情
节为，李亚仙认识郑元和后，为表示对郑元和的爱情，有一次在

酒宴中邀请其他歌妓共同为郑元和表演了一段彩球舞。后来人们就根据此剧情，组织彩球舞队，在民间的迎神赛会上表演这段舞蹈，从而也就形成了一种民间艺阵的表演。

彩球舞通常由丑婆、少男、少女等 6 人表演，他们运用梨园戏《李亚仙》这出戏创立出来的"踢球"等步法、程式在野台或广场上表演，其舞蹈动作有踢腿、小八字腿、大八字腿、花猫玩球、猕猴摘桃、双龙抢珠等，舞蹈队形有八卦穿梭、鸿雁传书等。表演时通常配以闽南民歌《灯红歌》的乐曲，并以南音的打击乐配合。表演者一般身穿古装，模仿戏中的人物与情节，用脚、手、肘、肩、头等部位做出托、踢、顶、碰球等的舞姿，让彩球在表演者中流星般地飞舞旋转，而表演者中的丑婆，则是其中斗球者，她忽而挤眉弄眼，忽而抖肩扭腰，在人群中穿梭、抢夺、拦截，既诙谐滑稽，又十分有趣，因此，彩球舞的艺阵表演深受民众喜爱。

走高跷也称"柴脚戏"，表演者用一副两三尺长甚至长达七八尺的带搁板的木棍（高跷）扎在自己的小腿上而居高演出。柴脚戏多在广场上演出，以高跷作为脚的延伸，目的是高出人头，便于围观的人们观看。在闽南人中间，柴脚戏经常化装成《郑元和》戏剧中的人物或《陈三五娘》戏剧中的人物，同时加上几个女角以凑热闹，其中装扮成《郑元和》戏中的李妈手中拿着一个"钱鼓球"，即篾皮制成的球，内装一些铜钱，舞弄时能发出响声，增加演出效果。有的则拿着"霸王鞭"等其他道具表演，其效果也同"钱鼓球"一样。台湾的闽南人中也有"柴脚戏"，不过他们多称之为"高跷阵"，并且分为文阵与武阵两类，文阵扮演《郑元和》、《陈三五娘》等戏曲人物，以唱念为主，表演程式、动作比较细腻。武阵则多扮演《关公保二嫂》、《梁山好汉》、《三藏取经》、《八仙过海》、《白蛇传》等剧目的人物，偏重武打及特技演出，动作幅度大、激烈，多以某些特技和武功来吸引人

们的眼球。（图 36）

图36　柴脚戏（高跷阵）

"布马阵"也是闽南人中常见的艺阵之一，特别是在漳州人中较为流行。布马阵的道具主要为一匹以竹木为架，用布包裹而成的布马，主要演员则为一身着状元服的小生，其次则为作为马夫的丑角和一两位随从；此外，后场还需 4 人，他们吹着唢呐、敲打着锣鼓与钹为表演助阵。演出时，状元套上布马，就像骑在马上一样，马夫持马鞭牵马引导，在锣鼓唢呐演奏的热闹音乐的配合下，状元骑马出场，表演轻松逗趣的节目，较常见的有《拜马》、《参神》、《三仙门》、《四门》、《困塘》、《五方》等。在台湾的闽南人当中，布马阵也比较流行，特别在台湾中部、宜兰等漳籍人多的地方，布马阵更是常见，而且其扮相是尽量地扮丑，即多以丑角的形象来演绎，从而更加轻松、逗趣和搞笑。

跑旱船阵也是闽台闽南人常见的一种艺阵，脱胎于歌仔戏《桃花搭渡》。表演者只有两人，即撑船伯与搭渡女桃花，后台则应有几个人伴奏或放《桃花搭渡》的音乐。撑船伯通常为男丑打扮，他头带着小丑帽或斗笠，嘴唇上贴着十分夸张的八字胡须，肩背着一中空的船模，站在船的中央，手执着一根船桨，表演各种撑船、船运行的动作。搭渡女桃花或穿民国初年的服装，或穿古代的服装，手里拿着一条丝巾为道具。表演从桃花欲搭渡开始，情节有呼唤撑船伯，上船，船在江中行，随波逐浪，到另一渡口上岸等；演唱以对唱为主，而且都是打情骂俏之类的内容，相当诙谐、逗趣。

台湾的闽南人祖籍多是福建闽南的漳泉等地，他们到台湾时带去了不少在大陆形成的艺阵，同时，他们也在适应当地的社会生活中，逐渐形成一些台湾闽南人才有的艺阵和宗教阵头。如"牛犁阵"就是在台湾开发早期的筚路蓝缕时代，因闲暇自娱而逐渐发展出来的一个阵头。

"牛犁阵"也称"使犁阵"。在"牛犁阵"的表演中，一个人举着牛头装扮成老牛，一人扮成老农在牛后面使犁，旁边还有"田头家"（老板）、农妇、帮忙推犁者以及逗乐的小丑，他们在南管音乐的伴奏下，既表演使牛犁田的辛苦劳动情景，也由阵里的旦角与丑角表演情歌对唱，甚至插科打诨，穿插一些调笑的小戏，其意是解除劳动时的繁重、辛劳与紧张，也是吸引观众的手段之一。牛犁阵所演出的剧目以《看牛歌》、《送君》、《秋天梧桐》为主，表演的装扮和形式与车鼓阵有许多类似之处，故有些人认为它是在借鉴车鼓阵的基础上形成的，是车鼓阵的姐妹阵。

与牛犁阵一样，"斗牛阵"也是闽南人在台湾本土创造出来的一种艺阵，来源于农耕时代的生活。出现在民俗庆典中的斗牛阵，通常由两头牛和两位牧童上场表演。其牛身是用铁皮或藤条编成的硬壳，外蒙以布形成黄牛或水牛的造型，牛身内有两人，一人舞头，一人舞牛尾，牧童则头戴斗笠，手里拿着藤条当武器。斗牛阵上场表演时，首先是牛斗牛，接着是人斗牛，牛斗人，最后则是人斗人，其表演没有什么章法，完全以斗为主，越逼真越好，所以互斗时，牛顶人毫不客气，人打牛也不会手下留情，因此，斗牛阵的表演场面非常激烈，完全是早期农业社会农民生活的具体呈现，由于过于逼真，不明真相的观众往往认为他

们是真的打斗。(图 37)

图 37　台湾的斗牛阵

20 世纪 40 年代，台湾的闽南人还根据《素兰小姐欲出嫁》的歌曲创造出了"素兰小姐阵"的阵头。"素兰小姐阵"也俗称"素兰出嫁阵"，是一种化装表演性的阵头。"素兰小姐阵"主要表演的是昔日新娘出嫁的情况，其阵头里有带路者、扛嫁妆者、素兰小姐、伴娘、媒婆以及四人抬的花轿等。素兰小姐的扮相，有的是穿清代的婚服，有的穿民国初年的"凤仙装"，有的甚至穿西洋的白色婚纱，其他人则与素兰小姐配合，她穿什么时代的服装，其他人也穿同时代的服装，决不会出现"关公战秦琼"的纰漏。演出时也比较随意，通常都是在《素兰小姐欲出嫁》的乐曲伴奏下，表演素兰出嫁时前往夫家的情景，其表演以纵队行进为主。由于没有什么固定的程式与动作，表演者在行进中只是随音乐的伴奏，随意地或进或退，或绕圈打转，只求活泼热闹和化装上的讲究，没有什么固定的章法。

除了这些居住在台湾的闽南人在本地创造出来的艺阵外，在20 世纪 70 年代末，台湾的闽南人中还出现电子琴花车、布袋戏车等阵头。此外，台湾的闽南人也创造出了一些宗教性的阵头，如根据临水夫人的手下三十六婆姐创造的"十二婆姐阵",根据《西游记》创造的"三藏阵",根据中国上古神话而创造的"麒麟阵",根据多数神庙都有自己所属的五营神兵的配置而创造的"五王阵",根据广泽尊王有十三个儿子的传说而创造的"十三太保阵"等。

后　记

　　民俗所涵盖的类别非常多，以陶立璠《民俗学概论》的分类观之，民俗现象包括物质民俗、社会民俗、口承语言民俗、精神民俗四大类，并包含了居住、服饰、饮食、生产、交通、交易、家族、宗族、村落、各种社会职业集团、人生礼俗、神话、传说、故事、歌谣、叙事诗、谚语、谜语、民间艺术、巫术、宗教、信仰、禁忌、道德、礼仪、民间游艺、民间戏曲等一系列门类，实际上这涉及了人们生活实践的方方面面。本书的书名虽为《闽南乡土民俗》，但实际上，由于本书是《闽南文化丛书》中的一本，民俗现象中的许多门类如居住、家族、宗族、民间信仰、宗教、工艺美术、民间戏曲与民间音乐、方言、民间文学等，已有专门的著作表述与讨论，所以，本书从繁多的民俗现象中选择几个没有专书表述的门类来陈述。

　　本书所写的内容，有些是来自自己的亲身经历与体验，有的是自己从事文化人类学或民俗学田野调查的所得，有的则是借助先贤和其他地方贤达的劳绩与文字，对于后者，因无法一一详细注明出处，只好在这书后一并对他们表示衷心的感谢与敬意。

　　对本书的合作者——台湾"中央研究院"民族学研究所的余光弘研究员，本人也需诚致谢忱。他放心让我自由选择所要陈述的民俗门类，不限制我的自由表述和对某些事件的解释，使我能比较自由地发挥。他对我的信心与宽容，本人铭感在心。因此，囿于水平、资料及写作时间诸多方面限制所出现的缺憾，如体系的不完备、表述的不仔细，也许还有因写作时间短暂而导致的叙述疏误、粗糙与描述不准确，其责任全在我，与光弘兄无涉。

　　最后，敬希方家及广大读者不吝赐教，以便今后有机会再版时修正。

石奕龙

2007 年 7 月 26 日

第二版后记

今年四月份支平兄突然通知说出版社要出第二版，并要求尽快将修订稿交出。由于时间紧迫，又有其他事务缠身，故修订工作略拖了点时间，也由于时间紧，此次的修订也无法更加深入与细致，只能在某些章节增添一些内容，使之更加丰满些；当然，也修改了一些错漏处，使得文字通俗些；此外，图版也增添了一些，部分换成自己拍摄的，以免使用他人的照片引发版权的问题。

由于时间紧迫，有些过去的疏漏仍无法弥补，例如，童玩方面，虽已有些初步的稿子与资料，却无法在这一版中正式表述出来，这自然是一个遗憾，而这种遗憾也只有待下一次的再版才能弥补了。

另外，正如笔者在前言中所说的，这本书所指称的"闽南文化"应为"闽南人文化"，在这版中，仍无法正名，也许以后也无法正名。这也是一件憾事，因为，以"闽南文化"的观念来表述"闽南人文化"的内容，的确会有一些因概念不准确而带来的问题。这种遗憾也只能有待学人的努力和今后的进一步觉悟而弥补了。

石奕龙

2016 年 7 月 7 日于海隅斋

参 考 文 献

《民国同安县志》，上海书店出版社 2000 年版。

《（道光）厦门志》，清道光十九年刊本。

《厦门市志（民国）》，方志出版社 1999 年版。

《永春县志》，中华书局 1930 年版。

《德化县志》，清乾隆十一年刻本。

《安溪县志》（清乾隆丁丑版），厦门大学出版社 2012 年版。

《大田县志》，厦门大学出版社 2009 年版。

《乾隆泉州府志》，上海书店出版社 2000 年版。

《光绪漳州府志》，上海书店出版社 2000 年版。

《（嘉靖）龙溪县志》，中华书局 1965 年版。

《南靖县志》，清乾隆八年刻本。

《光绪漳浦县志》，上海书店出版社 2000 年版。

《龙岩州志》，清光绪十六年张文治补刻本。

《重修福建台湾府志》，台湾大通书局 1984 年版。

《金门志》，台湾大通书局 1984 年版。

《澎湖纪略》，"台湾文献丛刊"第 109 种，台湾银行经济研究
室 1961 年版。

《澎湖厅志》，"台湾文献丛刊"第 164 种，台湾银行经济研究
室 1963 年版。

《续修澎湖县志》卷十二《宗教志》，澎湖县政府 2005 年版。

陈国强主编：《福建侨乡民俗》，厦门大学出版社 1994 年版。

陈耕、吴安辉编著：《厦门民俗》，鹭江出版社 1993 年版。

丁世良、赵放主编：《中国地方志民俗资料汇编：华东卷
（中）》，书目文献出版社 1995 年版。

丁世良、赵放主编：《中国地方志民俗资料汇编：华东卷（下）》，书目文献出版社 1995 年版。

福建省民俗学会编：《闽台婚俗》，厦门大学出版社 1991 年版。

（日）铃木满男主编：《福建民俗研究》，浙江人民出版社 1990 年版。

刘浩然：《闽南侨乡风情录》，香港闽南人出版有限公司 1998 年版。

刘还月：《台湾民间信仰小百科》，台原出版社 1994 年版。

石奕龙：《中国民俗通志·丧葬志》，山东教育出版社 2005 年版。

石奕龙：《福建土围楼》，中国旅游出版社 2015 年版。

杨天厚、林丽宽：《金门岁时节庆》，稻田出版有限公司 1996 年版。

庄铭江、蔡尤资主编：《晋江民俗风情》，晋江历史文化研究总会 2005 年版。

《惠安县崇武镇民间文学集成》，崇武镇民间文学集成编委会 1990 年版。

《泉州旧风俗资料汇编》，泉州市民政局、泉州志编纂委员会办公室 1985 年版。

厦门市思明区文艺联合会编：《闽台民俗风情》，鹭江出版社 1989 年版。

《永宁乡土资料汇编》，石狮市永宁镇乡土资料编委会 1995 年版。

简博士主编：《漳州民俗风情》，海风出版社 2005 年版。